JOAQUÍN BOCHACA

FINANZEN, MACHT
und das
KAPITALISTISCHE RÄTSEL

OMNIA VERITAS®

Joaquín BOCHACA
(1931–2022)

Joaquín Bochaca war ein brillanter spanischer Intellektueller, Schriftsteller, Journalist, Übersetzer und Historiker. Er verfügte über eine umfassende Bildung und studierte Geschichte, Rechtswissenschaften und Wirtschaft. Nachdem er in England und Frankreich gelebt hatte, kehrte er nach Spanien zurück, wo er ein reichhaltiges und originelles Werk schuf. Als Autor von mehr als 20 Büchern und Hunderten von Artikeln ist er für seine außergewöhnliche Gelehrsamkeit und seine Fähigkeit bekannt, vielfältige Themen anzusprechen: Geschichte, Wirtschaft, Finanzen, Psychologie und Kritik an der modernen Gesellschaft. Zudem übersetzte er rund dreißig Werke bedeutender Autoren ins Spanische und Katalanische. Bis zu seinem Lebensende im Alter von 91 Jahren blieb er ein aktiver, ironischer und konsequenter Denker, der für seine geistige Unabhängigkeit und seine profunde Kenntnis des 20. Jahrhunderts geschätzt wurde. Eine gebildete und produktive Persönlichkeit des zeitgenössischen spanischen Denkens.

La finanza y el poder y El enigma Capitalista
1975-1977

Finanzen und Macht und das kapitalistische Rätsel

Übersetzt und veröffentlicht von Omnia Veritas Limited

OMNIA VERITAS®

www.omnia-veritas.com

FINANZEN UND MACHT

Titelbild: Die Symbolik des Dollars ist deutlich zu erkennen. Beachten Sie den Stern, der wiederum aus Sternen gebildet wird und sich über dem Wappen der Vereinigten Staaten befindet, sowie die Symbolik auf der linken Seite: Pyramide und Dreieck mit der vielsagenden Inschrift „Neue Weltordnung“

* * *

DER RAUB DER JAHRHUNDERTE

„Gebt mir die Macht, das Geld einer Nation zu schaffen und zu kontrollieren, und es ist mir gleich, wer ihre Regierenden sind."

Meyer Amschel Rothschild

„Ich fürchte, der Mann auf der Straße wird es nicht gerne hören, dass Banken Geld schaffen können und dies auch tatsächlich tun. Die Geldmenge variiert lediglich durch das Vorgehen der Banken, die ihre Kredite erhöhen oder verringern. Jeder Kredit oder jedes Überziehungskonto schafft Geld. Und wer den Kredit einer Nation kontrolliert, lenkt die Politik ihrer Regierung und hält das Schicksal des Volkes in seinen Händen."

Reginald McKenna, Mitglied des Unterhauses;
Rede in der Midland Bank, Januar 1924.

„Unermessliche Macht und despotische wirtschaftliche Herrschaft sind in den Händen einiger weniger konzentriert. Diese Macht wird besonders unwiderstehlich, wenn sie von jenen ausgeübt wird, die durch die Kontrolle des Geldes den Kredit regeln und dessen Gewährung bestimmen. Sie versorgen sozusagen den gesamten Wirtschaftskörper mit Blut und entziehen es ihm, wenn es ihnen passt: als ob die Seele der Produktion in ihren Händen läge, sodass niemand es wagt, gegen ihren Willen zu atmen."

S.S. Pius XI., „Quadragesimo Anno".

In der zivilisierten Welt gibt es genügend Rohstoffe, Arbeitskraft, Maschinen, Fachkräfte, wissenschaftliche und technologische Kenntnisse und im Allgemeinen genügend Reichtum, um ihre Bewohner zu ernähren – ja sogar zu überernähren. Dennoch kommt es in dieser zivilisierten Welt regelmäßig, zyklisch, zu „Wirtschaftskrisen", Arbeitslosigkeit und deren Folge: dem Hunger. Die orthodoxe Wirtschaftswissenschaft erklärt dieses Phänomen der Konjunkturzyklen, indem sie von fiktivem Wohlstand und

Überproduktion spricht, und gelangt zu der unerhörten Schlussfolgerung, dass es logisch und natürlich sei, dass Menschen neben überquellenden Lagerbeständen an Hunger und Elend sterben. Ich persönlich bin zu dem Schluss gekommen, dass die sogenannte moderne Wirtschaftswissenschaft ein Phänomen darstellt, das der Malerei ähnelt, die die bärtigen „Hippie"-Intellektuellen als ultramodern und die Archäologen als uralt bezeichnen. Das heißt, es handelt sich um einen gigantischen „Bluff", den fast niemand zu entlarven wagt, aus Angst, vor der konformistischen Masse, die etablierte Ideen verehrt, als ungebildet, rückständig usw. zu gelten.

Denn, man kann sagen, was man will, es ist nicht natürlich – und daher auch nicht möglich –, dass Menschen an Hunger und Elend sterben, weil sie zu viele Konsumgüter produziert haben.

Das spanische Strafgesetzbuch – und mit ihm alle Strafgesetzbücher der Welt – bestraft Geldfälscher mit Strafen, die bis zu lebenslanger Haft reichen können. Wir wagen zu vermuten, dass der Gesetzgeber eine so drastische Strafe nicht verhängt, um den Fälscher zu bestrafen, der durch das Inverkehrbringen seiner Falschgeldscheine ohne Arbeit Güter und Dienstleistungen dafür erhält, sondern vor allem, weil er durch die künstliche Erhöhung der im Umlauf befindlichen Geldmenge indirekt jeden einzelnen seiner Landsleute bestiehlt. Der Grund ist einfach: Je mehr Geld in einer bestimmten Situation im Umlauf ist, desto weniger Wert hat es. Wenn es einer groß angelegten Fälscherorganisation beispielsweise gelänge, so viele gefälschte Banknoten zu drucken, wie es legale Banknoten auf dem Markt gibt, würde jeder Einzelne feststellen, dass sein Geld genau halb so viel wert ist wie vor Beginn der Aktivitäten der betreffenden Fälscherorganisation. Fälscher sind echte Diebe, denn indem sie neues, angeblich echtes Geld auf den Markt bringen, nehmen sie sich einen Teil des Geldwerts ihrer Landsleute an, die gezwungenermaßen für die Waren und Dienstleistungen bezahlen müssen, die diese Fälscher kaufen.

Tatsächlich mindert jede Ausgabe von neuem Geld auf den Markt – egal, wer sie vornimmt – den Wert des im Umlauf befindlichen Geldes. Die Besitzer des vor der Ausgabe oder Emission des neuen Geldes im Umlauf befindlichen Geldes erleiden einen offensichtlichen Verlust; und sie werden sich dieses Verlusts bewusst, wenn sie feststellen, dass die Preise gestiegen sind und ihr Geld folglich weniger wert ist.

Wann kommt es zu einer Ausgabe von neuem Geld? Früher wurde Geld ausschließlich von den Staaten ausgegeben, und seine Schaffung erfolgte nach Bedarf; da die Funktion des Geldes nichts anderes ist als die Erleichterung der Bezahlung oder des „ n“ Austauschs von Gütern und Dienstleistungen, war die im Umlauf befindliche Geldmenge in einer gegebenen wirtschaftlichen Situation relativ stabil. Manchmal gab der Staat Geld aus, das für die Bezahlung öffentlicher Arbeiten und Dienstleistungen, die Volksbildung, staatliche Gesundheitseinrichtungen, die öffentliche Hygiene, die Armee und die Polizei, den öffentlichen Dienst usw. verwendet wurde. Durch die Schaffung dieses neuen Geldes durch den Staat erlitt die Öffentlichkeit – die Geldbesitzer – einen Wertverlust (denken wir daran: Je mehr Geld auf dem Markt ist, desto weniger Wert hat es und desto stärker steigen die Preise), doch dieser Verlust wurde zumindest zum großen Teil durch die direkten oder indirekten Vorteile ausgeglichen, die der Gemeinschaft durch die vom Staat erbrachten öffentlichen Dienstleistungen und Arbeiten zugutekamen.

Das war früher einmal… denn heutzutage haben praktisch alle Staaten ihre souveräne Befugnis zur Schaffung oder Ausgabe von Geld zugunsten von Privatpersonen oder privaten Institutionen aufgegeben, die den überwiegenden Teil der im Umlauf befindlichen Geldmenge „legal“ ausgeben, und zwar in einem solchen Ausmaß, dass man ohne Übertreibung behaupten kann, dass nicht weniger als neun Zehntel des heute in jedem Staat im Umlauf befindlichen Geldes Falschgeld sind. Wenn diese Bezeichnung zu schockierend ist, können wir sagen, dass es sich um „abstraktes“ Geld handelt. Mit zwei erschwerenden Umständen: Die Fälscher alter Schule mussten Imitatoren mit dem Rang von Künstlern sein und gingen große persönliche Risiken ein; die modernen Fälscher schaffen Geld mit einem einfachen Federstrich, durch einen Eintrag in einem Buchhaltungsbuch, erheben Zinsen auf dieses „Geld“, und das alles ohne jegliches Risiko; mehr noch, mit dem Respekt und der besonderen Wertschätzung der Herde von Bürgern, die dazu bestimmt sind, vernichtet zu werden.

Die Bankiers waren in Europa bereits zu Beginn des 17. Jahrhunderts tätig, noch bevor es das gab, was man euphemistisch als „Bankensystem“ bezeichnet. Die Besitzer von Gold und Silber übergaben es zur Verwahrung einem Bankier, der es in einem Tresor aufbewahrte. Der Bankier war nichts weiter als der Hüter der Ersparnisse seiner Mitbürger, und als Gegenleistung für die Sicherheit, die er als Verwahrer des fremden Goldes und Silbers bot, berechnete er einen geringen Zins. Der Bankier händigte seinen Kunden natürlich eine Quittung für ihr Geld aus. Wenn ein Herr tausend Goldreales in einem Tresor der Bank hinterlegte, gab ihm der Bankier eine Quittung über tausend Reales. Wenn der Einleger später sein Geld bei der Bank abholte, gab diese es ihm zurück (nach Abzug der damals als Verwahrer des Goldes geltenden gesetzlichen Zinsen) und die Quittung wurde vernichtet. Diese Quittung – ein makelloses Dokument, auf dem der größte Betrug aufgebaut werden sollte, den die Jahrhunderte je gesehen haben und je sehen werden – war in Wirklichkeit nichts anderes als ein von dem Besitzer eines Tresors unterzeichnetes Zahlungsversprechen. Diese „Zahlungsversprechen“ waren übertragbar und wurden de facto zu Geld. Dies war vollkommen logisch und zweckmäßig, da es viel bequemer und praktikabler war, ein Stück Papier zu verwenden, als ständig Säcke mit Gold und Silber mit sich herumzutragen. Diese Papierstücke, diese „Zahlungsversprechen“, wurden tatsächlich als Geld verwendet, ausgehend von der Annahme, dass Geld alles ist, wofür Waren geliefert, Dienstleistungen erbracht oder Schulden beglichen werden.

Die tägliche Erfahrung lehrte die Bankiers eine merkwürdige Tatsache. Sie stellten fest, dass ihre Einleger ihnen nur sehr selten ihre Quittungen (ihre „Zahlungsversprechen“) zurückgaben und im Gegenzug ihr Gold verlangten. In der Regel – und diese Regel ist bis heute unverändert geblieben – hoben die Einleger im Durchschnitt zehn Prozent des Gesamtbetrags ihrer Einlagen ab. Ein Herr, der beispielsweise tausend Goldreal oder ein anderes gesetzliches Zahlungsmittel wie Silber bei einer Bank hinterlegte, hob im Durchschnitt hundert Real für seinen Lebensunterhalt und seine laufenden Ausgaben ab und ließ die übrigen neunhundert bei der Bank. Mit anderen Worten: Wenn ein Bankier, der Einlagen im Wert von einer Million Reales verwahrte, neunhunderttausend davon verlor, gestohlen wurden oder ausgab, blieben ihm immer noch die hunderttausend, die er benötigte, um den normalen Anforderungen seiner Einleger gerecht zu werden.

Infolgedessen begannen die Bankiers, mehr Quittungen und mehr „Zahlungsversprechen“ in Umlauf zu bringen, als sie tatsächlich an Gold besaßen; das heißt, sie verliehen diese „Zahlungsversprechen“ und verlangten dafür Zinsen. Man darf keinen Augenblick vergessen, dass die Bankiers etwas verliehen – und weiterhin verleihen –, das sie weder als Eigentümer noch als Besitzer besitzen; oder, höchstens in dieser zweiten Eigenschaft, zehn Prozent der von ihnen „verliehenen“

Gesamtsumme. Mehr noch: Als Garantie für die Redlichkeit der Eigentümer verlangten die Bankiers als Sicherheit für ihre Kredite die Eigentumsurkunden derjenigen über Häuser, Fabriken, Ländereien und Ernten; so dass, wenn ein Kredit (zuzüglich der aufgelaufenen Zinsen) nicht innerhalb einer bestimmten Frist zurückgezahlt wurde, der Bankier in den Besitz derselben gelangte.

Hier eine Anmerkung. Wir weisen darauf hin, dass der Bankier weder Geld verlieh noch verleiht, sondern lediglich ein Versprechen, es zu zahlen. Die Tatsache, dass aufgrund solcher Versprechen Waren und Dienstleistungen bereitgestellt wurden, d. h. dass sie als Geld verwendet wurden, änderte nichts an der Tatsache, dass es sich nicht um Geld handelte, sondern lediglich um ein Versprechen, Geld zu zahlen, und um nichts weiter; erschwerend kam hinzu, dass solche Versprechen keine gesetzliche Deckung in Gold und Silber hatten. Versprechen, die „ex nihilo“ (Anmerkung des Herausgebers: aus dem Nichts) geschaffen wurden und saftige Zinsen einbrachten.

Das Darlehen wurde als Austausch von Schulden definiert. Der Kreditgeber – der Bankier – nimmt die Sicherheit (zum Beispiel Eigentumsurkunden für ein Haus oder eine Fabrik) entgegen und ist dem Kreditnehmer gegenüber in der Schuld. Dieser wiederum nimmt die „Zahlungsversprechen“ oder den Kredit, wie man es nennt, entgegen und schuldet dem Kreditgeber diesen Geldbetrag zuzüglich Zinsen. Tatsächlich hat ein Austausch von Versprechen stattgefunden. Das Versprechen des Bankiers, seinen Kunden zu bezahlen, gegen dessen Versprechen, das Geld mit Zinsen zurückzuzahlen. Der Kunde gibt als Sicherheit die Eigentumsurkunden seines Hauses oder seiner Fabrik. Der Bankier gibt nichts. Man wird einwenden, dass der Bankier Geld verleiht und dass dieses seine eigene Sicherheit ist. Das ist nicht wahr. Der Bankier verleiht kein Geld, er hat „Zahlungsversprechen“ in Umlauf gebracht – das ist es, was er tatsächlich verliehen hat –, die das Zehnfache des Geldes repräsentieren, das er besitzt, und wer zehn hat, kann nicht und wird niemals hundert verleihen können. Mit anderen Worten: Während die Banken gegenüber der Gemeinschaft über Sicherheiten verfügen, die einen realen Reichtum darstellen, wie Häuser, Fabriken, Grundstücke, Ernten usw., verfügt die Gemeinschaft gegenüber den Banken über keinerlei Sicherheiten. Der geringste Versuch der Gläubiger einer Bank, ihre „Sicherheiten“ gegen diese geltend zu machen, macht deutlich, dass diese in Wirklichkeit keinerlei Substanz haben. Wenn solche Gläubiger die Bank „zu sehr unter Druck setzen“, werden sie bestraft, indem sie ihre gesamten Ersparnisse verlieren. Die Bank schließt ihre Türen und macht damit deutlich, dass ihre „Zahlungsversprechen“ leere Versprechungen sind … es sei denn, die Regierung eilt ihr mit einem Zahlungsaufschub zu Hilfe … einem Zahlungsaufschub, dessen Folgen letztendlich bedeuten, dass die Gemeinschaft als Ganzes zahlen muss, um die falschen Versprechen des Bankiers zu decken.

Aber damit greifen wir den Ereignissen vor. Kehren wir zu dem Zeitraum zurück, in dem der Bankier seinen Mitbürgern Kredite (seine „Zahlungsversprechen“) gewährt. Nehmen wir an, seine Einleger haben hundert Millionen Peseten bei seiner Bank hinterlegt. Der Bankier hat Kredite in Höhe von einer Milliarde gewährt und seinen Kunden Scheckhefte ausgehändigt. Diese Schecks, die für künftige Transaktionen verwendet werden, stellen Geld dar, das mit einem einfachen Federstrich in den Büchern der Bank geschaffen wurde; sie spielen genau dieselbe Rolle wie Falschgeld, denn sie erhöhen die Kaufkraft und treiben folglich die Preise in die Höhe und entwerten das Geld, das bereits existierte, bevor der Bankier seine Geschäfte aufnahm. Mit anderen Worten: Indem er neues Geld schafft, hat der Bankier, genau wie ein gewöhnlicher Fälscher, jeden seiner Mitbürger ein wenig bestohlen und Zinsen auf das gestohlene „Geld“ erhalten.

Im Moment scheint das System zu funktionieren. Die allgemeine Euphorie verschleiert den kollektiven Diebstahl, der stattgefunden hat. Die Kreditnehmer konnten neuen Reichtum schaffen, der Handel blüht und Vollbeschäftigung ist erreicht. Jedes Mal, wenn ein Kredit – mit den aufgelaufenen Zinsen – zurückgezahlt wird, beeilt sich die Bank, ihn erneut zu verleihen. Die eine Milliarde „Geld“, die auf den Markt geworfen wurde, hat den klassischen „Boom“ ausgelöst. Die Preise steigen sprunghaft an, während alle möglichen Produkte zum Verkauf angeboten werden. Dieser Preisanstieg hält jedoch nur so lange an, wie die Kreditvergabe fortgesetzt wird. Jedes Mal, wenn der Bankier aufhört, Kredite zu vergeben – also „Geld“ zu schaffen –, hören die Preise auf zu steigen. Und wenn die Preise nicht mehr steigen, brechen die Geschäfte ein. Die Möglichkeit, in einem Aufschwungmarkt weiterhin immer höhere Gewinne zu erzielen, ist verschwunden, denn nun gerät der Bankier in Schwierigkeiten. Tatsächlich hat er seine „Zahlungsversprechen“ – oder, wenn man so will, Kredite – in Höhe von einer Milliarde Peseten vergeben. Mit dem Bargeld, das er in der Kasse hat, reicht es gerade noch aus, um den normalen Bedarf seiner Kunden zu decken. Jeder außerordentliche Bedarf an Geldmitteln kann ihn in die Überziehung treiben. Jeder Kredit, den er gewährt hat und der durch Schecks repräsentiert wird, sowie jeder Beleg, den er seinen Einlegern ausgestellt hat, stellen Zahlungsversprechen für Gold und Silber dar (heutzutage staatliches Papiergeld). Folglich können sowohl seine Einleger als auch seine Kreditnehmer – Schuldner und Gläubiger – für ihre Belege Gold und Silber (oder Banknoten) verlangen. Alle sind davon überzeugt, dass das, was der Bankier ihnen „leiht", Gold und Silber (oder vom Staat ausgegebene Banknoten) ist und dass Scheckhefte nur aus Gründen der Bequemlichkeit und Schnelligkeit verwendet werden. Doch der Bankier weiß besser als jeder andere, dass dies nicht der Fall ist. Er weiß ganz genau, dass er etwas verliehen hat, das er nicht besitzt, und dass sein seltsames Geschäft vom Vertrauen seiner Kunden in ihn abhängt; das heißt, vom Vertrauen in die scheinbare Austauschbarkeit von Metall und Papier (heutzutage von einem Scheck und dem Geld, das er repräsentiert). Sein Geschäft basiert also auf einem Vertrauensmissbrauch, auf einer Fiktion, die um jeden Preis aufrechterhalten werden muss.

In der gegenwärtigen Situation, in der der Bankier alle „Zahlungsversprechen" geschaffen hat, die seine Reserven hergeben – also das Zehnfache dieser Reserven –, muss er neue Kredite verweigern. Der Markt sträubt sich dagegen. Diejenigen, die Waren in der Hoffnung gekauft haben, sie teurer weiterzuverkaufen, oder diejenigen, die Güter produziert haben, um sie zu hohen Preisen zu verkaufen, geraten ihrerseits in eine unangenehme Lage. Ein neues Phänomen kommt zu der sich abzeichnenden schwierigen Lage hinzu: Während der Bankier immer mehr Geld „erfand" – wir betonen nochmals, dass Geld alles ist, was als Zahlungsmittel dient – und folglich die Preise stiegen, wechselte das Geld leicht den Besitzer. Sowohl das echte Geld (Banknoten oder Münzen) als auch vor allem die berühmten „Zahlungsversprechen" des Bankiers (die Schecks) wandern schnell vom Käufer zur Bank, von wo ein Teil wieder abgehoben wird, um Löhne, Rechnungen usw. zu bezahlen. Nehmen wir an, die Bank X gewährt Herrn Pérez einen Kredit in Höhe von zehn Millionen Peseten, den dieser eilig für den Aufbau einer Fabrik verwendet und damit beginnt, Produkte auf einen boomenden Markt zu bringen. Herr Pérez bezahlt den Bauunternehmer, den Schmied, den Kesselschmied und den Zimmermann, die seine Fabrik errichtet haben, mit Schecks. Diese Fachleute haben ihrerseits ein Girokonto bei der Bank X, auf das sie die betreffenden Schecks einzahlen. Ein Teil des durch diese Schecks repräsentierten Wertes wurde abgehoben, um die Löhne der Arbeiter des Bauunternehmers, des Zimmermanns, des Kesselschmieds usw. zu bezahlen. Dieses Geld wurde in den örtlichen

Geschäften ausgegeben: im Supermarkt, in der Metzgerei, im Bekleidungsgeschäft usw., und diese Einzelhändler haben es eilig auf ihre Konten bei der Bank X eingezahlt, wo es verbleibt, bis es später abgehoben wird, um ihre Gläubiger (ihre Lieferanten) zu bezahlen: Landwirte, Müller, Textilhersteller usw. All diese Personen eröffnen Girokonten bei der Bank X, und all diese Konten bedeuten in Wirklichkeit nichts anderes als eine einfache Aufstellung des Wertes der Schecks, die sich im Besitz des Kontoinhabers befinden. Die Geschäftsleitung der Bank X weiß ganz genau, dass die Schecks im Wert von zehn Millionen, die Herrn Pérez geliehen wurden, von diesem Herrn zur Bezahlung des Bauunternehmers, des Kesselschmieds, des Tischlers und des Schmieds ausgegeben wurden. Die Konten dieser Herren weisen positive Salden auf, doch was sie tatsächlich besitzen, sind die Schecks der Bank X selbst, die diese Herrn Pérez geliehen hatte.

Stellen wir uns nun vor, dass der allgemeine Preisverfall diese Herren beunruhigt, die eines Tages am Auszahlungsschalter erscheinen und verlangen, in bar ausgezahlt zu werden … aber in echtem, echtem Geld, in offiziellen, vom Staat ausgegebenen Banknoten. Und nehmen wir an, die Panik breitet sich aus, und wie es im Laufe des Bankwesens schon tausendmal geschehen ist, erscheint eine Armee von Kunden in der Bank mit denselben Forderungen...

Angesichts dieser ebenso einfachen wie unvermeidlichen Überlegungen wird dem Bankier klar, dass es nicht ausreicht, einfach keine Kredite mehr zu vergeben; er muss beginnen, Druck auf seine Kreditnehmer auszuüben, damit diese ihre Verbindlichkeiten nach und nach begleichen. Die Geschäftsleitung der Bank X ruft Herrn Pérez an und fordert ihn auf, den gesamten oder einen wesentlichen Teil des erhaltenen Kredits zurückzuzahlen. Herr Pérez beschafft sich durch Druck auf seine Schuldner – oder durch den Notverkauf seines Lagerbestands – das nötige Geld, um das Bankdarlehen zurückzuzahlen. Seine Schuldner (Kunden, Einzelhändler, Lagerhalter usw.) erscheinen bei der Bank und heben ihr Geld – in Form von Schecks – ab; damit bezahlen sie Herrn Pérez, der sein Darlehen an die Bank X zurückzahlt, woraufhin diese ihre „Schuldscheine“ mit einem einfachen Strich in ihren Büchern ausbucht.

Mr. Frederick Soddy, englischer Ökonom und Nobelpreisträger von 1921, schrieb in seinem Werk „Citadel of Chaos“:

„Das unheimlichste und unsozialste Merkmal des Buchgeldes ist, dass es nicht existiert. Die Banken schulden der Öffentlichkeit einen Gesamtbetrag an Geld, der nicht existiert. Durch den Kauf und Verkauf mittels Schecks ändert sich lediglich, wem das Geld von der Bank geschuldet wird. Während das Konto eines Kunden belastet wird, wird das eines anderen Kunden gutgeschrieben, und die Banken können diesen Betrag auf unbestimmte Zeit weiter schulden.

Der Gewinn aus der Geldschöpfung hat das Kapital des großen Bankwesens, wie es heute existiert, hervorgebracht. Obwohl sie mit nichts Eigenem begonnen haben, haben die Bankiers die ganze Welt durch eine Falle unwiderruflich in ihre Schuld getrieben.

Dieses Geld entsteht jedes Mal, wenn die Banken „Kredite vergeben", und verschwindet jedes Mal, wenn der Kredit an sie zurückgezahlt wird. Wenn also die Industrie versucht zu zahlen, verschwindet das Geld der Nation. Das macht den Wohlstand so gefährlich, da er das Geld gerade dann vernichtet, wenn es am dringendsten benötigt wird, und die Krise herbeiführt."

Es ist offensichtlich, dass, als der Bankier begann, seine Kredite zu vergeben und dadurch die Preise in die Höhe trieb, jeder Käufer faktisch gezwungen war, ihm eine Art Tribut zu zahlen; als er jedoch seine Kredite wieder einzog und damit den Preisverfall herbeiführte, waren es die Verkäufer, die ihm Tribut zahlen mussten. Es ist ein typischer Fall von „Kopf gewinne ich, Zahl verlierst du".[1] Ein Fall zudem von eklatanter Unmoral, der sich aus der Tatsache ergibt, dass ein Mann, der seine Aktivitäten mit dem Geld anderer begann, durch den Umgang mit „abstraktem Geld" zum größten Eigentümer von Ländereien, Fabriken, Grundstücken und Geld wurde ... aber konkretem, echtem Geld der ganzen Stadt und auf lange Sicht des ganzen Landes.

Mit dem derzeitigen Bankensystem können die Bankiers ihren Mitbürgern mit ihren Schecks „Kaufkraft" verschaffen und sie ihnen dann wieder entziehen, gerade in dem Moment, in dem sie diese am dringendsten benötigen. Die plötzliche Flutung eines Marktes mit „abstraktem" Geld – eine echte Inflation – treibt die Preise in die Höhe und weckt das allgemeine Interesse an einer Steigerung der Produktion. Die Märkte werden mit Produkten aller Art überflutet, und folglich wird

[1] R. McNair Wilson. „*Promise to* pay", Omnia Veritas Ltd, www.omnia-veritas.com

sehr viel Geld benötigt, um diese zu verteilen. (Es ist äußerst wichtig, sich vor Augen zu halten, dass dies die einzige Funktion des Geldes ist: die Verteilung von Gütern und Dienstleistungen.) Der plötzliche Entzug des Geldes führt unter solchen Umständen zwangsläufig zu einem allgemeinen Preisverfall und gleichzeitig zu einer Flut von Insolvenzen … sowie zu Arbeitslosigkeit und Hunger.

Dieses System, das künftigen Generationen als Spottbild dienen wird, verschafft dem Bankier die Kontrolle über das Preisniveau und, als logische Folge davon, über die Löhne. Der Bankier verfügt praktisch über absolute Macht über seine Mitbürger; eine Macht, wie sie sich selbst der tyrannischste Autokrat nie hätte vorstellen können. Die Macht, jeden, der es wagt, sich ihnen zu widersetzen, durch die latente Drohung des Ruins seinen Forderungen zu unterwerfen. Der moderne Bankier oder, genauer gesagt, das Finanzsystem ist in der Lage, seine Schuldner zu ruinieren und ihnen „legal" ihr Eigentum zu entreißen. A. N. Field führt folgendes Beispiel an:

„Nehmen wir an, ich bin ein Bankier und leihe John Smith tausend Dollar gegen die Bürgschaft seiner Fabrik. Anschließend ziehe ich einen Teil meiner anderen Kredite zurück und verringere so die Kaufkraft in der Region, in der John Smith sein Geschäft betreibt. Infolge dieses Rückgangs der Kaufkraft, der „Nachfrage", sinken die Preise, und John Smith verdient kein Geld mehr. Da er mir die Zinsen für mein Darlehen zahlen muss, beginnt er, Personal abzubauen und Maschinen einzuführen, die ihm Arbeitskräfte ersparen. Aber ich reduziere meine Kredite weiter. Die Preise sinken weiter, und schließlich gehen John Smith die Mittel aus. Er sagt mir, dass er mir die Zinsen nicht mehr zahlen kann. Daraufhin pfände ich die Fabrik und stelle sie zum Verkauf. Das beste Angebot liegt bei achthundert Dollar, also behalte ich sie als Rückzahlung für mein Darlehen. Wenig später beginne ich wieder, Kredite zu vergeben, und die Preise steigen erneut. John Smiths Fabrik ist nun viel wert, denn ich habe – durch die Schaffung von Kaufkraft – die sogenannte „Nachfrage" nach dem, was er herstellte, wieder gesteigert. Also verkaufe ich sein Unternehmen für fünftausend Dollar und stecke mir „völlig legal" viertausend davon in die Tasche.[2]

Dieses Beispiel mag als übertrieben gelten. Tatsächlich muss jedes

---

[2] A. N. Field. „*The Truth about the Slump*".

Beispiel, um lehrreich zu sein, eine Karikatur sein; denken heißt übertreiben, sagte Goethe. Aber es veranschaulicht eine Tatsache, die sich in der Praxis schon oft ereignet hat. So hatten die Vereinigten Staaten von Amerika im Jahr 1930 ihre Lager voll, aber es fehlte ihnen die angemessene Geldmenge, um den Handel zu entwickeln, das heißt, um diese Produkte zu den Verbrauchern zu bringen. Die Bankiers hatten bewusst 18 Milliarden Dollar aus dem Umlauf genommen, indem sie wohlhabenden Landwirten, Händlern und Industriellen Kredite verweigerten und die bestehenden Kredite größtenteils kündigten. Es kam zum berühmten „Crash" am „Black Friday", Tausende von Unternehmen gingen bankrott, und 30 Prozent der Arbeiter verloren ihre Arbeit[3]. Es gab einen Überschuss an Waren, die Kornspeicher quollen über – sogar Ernten mussten verbrannt werden – , Arbeitskräfte – sowohl Fachkräfte als auch Hilfsarbeiter – standen für die Arbeit zur Verfügung, aber es fehlte an „Geld". Die Banken gelangten in den Besitz von Zehntausenden von Industriebetrieben, Geschäften und landwirtschaftlichen Betrieben. Es fehlte an Geld … es fehlte an etwas, das zwar schwer zu verdienen, aber dafür am einfachsten zu „machen" ist … es genügt die staatliche Druckerei, die die ausgegebene Menge absichert und kontrolliert, sodass sie im Verhältnis zum tatsächlich produzierten Reichtum steht … Dennoch druckte die amerikanische Regierung das notwendige Geld nicht.

Warum? Weil sie dies rechtlich nicht tun durfte. Denn siebzehn Jahre zuvor, im Jahr 1913, hatte die damalige Regierung durch einen parlamentarischen Betrug zugelassen, dass ihr die Befugnis zur Ausgabe der Landeswährung entrissen wurde. Nicht mehr die Kreditwährung, sondern die Tenderwährung.

Die Verfassung der USA legte das Recht zur Schaffung und

---

[3] Am 16. Mai 1963 verhandelte das Strafgericht von Nivelles (Belgien) die „Affäre" (Insolvenz) der Firma SOCOGA. Herr Paul Marie de Launoy gab vor dem Richter folgende Erklärung ab: „Die Banque Belge d'Afrique, deren geschäftsführender Verwaltungsratsmitglied ich war, gewährte SOCOGA einen Kredit in Höhe von 61 Millionen belgischen Franken." Der Vorsitzende: „Das ist viel für eine Bank, deren Kapital 100 Millionen beträgt." Der Zeuge: „Von 144 Millionen … und die Bank verfügte zu diesem Zeitpunkt über 1.350 Millionen an Krediten in allen Formen." Später fügte der Zeuge hinzu: „Tout entrepreneur peut être au bord de la faillite quand on lui retire ses crédits." (Jeder Unternehmer kann am Rande des Bankrotts stehen, wenn man ihm die Kredite entzieht.) Zitiert aus der Zeitung „*Brisons le* piège", Organ des Syndicom, 12 rue Henri Maubel, Brüssel-10 (Nr. 1, Juni 1963).

Kontrolle der Landeswährung in die Hände des Kongresses. Doch im Dezember 1913, als die meisten Kongressabgeordneten ihre Weihnachtsferien zu Hause verbrachten, wurde fast heimlich ein Gesetz verabschiedet, das unter dem Namen „Federal Reserve Act" bekannt ist. Grob gesagt ermächtigte dieses Gesetz die Gründung einer Federal Reserve Corporation mit einem Verwaltungsrat (dem „Federal Reserve Board"). Dieses Gesetz entzog dem Kongress das Recht auf die Schaffung und Kontrolle des Geldes und übertrug es der „Federal Reserve Corporation". Als Vorwand für die Verabschiedung dieses ungewöhnlichen Gesetzes diente die „Trennung von Politik und Geld". In Wirklichkeit wurde jedoch – in einer großen Demokratie, die gewöhnlich als idealer Prototyp dieser Regierungsform dargestellt wird – die Macht zur Schaffung und Kontrolle des Geldes den sogenannten „Vertretern" des Volkes entzogen, um sie „EINEM PRIVATUNTERNEHMEN" zu übertragen. Und wir glauben nicht, uns der voreiligen Beurteilung schuldig zu machen, wenn wir sagen, dass ein privates Unternehmen per Definition dazu neigt, seinen eigenen Vorteil zu suchen, unabhängig davon, ob dieser mit dem allgemeinen Interesse der Nation übereinstimmt oder nicht.

Das rechtlich gesehen Schlimmste an diesem „Federal Reserve Act" von 1913 ist, dass der Beschluss von einer Minderheit der Abgeordneten gefasst wurde, die allem Anschein nach unter Druck gesetzt oder bestochen worden waren; das erforderliche Quorum war nicht gegeben ... sodass sich dieses Gesetz nicht einmal unter streng demokratischen Gesichtspunkten rechtfertigen ließ ... doch Tatsache ist, dass es verabschiedet wurde und dass seitdem ein privates Unternehmen das Geld des „demokratischsten" – und mächtigsten – Landes der Welt ausgibt. Seit jenem Weihnachtsfest 1913 kontrolliert, gibt aus, schafft und vernichtet eine vergleichsweise kleine Zahl von Menschen – etwa achttausend – nach eigenem Gutdünken das Geld des Landes, das als Vorreiter des Westens gilt. Diese Menschen sind in ihrer überwiegenden Mehrheit nicht einmal amerikanischer Herkunft. Der „deus ex machina" dieses verhängnisvollen „Gesetzes" war ein Bankier aus Hamburg namens Paul M. Warburg.[4]

---

[4] Ein Bruder dieses Warburgs wurde beschuldigt und vom US-Geheimdienst offiziell angeklagt, die sowjetischen Revolutionäre von 1917 teilweise finanziert zu haben. Einem anderen Warburg wurde infolge der Rassengesetze des Reichs im Jahr 1933 die deutsche Staatsangehörigkeit entzogen.

Das „Federal Reserve Board" gibt das Geld des Landes aus und verleiht es dann der „legalen" Regierung der Vereinigten Staaten gegen Zinsen. Wenn beispielsweise die Regierung in Washington eine Milliarde Dollar benötigt, um öffentliche Bauvorhaben zu finanzieren, die Rüstung zu erneuern oder was auch immer, muss sie sich an das „Board" wenden und dieses Geld anfordern. Dann gibt das allmächtige „Board" seine Zustimmung unter der Bedingung, dass die Regierung ihm Zinsen zahlt. So ermächtigt der Kongress das Finanzministerium, eine Milliarde Dollar in Form von Anleihen zu drucken, die dem „Federal Reserve Board" übergeben werden. Das „Federal Reserve Board" übernimmt die Druckkosten (die etwa fünfhundert Dollar betragen) und nimmt den Umtausch vor. Dann kann die Regierung über das Geld verfügen, um ihren Bedarf zu decken.[5]

Was sind die Folgen dieser unglaubwürdigen Transaktion? Ganz einfach: Die Regierung der Vereinigten Staaten hat ihre Bürger mit einer Schuld von einer Milliarde Dollar plus Zinsen gegenüber dem „Federal Reserve Board" belastet, bis diese beglichen ist. Das Ergebnis dieser wahnwitzigen Finanzpolitik (?) ist, dass das Volk der Vereinigten Staaten in weniger als sechzig Jahren – von 1913 bis heute – bei den Bankiers des „Federal Reserve Board" mit insgesamt 350 Milliarden Dollar verschuldet ist, mit Zinsen in Höhe von anderthalb Billionen Dollar pro Monat, ohne jede Hoffnung, jemals den Kapitalbetrag der Schulden oder auch nur die Zinsen zurückzahlen zu können, da beide ständig steigen. 195 Millionen Amerikaner sind unwiderruflich bei etwa 8.000 anderen Amerikanern verschuldet; und die Höhe dieser Schulden übersteigt den Gesamtwert des gesamten Vermögens des Landes.[6]

Es kommt noch mehr: Mit diesem System des „Schulden-Geldes" werden die oben erwähnten Anleihen zu Bankwerten, auf deren Grundlage die Banken Kredite an Privatkunden vergeben können. Da die Bankengesetze der Vereinigten Staaten lediglich eine Reserve von 20 Prozent vorschreiben, können die Banken des „Federal Reserve Board" Kredite in Höhe des fünffachen Wertes der Anleihen vergeben, die sie besitzen[7]. Das heißt, um auf die Transaktion von einer Milliarde

[5] Sheldon Emry. „*Billions for the Bankers. Debts for the People*".

[6] Sheldon Emry. Op. Cit.

[7] James C. Oliver. „*A Treatise on Money*".

Dollar zurückzukommen, die wir als Beispiel genommen haben: Der Anspruch auf Zinsen in Höhe von sechs Milliarden... BEI ORIGINALKOSTEN VON 500 Dollar für Druckkosten.[8] Und da der Kongress – in dieser erhabenen Demokratie – das Recht zur Geldschöpfung abgetreten hat, bleibt den Industriellen, Agrarunternehmern und Händlern der Vereinigten Staaten nur noch der Weg, Geld von dem Bankenkonsortium der Federal Reserve zu „leihen" und sich in dessen Hände zu begeben, um den Reichtum des Landes zu entwickeln.

Die schrecklichen Folgen dieses wahnwitzigen „Systems" liegen auf der Hand. Da die Banken allmächtig – und damit unverantwortlich – sind, können sie über Leben und Tod jedes Unternehmens entscheiden, wie stark es auch sein mag. Die damit einhergehende finanzielle Entartung führt zu gravierenden Extremsituationen: Nach der Ablehnung eines Kredits kann ein Unternehmen, so stark es auch sein mag, zu einem bestimmten Zeitpunkt gezwungen sein, seine Aktien zu jedem Preis – sogar mit reinem Verlust – zu verkaufen, um seinen fälligen Zahlungsverpflichtungen und dringenden Verbindlichkeiten nachzukommen. Nachdem sie die Ware abgewertet haben, kaufen die Vertreter der Bankenoligarchie große Mengen der abgewerteten Aktien auf; danach wird der Kredit bewilligt, der Aktienkurs steigt, und die Aktien werden anschließend mit fantastischen Gewinnen verkauft. Diese Praxis des legalen Diebstahls hat heute einen solchen Grad an Raffinesse erreicht, dass es dem „Federal Reserve Board" genügt, in den Zeitungen eine Anhebung oder Senkung seines Diskontsatzes anzukündigen, um den Wert der Aktien nach Belieben steigen oder fallen zu lassen.[9]

Mit diesen Methoden haben die Mitglieder der „Federal Reserve" und ihre Bankensatelliten die Kontrolle über praktisch alle großen amerikanischen Industriezweige erlangt ... und von dort aus ihre „Koka-Kolonisierung" des Rests der Welt begonnen.

Zusammenfassend lässt sich sagen, dass der sogenannte Kredit aus dem falschen Versprechen der Bankiers besteht, zehnmal mehr Geld

---

[8] Sheldon Emry. Op. cit. Eustace Clarence Mullins. „*On the Federal* Reserve", Omnia Veritas Ltd.

[9] Frederick Soddy. „*Citadel of Chaos*".

auszuzahlen, als sie von ihren Einlegern haben. Kredit ist kein echtes, gesetzliches Geld, aber da er dessen Funktion erfüllt – er dient zur Bezahlung von Waren und Dienstleistungen und zur Tilgung von Schulden –, ist er de facto nicht von gesetzlichem Zahlungsmittel zu unterscheiden. Diese „Zahlungsversprechen“, die der Bankier mittels eines Scheckhefts ausstellt, entstehen als „Kredite“, die mit Zinsen zurückgezahlt werden müssen. Die Bankiers behalten sich das „Recht“ vor, ihre „Versprechen“ – ihren Kredit – zurückzuziehen, und können so nach eigenem Ermessen neunzig Prozent der Kaufkraft – der „Nachfrage“ – eines Landes entziehen. Tatsächlich begnügen sie sich laut McNair[10] mit viel geringeren Schwankungen, denn „selbst sehr kleine Schwankungen reichen aus, um das Preisniveau in die eine oder andere Richtung zu verändern“ ... Veränderungen, von denen sie leben.

Kein Geringerer als Sir Josiah Stamp, damals der zweitreichste Mann Englands und Präsident der British Railways, wandte sich mit den folgenden Worten an 150 Professoren der University of Texas:

[11]„Das Bankensystem wurde in Ungerechtigkeit konzipiert und in

[10] R. McNair Wilson. „*Promise to* pay“, Omnia Veritas Ltd, www.omnia-veritas.com

[11] In der bewusst verwirrenden Bankterminologie bedeutet das Wort „Einlage“ nicht, wie die meisten glauben, das von einem Einleger bei der Bank hinterlegte Geld. Bankeinlagen sind in Wirklichkeit „Kredite in Form von Versprechen, gesetzliches Zahlungsmittel zu zahlen“, und übersteigen oft um das Zehnfache die Einlagen der Kunden, die in den Bilanzen der Banken als „Kassenbestand“ ausgewiesen werden. Der Begriff „Deposit“ bedeutet im Bankwesen in England, den Vereinigten Staaten, Australien, Kanada und Neuseeland „Kredit“. Dies wird durch den Ausdruck „A loan creates a Deposit“ (Ein Kredit schafft eine Einlage) bestätigt. Dies geht so weit, dass Buchgeld in den angelsächsischen Ländern als „Bank Deposit Money“ bezeichnet wird. In Belgien hingegen bezieht sich das Wort „Dépot“ im Bankwesen auf das Geld, das die Einleger tatsächlich bei den Banken zur Verwahrung und Verzinsung hinterlegt haben. Dasselbe gilt für Frankreich. Was Spanien betrifft, so lässt sich nach Einsicht in einige Bankbilanzen Folgendes feststellen: 1: Manchmal beträgt der Posten „Einlagen“ das Sechsfache des Postens „Girokonten“ (in Krisenzeiten) und manchmal das Neunfache (in Zeiten des Aufschwungs). 2: Manchmal besteht überhaupt kein Zusammenhang (zweifellos, weil Beträge, die anderen Posten entsprechen, in einen der beiden Posten einbezogen werden, um die Finanzberichte in den Zeitungen zu vereinfachen). 3: Manchmal macht der Posten „Einlagen“ in Krisen- bzw. Expansionsphasen jeweils ein Sechstel oder ein Neuntel des Postens „Girokonten“ aus. Verbindet man die erste und die dritte Beobachtung, gelangt man zu der logischen Schlussfolgerung, dass – Wortspiele beiseite gelassen – das, was die Banken verleihen – genauer gesagt, zu verleihen beabsichtigen –, das Sechs- bis Neunfache der Gesamtsumme dessen ausmacht, was sie besitzen.

Sünde geboren. Die internationalen Bankiers besitzen die Erde. Nehmt ihnen alles, was sie haben, aber lasst ihnen die Macht, Einlagen zu schaffen, und mit ein paar Federstrichen werden sie genügend Einlagen schaffen, um alles wieder zurückzugewinnen. Aber wenn ihr ihnen die Macht nehmt, Geld zu schaffen, werden alle großen Vermögen verschwinden, einschließlich meines, und dies wird eine viel glücklichere Welt sein. Wenn ihr jedoch weiterhin Sklaven der Banken sein und die Kosten eurer eigenen Sklaverei bezahlen wollt, lasst sie weiterhin Einlagen schaffen“[12].

Das unglaublich Witzige an dieser glasklaren Aussage ist, dass derjenige, der sie formulierte, Sir Josiah Stamp, neben seiner Funktion als Präsident der „British Railways“ auch die des... Präsident der Bank of England, einer Institution, die trotz ihres offiziellen Ansehens ebenso wie das „Federal Reserve Board“ ein privates Unternehmen ist, das seit seiner Gründung fast immer von Personen geleitet wurde, die denselben Hintergrund hatten wie diejenigen, die die „Federal Reserve“ geleitet haben und leiten.

Es ist also ganz klar, dass die angeblichen Wirtschaftskrisen in Wirklichkeit Finanzkrisen sind, die oft absichtlich ausgelöst werden[13]. Thomas Jefferson sagte einmal: „Ich glaube, dass die Bankinstitute für unsere Freiheiten gefährlicher sind als feindliche Armeen. Sie haben es bereits geschafft, eine Geldaristokratie zu errichten, die der Regierung trotzt. Die Macht, Geld zu schaffen, sollte ihnen entzogen (Jefferson bezog sich natürlich auf das Kreditgeld) und dem Volk zurückgegeben werden, dem sie tatsächlich gehört.“

Tatsächlich sollte die Befugnis zur Geldschöpfung – sowohl für Bargeld als auch für Kreditgeld – dem Staat vorbehalten bleiben, der es nach Bedarf in Umlauf bringen würde.

Es ist notwendig, den scheinbar unvermeidlichen Zyklus von „Aufschwung-Krise“ oder „Inflation-Deflation“ oder „Boom-Slump“ – wie auch immer man ihn nennen mag – ein für alle Mal zu beenden.

---

[12] Zitiert nach „*Common* Sense“, New Jersey, 1.4.70.

[13] Nach dem „Federal Reserve Act“ werden Paniken künstlich erzeugt, mit der Strenge und Genauigkeit eines mathematischen Problems, so wie es gerade geschehen ist (1920). Charles Lindbergh Sr.

Dieser verhängnisvolle Kreislauf hat für die Wirtschaft eines Landes dieselben Auswirkungen wie eine Bluttransfusion, gefolgt von einem Aderlass, wenn sich der Patient gerade zu erholen beginnt. Das wichtigste Ergebnis des „Zyklus" ist der „Preis-Lohn"-Wettlauf … bei dem immer die Ersteren gewinnen.

Der Geldumlauf in einem bestimmten Land sollte ausschließlich dessen Fähigkeit zur Schaffung von Wohlstand, dessen Entwicklungspotenzial und den Bedarf an Arbeitskräften widerspiegeln. Nur der Staat – ein souveräner und freier Staat –, dessen Amtsträger die Stimmen ihrer Wähler nicht mit kostspieliger Propaganda „kaufen" mussten, die von denjenigen finanziert wurde, die über sie herrschen … denn wer bezahlt, hat das Sagen. Ein Staat, der frei ist vom schattenhaften, unsichtbaren, allgegenwärtigen Einfluss der Geldmacht, kann eine gesunde Wirtschaftspolitik betreiben, losgelöst von den Fesseln des „Geld-Schulden"-Systems und der Wucherzinsen. Die Banken haben eine wirtschaftliche und soziale Funktion zu erfüllen; als Gegenleistung für diese Funktion haben sie Anspruch auf faire und normale Gewinne, aber es darf nicht zugelassen werden, dass die Wirtschaft einer Nation von den Banken abhängt; die Banken müssen dem Land dienen, und nicht das Land den Banken.

Der Staat muss nicht nur der Emittent des gesetzlichen Zahlungsmittels sein, sondern auch der Kreditgeber. Das zinslose Darlehen an solvente Unternehmen war der „deus ex machina" des gewaltigen Aufschwungs, den die deutsche Wirtschaft von 1933 bis 1939 erlebte; nicht, wie man es hier absurd behauptet hat, die große Arbeitskraft des deutschen Volkes. Diese – unbestreitbare – Arbeitskraft wurde nicht vom nationalsozialistischen Regime erfunden, aber dessen Entscheidung, den Banken die Macht zu entziehen, diese zu „schaffen", war zweifellos der wesentliche Grund. Man mag einwenden, dass Staaten Fehler machen können, dass sie Missbrauch begehen können, egal welcher Couleur sie sind … rot, weiß oder blau, ob ihre Führer nun zur Messe gehen oder nicht … aber was niemand bestreiten kann, ist: Wenn ein Staat sich irren KANN oder in Finanzangelegenheiten gegen das Gemeinwohl handeln KANN, MUSS eine Bank oder, mehr noch, ein Bankensystem zwangsläufig gegen dieses Gemeinwohl handeln. Und zwar per Definition: Ein Staat ist eine öffentliche Einrichtung und seine Aufgabe ist das Gemeinwohl; eine Bank ist ein privates Unternehmen und ihre Aufgabe ist das eigene private Wohl, und es ist nur natürlich, dass dies so ist. Was nicht natürlich ist, ist, dass durch einen jahrhundertelangen Betrug die öffentliche Aufgabe, den Austausch von Gütern zu erleichtern und zu ermöglichen, wie es die Geldschöpfung (Bargeld oder Kredit) ist, zu einem gigantischen und unmoralischen privaten Monopol geworden ist.

Es steht außer Frage: Wenn die erste Pflicht eines Staates darin besteht, seine Untertanen zu schützen – und im vorliegenden Fall, sie vor Schuldgeld und Finanzwucher zu schützen –, dann muss die erste Maßnahme, die dieser Staat ergreift, darauf abzielen, sich selbst von der Vormundschaft der gemeinhin als „Money Power" bezeichneten Macht zu befreien. Juan Beneyto schreibt[14], dass „das gesamte enorme Problem, das das Thema der Staatsverschuldung für die staatliche Wirtschaft aufgeworfen hat, mit der falschen Vorstellung vom Geldbedarf des Staates zusammenhängt. Diese Vorstellung beruht darauf, dass der Staat wie ein Privatmann handeln soll. Der Staat darf nicht wie ein Privatmann handeln. Der Staat hat drei Möglichkeiten, seinen Finanzbedarf zu decken: 1. Die Souveränität über die öffentlichen Dienstleistungen. 2. Die Souveränität über die Währung. 3. Die Souveränität über die Finanzen. Man muss von der Unterscheidung zwischen dem Öffentlichen und dem Privaten ausgehen, denn sonst … bleibt als einziger Weg nur die Verschuldung des Staates. Heilung ist nur durch einen Staat möglich, wie den nationalsozialistischen, der Herr über das Geld ist. Nur so ist eine starke Staatsfinanzen realisierbar."

Ein schuldenfreier Staat muss seine Untertanen nicht brutal besteuern, um seine Schulden zu begleichen, wie es derzeit in Nordamerika der Fall ist. Das Deutschland der Jahre 1933–1939 war eines der Länder mit der geringsten Steuerlast, und „das Endziel unseres Staates", so Gottfried Feder, „ist die Errichtung eines steuerfreien Staates"[15], wobei er als Beispiel den Freistaat Bayern anführte – der nicht gerade zu den reichsten Bundesländern Deutschlands zählt –, dessen Staatshaushalt ohne einen einzigen Steuerpfennig aufgebracht wurde. Was Bayern aus der Bewirtschaftung der staatlichen Wälder und Gärten, der Eisenbahnen, der Post- und Telegrafendienste erzielte, deckte seine Ausgaben für Kultur und Bildung, öffentliche Dienstleistungen und Rechtspflege. Alle Steuereinnahmen flossen vollständig in die Tilgung der bayerischen Staatsschulden und des

---

[14] Juan Beneyto, „*Nationalsozialismus*". Unter Berufung auf Gottfried Feder.

[15] Juan Beneyto. Op. cit. Ebenda. Dito.

entsprechenden Anteils an der Staatsverschuldung.

Der Staat – egal welcher Couleur – ist von Natur aus ein schlechter Händler. Daher rührt das klägliche Scheitern des Marxismus. Die Aufgabe des Staates besteht nicht im Handel, sondern – im Bereich seiner Innenpolitik – in der Aufrechterhaltung der öffentlichen Ordnung, der Förderung des Wohlstands und der Verhinderung von Missbrauch. Insbesondere sind wir gegen die Verstaatlichung von Unternehmen und folglich auch gegen die Verstaatlichung des Bankwesens, eine „Lösung", die nichts lösen würde und den Staat zu einem Geldhändler machen würde, obwohl – wie wir hoffentlich bereits gezeigt haben – Geld keine Ware, sondern ein Tauschmittel ist, und die Katastrophe der „Konjunkturzyklen" ihren Ursprung gerade in der künstlichen Veränderung des Wertes von etwas hat, das grundsätzlich stabil sein sollte. Wenn wir sagen, dass der Kredit dem Staat vorbehalten sein muss, wollen wir – wir wiederholen es – betonen, dass dieser Kredit zinslos sein muss. Schon Platon bezeichnete den Anspruch, Geld Geld zu machen, als „Widerwärtigkeit gegen die Natur".

Und um die notwendige, unverzichtbare Finanzreform in die Praxis umzusetzen – die die einzige Alternative zur Katastrophe der „Konjunkturzyklen" darstellt –, müssen die Staaten lediglich ihr Strafgesetzbuch anwenden, das das Delikt der Geldfälschung ahndet, denn genau das und nichts anderes sind „Kreditgeld" und „Schuldengeld".

Entweder das, oder die unbegrenzte Fortsetzung des Diebstahls der Jahrhunderte.

DAS JAHRHUNDERT DER DIEBSTÄHLE

„Es gibt zwei Geschichten: die offizielle, lügnerische Geschichte, die ‚ad usum Delphini' gelehrt wird; und die geheime Geschichte, in der die wahren Ursachen der Ereignisse zu finden sind: eine beschämende Geschichte."

Honoré de Balzac

„Der Kapitalismus ähnelt dem Eigentum so sehr, wie der Sophismus einer Argumentation ähnelt, wie Kain vielleicht Abel ähnelte."

Edouard Drumont

Das Bankwesen, das im 19. Jahrhundert eine entscheidende Macht erlangte, hat im heutigen Jahrhundert die absolute Herrschaft über das Wirtschaftsleben erlangt, sowohl im Westen der „freien Marktwirtschaft" als auch im „kommunistischen" Osten. Wenn heute die Gründung eines beliebigen Unternehmens, ob gewinnorientiert oder nicht, ins Auge gefasst wird, wird als Erstes die voraussichtliche Haltung der Banken – je nach Art ihrer Tätigkeit lokal oder national – gegenüber dem betreffenden Unternehmen abgewogen. Heutzutage kann fast nichts mehr getan werden, und praktisch nichts kann ohne die Unterstützung der Banken Bestand haben. Von einfachen Führungskräften eines Dienstes, der den Warenaustausch erleichtern sollte, haben sich die Bankiers nach und nach zu Regulierern, dann zu Kontrolleuren und schließlich praktisch zu den Herren des gesamten Weltvermögens entwickelt. Und, gestützt darauf, auch der politischen Macht.

Shylock und seine Glaubensgenossen des Mittelalters waren im Vergleich zu den Magiern der modernen Finanzwelt harmlose Messdiener. Schließlich verlangten die Wucherer jener Zeit bis zu dreißig oder vierzig Prozent monatlichen Zins... Doch man darf nicht vergessen, dass diese wahnwitzigen Zinsen, so ausbeuterisch sie auch waren, auf existierendes, reales, greifbares Geld erhoben wurden, das dem Wucherer gehörte, der zudem immense persönliche Risiken einging, die sich oft in Gefängnisstrafen, wenn nicht gar in „Pogromen", Enteignungen und Vertreibungen niederschlugen. Im Gegensatz dazu praktizieren die modernen Bankiers grob gesagt folgende Vorgehensweise: Sie leihen sich Geld, nämlich das ihrer Einleger, für das sie einen Zins von 0,5 Prozent zahlen. Dieses Geld verleihen sie ihrerseits zu 9 Prozent weiter, was einen Gewinn von 1800 pro zent bedeutet; ein Gewinn, den kein Geschäft jemals erbracht hat und jemals erbringen wird. Es ist erstaunlich festzustellen, dass kein Staat, kein Richter, keine Kommission im Stil der vor Jahren in Spanien existierenden Steuerfahndung jemals Maßnahmen wegen missbräuchlicher Gewinne gegen diese Geldhändler – und monopolistische Händler, das darf man nicht vergessen – ergriffen hat, während schon wegen bloßer 30 Prozent manchmal Geschäfte geschlossen wurden und ihre Besitzer im Gefängnis landeten. Doch damit endet der Missbrauch durch die Banken noch nicht: Die Banken verdienen nicht „nur" 1800 Prozent, sondern, wie wir bereits unter[16] gesehen haben, vervielfachen sie durch die Verneunfachung ihrer Kredite und die Schaffung von Buchgeld – falschem Geld, wie wir nicht müde werden zu wiederholen – ihre Gewinne, sobald dieses echte Verbrechen gegen das Strafgesetzbuch und gegen die Menschlichkeit vollendet ist, ebenfalls um das Neunfache. Für je hundert Denare[17], die sie von ihren Einlegern erhalten, zahlt die Bank diesen einen Jahreszins von einem halben Denar und verlangt beim „Verleihen" von neunhundert Denaren einen Zins von 9 Prozent, also 81 Denare, was einem Gewinn von 16.200 Prozent entspricht[18]. Und der Himmel stürzt nicht ein!

...Währenddessen gehen die kalten Staatsmonster gnadenlos gegen den kleinen und mittleren Unternehmer vor, der seine Gewinne verschleiert, um überleben zu können. Und die Bischöfe messen mit

---

[16] Im ersten Teil mit dem Titel „*Der Raub der* Jahrhunderte", verfasst 1971.

[17] Wir vermeiden es, aktuelle Währungseinheiten zu nennen, und zwar aus zwei Gründen: Erstens, weil die Herren der Finanzwelt – so grotesk es auch erscheinen mag – ihre Kritiker oft unter Berufung auf patriotische Gründe verklagen; so gibt es beispielsweise diejenigen, die die Gesundheit des Dollars mit der „christlich-westlichen" Zivilisation gleichsetzen. Der zweite Grund – der uns dazu veranlasst hat, uns für den Denar zu entscheiden – beruht darauf, dass diese Währungseinheit dazu diente, die Dienste des berühmten Finanziers, Herrn Iskariot (Don Judas), zu bezahlen, dem in Moskau und in der New Yorker Bronx, der Hauptstadt der internationalen Finanzwelt, jeweils eine Statue errichtet wurde.

[18] Abzüglich der Verwaltungs- und Personalkosten usw. dürfte dieser Prozentsatz sinken, doch wenn man andere Geschäfte berücksichtigt, bei denen die Bankenschwindelei neue Höhen erreicht, ist es nicht abwegig anzunehmen, dass dieses unerhörte Geschäft einen Gewinn von 20.000 Prozent abwirft.

dem Maßstab in der Hand die Länge der Miniröcke, woraufhin sie mühsam einen weisen Text in Latein verfassen... und alle Machthaber – zumindest die der „offiziellen“ Macht – bewahren ohrenbetäubendes Schweigen angesichts dieses jahrhundertealten Unrechts gegen die Menschlichkeit.

* * *

In „Der Raub der Jahrhunderte“ haben wir sehr kurz einen Überblick über die Aktivitäten des „nationalen“ Bankiers gegeben; des Mannes oder der Bank, der ein nicht existierendes Geld „erfindet“, von dem er Zinsen zieht, die er seinen Mitbürgern in Rechnung stellt. Betrachten wir nun die – eine weitere Facette der Bankgeschäfte. Derjenige, den wir als „internationalen“ Bankier bezeichnen könnten, verleiht sein Geld (in Wirklichkeit, wie wir wissen, verleiht er es nicht und es ist auch nicht sein Geld) an Firmen, die sich dem Handel mit dem Ausland widmen. Diesem Bankier liegt es vor allem daran, dass das Außenhandelsvolumen auf einem guten Niveau bleibt, um die dringende Nachfrage nach seinen „Krediten“ aufrechtzuerhalten. Ihm ist nicht entgangen, dass, wenn seine Kollegen, die „nationalen“ Bankiers, zu viele Kredite vergeben, das Exportvolumen tendenziell abnimmt, da die Menschen die im Land hergestellten Waren kaufen können und nur das exportieren, was ihnen übrig bleibt. In diesem Fall hat der „internationale“ Bankier ein Interesse daran, dass die „nationalen“ Bankiers ihre Kredite reduzieren. Tatsächlich tut er dasselbe wie der „nationale“ Bankier: Er gewährt Kredite – in einer Höhe, die etwa das Neunfache der Gesamteinlagen seiner Girokontoinhaber beträgt – an Reeder, Versicherungsgesellschaften, internationale Transportunternehmen, Exportfirmen usw.

Es war logisch und entsprach dem Lauf der Dinge, dass der „nationale“ und der „internationale“ Bankier zu einer umfassenden und uneingeschränkten Zusammenarbeit gelangten, da ihre Geschäfte nach demselben Modus Operandi ablaufen und sich zudem hervorragend ergänzen. Wenn es also, im Bankjargon gesprochen, zu einem „Boom“ auf dem Binnenmarkt kommt, erhält der „nationale“ Bankier die Unterstützung, den „Kredit“ seines „internationalen“ Kollegen. Und wenn auf diesen „Aufschwung“ das Unvermeidliche folgt, die zyklische „Krise“, öffnet der „nationale“ Bankier, der seine Kredite bereits abgeschrieben hat,, gewährt sie erneut zugunsten seines Kollegen, der die Exporte finanziert – sehr oft zu Spottpreisen und sogar mit staatlichen Subventionen gestützt –, um einer Produktion

Absatz zu verschaffen, die niemand im eigenen Land kaufen kann – weil die Menschen keine Zahlungsmittel mehr haben –, die aber unbedingt irgendwo „abgesetzt" werden muss, und sei es nur, um Arbeitern und Angestellten Arbeit zu geben und soziales Chaos zu vermeiden. Tatsächlich sind „nationale" und „internationale" Bankiers mittlerweile sowohl persönlich als auch in ihren Aktivitäten völlig miteinander verschmolzen.

* * *

Das Wesen des Bankgeschäfts liegt in der Erzielung eines schwankenden Preisniveaus, was sich logischerweise auf ein schwankendes Lohnniveau auswirkt.

Wäre ein Staat stark und gerecht genug – w, da diese beiden Eigenschaften in der Politik komplementär sein müssen –, um ein stabiles Preis- und Lohnniveau festzulegen und durchzusetzen, könnten Industrielle, Landwirte, Händler usw. wissen und langfristig vorhersehen, was sie mit ihren Produkten erzielen würden. Sie könnten ihre Geschäfte rational führen und würden sehr bald auf Bankkredite verzichten können, wodurch sie den Fängen der Verschuldung entkommen würden. Die Bankiers wüssten nicht, was sie mit ihren „Krediten" anfangen sollten. Ihre klassische, auf Niederlagen ausgerichtete Waffe, die darin besteht, die Preise durch den plötzlichen Entzug von Krediten zu senken, würde durch das Eingreifen der Regierung wirkungslos werden, die durch die angemessene Schaffung von neuem gesetzlichem Zahlungsmittel die Preise sofort wieder auf ihr vorheriges Niveau anheben würde. Und wenn die Banken bei der Kreditvergabe über das Ziel hinausschießen würden und die Preise infolgedessen steigen würden, würde die Regierung erneut eingreifen und durch die Erhebung von Steuern auf nicht lebensnotwendige Güter und Aktivitäten oder die Ausgabe von Staatsanleihen zur Finanzierung öffentlicher Bauvorhaben Geld aus den Märkten abziehen, wodurch sich die Preise wieder stabilisieren würden. Die Stabilität, die erträumte Stabilität, die alle heutigen Regierungen anstreben, ohne sie zu erreichen, weil sie das Problem nicht direkt angehen können – oder wollen –, wäre erreicht. Die Produzenten könnten Vertrauen in ihre Märkte haben, und das Einzige, worum sie sich um ihr Überleben sorgen müssten, wäre ein edler Wettbewerb in Sachen Qualität und, wenn überhaupt, die Schwankungen im Geschmack und in den Vorlieben der Bevölkerung. Alle wettbewerbsfähigen Produkte würden so dem Joch der Banken entkommen und ihr eigenes Kapital erwerben.

Die Bankiers würden zu ihrer ursprünglichen Funktion als Hüter der öffentlichen Ersparnisse zurückkehren und für diese Verwahrungsaufgabe sowie für die Erbringung weiterer Dienstleistungen – einschließlich der Zusammenarbeit mit dem Staat bei der Finanzierung von öffentlichen Bauvorhaben, die jedoch keine unmittelbare Rentabilität abwerfen – angemessene Gebühren erheben.

Die Anhänger der liberalen Orthodoxie waren schon immer erbitterte Gegner staatlicher Eingriffe zur Preisstabilisierung. Das Argument, das sie am stärksten vorbringen, stützt sich darauf, dass Preis- und Lohnstopps verheerende Auswirkungen auf die Exporte haben. Das Ideal dieser Herren besteht darin, dass die sogenannte Zahlungsbilanz positiv ist, das heißt, dass die Exporte die Importe übersteigen. Das Kuriose daran ist, dass sie nicht zu erkennen scheinen, dass dies unmöglich in allen Ländern gleichzeitig geschehen kann, denn jedem Land mit einer positiven Bilanz muss theoretisch – und praktisch – ein anderes mit einer negativen Bilanz gegenüberstehen. Die logische Konsequenz ist der Wirtschaftskrieg … und danach der andere. Der totale Krieg. Es ist überraschend festzustellen, wie im Bereich der Wirtschaft und der Finanzen die Spekulationen der überholten Liberalen – meist Pazifisten, und manchmal gut gemeinte Menschen – ebenso wie im politischen Bereich in einen Krieg münden.

Tatsächlich besteht der Zweck der Wirtschaft darin, die Bedürfnisse des Landes zu decken. Der der Finanzen darin, den Warenaustausch zu rationalisieren. Wenn wir den Liberalen in ihrer Argumentation folgen würden, dass die Währung gegenüber ausländischen Währungen aufgrund des Zahlungsbilanzdefizits an Wert verliert, könnten wir uns auf ihre eigene Argumentation stützen und ihnen sagen: Wenn ein Land nur dafür leben muss, seine Produkte ins Ausland zu schicken, sollte seine Währung – gerade weil sie wenig Wert hat – ihm beim Export helfen. Wenn ein halber Denar in Fremdwährung in einem bestimmten Land einen Denar wert ist, besteht kein Zweifel daran, dass dieses Land seine Produkte im Ausland billiger verkaufen kann. Aber in Wirklichkeit haben wir kein Interesse daran, den Argumenten der überholten liberalen Wirtschaft mit aller Macht Tür und Tor zu öffnen, denn wir weigern uns entschieden zu glauben, wie es die fanatischen Verfechter des Exportismus behaupten, dass ein Land ausschließlich dazu existiert, seine Produkte auf ausländische Märkte zu schicken. Was für eine natürliche und gesunde Wirtschaft von Interesse ist, ist die Schaffung eines Binnenmarktes, der in der Lage ist, die einheimischen Produkte zu kaufen. Und wenn es bei bestimmten Artikeln zu einer

Überproduktion kommt, wird diese ins Ausland verkauft. Dieser Überschuss dient als Zahlungsmittel für die benötigten ausländischen Produkte. Natürlich bedeutet die Anwendung dieses Systems, das Deutschland übrigens in der Zeit zwischen 1933 und 1939 mit einzigartigem Erfolg verfolgte, das Ende der Eigenwilligkeiten[19], aber im Gegenzug bedeutet es auch die Mobilisierung aller produktiven Aktivitäten des Landes zugunsten der Schaffung eines mächtigen Binnenmarktes; dass die Industriellen bei den Landwirten kaufen und die Landwirte bei den Industriellen. Und es bedeutet die Wiederherstellung der Landwirtschaft als der wichtigsten aller Industrien[20].

* * *

Den grundlegenden Trugschluss der internationalen Finanzwelt könnten wir, in Anlehnung an den großzügigen und lyrischen Stil ihrer Sprecher, wie folgt ausdrücken: „Wir müssen den Planeten als eine Einheit betrachten. Alle Menschen sind Brüder. Die Stämme wurden von den Königreichen absorbiert; die Königreiche von den Imperien. Nun haben wir bereits diese wunderbare Schöpfung der menschlichen Vernunft: die UNO. Ja, wie uns alle Religionen versichern, sind wir Brüder, doch deshalb hören wir nicht auf, Teilhaber des Unternehmens „Schöne Welt“ zu sein. Nur die Finanzwelt kann diese Schöne Welt verwirklichen. Das Geld, und nur das Geld, kann eine gerechte und freie Verteilung des Reichtums gewährleisten. Nehmen wir an, die Grenzen würden verschwinden: Die Ökonomen würden entscheiden, wo beispielsweise Getreide oder Baumwolle angebaut werden sollte. Nicht

[19] Nichts ist in der Tat origineller als bestimmte Ausprägungen des derzeit en vogue befindlichen Wirtschaftsliberalismus. Französische Firmen verkaufen französischen Wein nach Belgien, und andere französische Firmen kaufen in Belgien deutschen … und französischen Wein. Spanische Firmen kaufen Kunststoffe aus Deutschland, und andere – oder dieselben – Firmen verkaufen Kunststoffe in andere Länder, darunter auch nach Deutschland. Schwedische Firmen verkaufen Regenschirme und Särge nach Mauretanien, und spanische Firmen kaufen in England Stoffe … aus Spanien.

[20] Das Wichtigste ist nicht unbedingt das Größte. Es bedeutet einfach die Verbundenheit der Menschen mit ihrem Heimatboden, und dies kann nur mit einer gesunden und würdigen ländlichen Bevölkerung erreicht werden, die nicht länger das Stiefkind der menschlichen Bevölkerung ist. Wenn es in ganz Europa eine Landbevölkerung von so hohem Rang gäbe wie die der Normandie oder Bayerns oder die bewundernswerte englische „Gentry“, würde uns die Zukunft unseres europäischen Vaterlandes keinerlei Furcht einflößen.

anarchisch, wie es der Egoismus der Nationalismen zugelassen hat, sondern rational, dort, wo es am schnellsten und am billigsten geht. Neben den Kohlebergwerken würden wir die großen Industriebetriebe errichten; neben den Eisenbergwerken die Hüttenwerke und daneben, um keine Zeit zu verlieren und die Waren nicht zu verteuern, die vornehmen Siedlungen der Arbeiterbrüder mit großen Mehrfamilienhäusern … sehr hohe Häuser, um die Grundstückskosten zu senken … und alle gleich.

Wäre das nicht wunderbar? Wäre diese großartige Zusammenarbeit nicht ein Gewinn für alle? Würde das nicht die egoistischen und rückständigen Barrieren des Nationalismus beseitigen? Was für eine wunderbare Vision! Die ganze Erde, vernünftig erschlossen und genutzt zum Wohle eines jeden von uns, der Teilhaber dieses großen und großzügigen Unternehmens! Was steht der Verwirklichung dieses paradiesischen Traums im Wege? Der Nationalismus! Was ist Nationalismus? Ein überholtes Gefühl, das darin besteht, nur an sich selbst und an die Menschen zu denken, die einem ähnlich sind; darin, Fremde zu verachten, weil sie nicht so sprechen wie wir oder eine andere Hautfarbe haben. Nur die Finanzwelt kann das großmütige Unterfangen verwirklichen, den Partikularismus zu überwinden und die Große Gesellschaft des universellen Konsums zu schaffen.“

Die Realität unterscheidet sich jedoch stark von diesem schönen Bild … vorausgesetzt, es wäre schön, was für uns bei weitem nicht der Fall ist. Tatsächlich ist die internationale Finanzwelt eine der Ursachen für Kriege. Die internationalen Bankiers vergeben Kredite so, dass das Gold von ihren Kreditnehmern selten verlangt wird. Wenn jedoch die Zahlungsbilanz ein großes Defizit aufweist oder einfach zu sehr aus dem Gleichgewicht gerät, entsteht eine Situation, in der es anzunehmen ist, dass diese Kreditnehmer das Gold – oder die gesetzliche Währung – einfordern, das bzw. die die Bankiers ihnen versprochen haben, wofür sie im Voraus Zinsen zahlen. „Im Falle eines Landes, dessen Exporte seine Importe nicht ausgleichen, muss Gold ins Ausland geschickt werden, um den ungünstigen Saldo auszugleichen, denn wenn dies nicht geschieht, verliert die Währung des Landes an Wert im Verhältnis zur Währung des Landes, mit dem es Handelsbeziehungen unterhält“[21]. Mit anderen Worten: Wenn die Exporte eines Landes von seinen Importen übertroffen werden, wird der Wert seiner Währung im

[21] R. Mc Nair Wilson: „*Promise to* pay“, Omnia Veritas Ltd.

Verhältnis zu den anderen tendenziell sinken, aus dem einfachen Grund, dass mehr Menschen sie verwenden werden, um ausländische Währungen zu kaufen, als Menschen, die ausländische Währungen verwenden, um die Währung des betreffenden Landes zu kaufen. Die einzige Möglichkeit, den Wertverlust der Währung zu verhindern, ist der Export von Gold. Da jedoch die internationalen Bankiers – ebenso wie die nationalen – „Zahlungsversprechen“ (Kredite) in Höhe des Neunfachen des Geldes, das sie tatsächlich besitzen, vergeben haben, ist es offensichtlich, dass sie dem Goldexport sehr strenge Grenzen setzen müssen[22], denn wenn diese Goldnachfrage etwas länger als normal anhält, werden die Bankiers gezwungen sein, Insolvenz anzumelden und ihre Türen zu schließen. Wie können sie sich schützen? Indem sie neue Kredite verweigern und ihre Kunden zwingen, ihre Schulden zu tilgen oder zumindest zu reduzieren. Das heißt, sie verhalten sich wie ihre Kollegen, die nationalen Bankiers. Die Folge ist, dass eine große Menge an für den Export bestimmten Gütern den heimischen Markt überschwemmt, die Preise ins Bodenlose fallen und Panik ausbricht. Um diese Panik zu verhindern, bleibt nichts anderes übrig, als die Preise der Exportwaren zu senken – oft mit staatlichen Subventionen –, was einen zusätzlichen Schlag nicht nur für die Wirtschaft, sondern auch für die Moral des Landes bedeutet, das die Kaufkraft seiner Währung den Interessen der internationalen Bankiers unterwerfen musste. Um die für den Export bestimmten Produkte so kostengünstig wie möglich zu machen, werden die Löhne von Arbeitern und Angestellten geopfert, man versucht, an der Qualität zu sparen, und es werden Handelspraktiken angewandt, die immer weiter von Ethik und elementarem Anstand entfernt sind. Und im Zeitalter der Mechanisierung und der Überproduktion existieren Elend und überquellende Lagerbestände nebeneinander; die Klassen geben sich gegenseitig die Schuld; es gibt Streiks und Aussperrungen, und niemand oder nur sehr wenige erkennen, wer der wahre Verursacher des Desasters ist; sie sehen nicht, dass die modernen Alchemisten des Bankwesens mit ihren „Zahlungsversprechen“ für das, was sie nicht haben, ihre Opfer, d. h. die gesamte Menschheit, zermürben, demoralisieren und ruinieren. Die Wurzel allen „wirtschaftlichen“ Übels ist nichts anderes als die Kreditvergabe durch Bankinstitute, die nicht über das notwendige Geld verfügen, um ihre „Zahlungsversprechen“ einzulösen. Alle Bankiers der Welt, nationale wie internationale, befinden sich in derselben Lage: Sie alle haben in

[22] R. Mc. Nair Wilson: Ebenda.

Form von „Zahlungsversprechen" neunmal mehr Bargeld verliehen, als sie tatsächlich in Verwahrung haben; und sie alle leben zudem in ständiger Angst davor, dass es zu plötzlichen Forderungen nach Einlösung ihrer „Versprechen" in einer Höhe kommt, die ihre vergleichsweise geringen Bestände an echtem Geld übersteigt. Der Goldstandard – oder jeder andere Standard – ist nichts anderes als „ein Kunstgriff, der erfunden wurde, um den Devisenhandel zu sichern und so die Banken vor den Belagerungen ihrer Gläubiger zu bewahren, die offenbaren würden, dass sich die Bankiers in einem Zustand permanenter Insolvenz befinden"[23].

* * *

Eine notwendigerweise sehr kurze Anmerkung zum Goldstandard, der zweifellos zum Gespött künftiger Zeiten werden wird. Die orthodoxen Liberalen und die Physiokraten behaupten, dass Geld, um seine Funktion wirksam auszuüben, einen inneren Wert haben müsse. Zunächst war es der Wert der Goldmünze; später das Gold, das sich angeblich in den Tresoren des Bankiers befand und das dieser gegen Übergabe des Banknotens (einer echten Quittung) zu zahlen versprach, obwohl acht von neun Versprechen dieses Herrn falsch waren. Die Besorgnis der Finanziers gegenüber staatlichen Geldemissionen, die als „Inflation" bezeichnet werden, ist hinlänglich bekannt, als ob sich das Bankwesen nicht gerade durch ein Wechselspiel von Inflation und Deflation auszeichnen würde, das die Völker ausbeutet. Tatsächlich führt Gertrude Coogan in „[24] " zur Veranschaulichung des Trugschlusses des Goldstandards das folgende Beispiel an: Eine Regierung baut ein Theater mit einer Kapazität für tausend Zuschauer. Da man jedoch aus irgendeinem seltsamen Grund, der sich im Dunkel der Zeit verliert, glaubt, die Eintrittskarten müssten aus Gold sein, und da der Regierung dieses Metall fehlt, wendet sie sich an die einzige Person im Land, die zufällig im Besitz von Gold ist, und beauftragt sie mit der Ausgabe der Eintrittskarten. Dieser Mann merkt bald, dass es den Menschen unangenehm und lästig ist,

die schweren Eintrittskarten in den Taschen mit sich herumzutragen, und aus reiner Nächstenliebe, um seinen Mitbürgern, den zukünftigen

---

[23] Hermann Hoppker Aschoff. „*Geld und Gold*".

[24] Gertrude M. Coogan. „*Money Creators*".

Zuschauern des Regierungstheaters, Unannehmlichkeiten zu ersparen, händigt er ihnen kleine Zettel aus, auf denen in makelloser Kalligraphie folgender Satz steht: „Ich verspreche, dem Inhaber eine goldene Eintrittskarte zu bezahlen“. Am Tag der Einweihung sind kaum ein Zehntel der Theaterplätze besetzt, obwohl auf der Straße vor dem Theater viele potenzielle Zuschauer gerne hineingegangen wären. Als der Kulturminister den Aussteller der Scheine ansprach und ihn nach dem Grund für diese Anomalie fragte und ihn aufforderte, die notwendigen Eintrittskarten bereitzustellen, um das Theater zu füllen, antwortete dieser, dass dies nicht möglich sei, da es sich bei seinen Eintrittskarten um „Quittungen für goldene Eintrittskarten“ handele. Was er nicht sagte, war, dass er tatsächlich bereits neun- oder zehnmal mehr Quittungen in Umlauf gebracht hatte, als er echte Goldtickets in seinem Safe aufbewahrte. Er hatte Angst, weitere Quittungen auszugeben, für den Fall, dass die Leute plötzlich aus irgendeinem Grund anfangen würden, die Goldtickets statt ihrer Papierquittungen einzufordern. Da er entschlossen war, zu verhindern, dass der Staat merkte, dass man das Theater mit Papierscheinen füllen konnte, begann er, mit dem Schreckgespenst der Inflation zu drohen. „Der Wert der Eintrittskarten liegt darin, dass sie aus Gold sind“, erklärte der Emittent und Händler der Eintrittskarten. „Die unverantwortlichen Politiker, die Papierscheine ausgeben wollen, sind Inflationsschürer und Feinde der Theaterkunst“... „Nein, Herr Minister“, entgegnete der Kulturminister. „Was wir beabsichtigen, ist, das Theater zu füllen und dass unsere Mitbürger die Plätze nutzen, die wir für sie bereitgestellt haben. Inflation würde, wenn überhaupt, darin bestehen, mehr als tausend Eintrittskarten auszugeben. Aber solange noch Plätze frei sind, warum sollten wir nicht weiterhin Eintrittskarten ausgeben?“... „Weil es Eintrittskarten sind, die nicht gegen Gold eingetauscht werden können.

Würden Sie eine Theateraufführung unbeschwert genießen können, wenn Sie wüssten, dass Ihre Eintrittskarte nichts weiter als ein wertloses Stück Papier ist?“, beharrte der Unternehmer, der zum Schluss sein schlagkräftiges Argument vorbrachte: „Wie können Sie sicher sein, dass Sie nicht zu viele Papiertickets drucken, sodass viele Inhaber solcher Tickets zwangsläufig auf der Straße stehen bleiben müssen?“„Weil wir die Anzahl der Theaterplätze kennen“, antwortete der Minister.

Nun gut, es besteht kein Zweifel daran, dass jede moderne Regierung die Einkünfte – den Reichtum – eines Landes genau kennt. Mit einem angemessenen Umgang mit Statistik und Informatik besteht das Risiko einer Inflation praktisch nicht. Mehr noch: Angenommen, die Regierung lässt zu, dass über die Stränge schlägt und die Druckmaschinen der Münzanstalt überlastet, um die Misswirtschaft der staatlichen Betriebe[25] zu kaschieren, so wird die dadurch entstehende Inflation im Vergleich zur gigantischen Bankinflation völlig unbedeutend sein.

* * *

Wir haben das Finanzsystem in groben Zügen dargelegt. Die Wurzel dieses Systems ist eine Lüge. Die Lüge eines Mannes, der versprochen hat, das Neunfache dessen zu zahlen, was er besitzt, und von dem angenommen wird, dass er dieses Versprechen einhalten kann. Daraus ergeben sich in einer Kettenreaktion weitere Lügen: die Lüge, dass ein Goldverlust ein nationales Unglück sei; die Lüge, dass die Wechselkurse festgehalten werden müssten; die Lüge, dass sich Preise und Löhne nicht stabilisieren „können"; die Lüge, dass ein Land nur dank seiner Exporte lebt; die Lüge, dass der Binnenmarkt dem Außenmarkt untergeordnet sein muss; die Lüge, dass hohe Löhne eine Gefahr sind; die Lüge, dass das Land, das mehr importiert als exportiert, „über seine Verhältnisse lebt", und die Lüge, dass das Mittel gegen Überproduktion das Verbrennen der Ernten zur Sicherung der Preise ist.

Und neben dieser Pyramide aus Lügen das Spektakel des technischen Fortschritts, mit überquellenden Lagerbeständen, die nicht verteilt werden können … aus dem einzigen Grund, dass es gegen alle Widerstände notwendig ist, das Imperium der Lüge aufrechtzuerhalten.

Ob es uns gefällt oder nicht, wir müssen die Tatsache anerkennen, dass in unserer Zeit eine enge Wechselbeziehung zwischen Geld und Macht besteht. Da die Finanzwelt ihrem Wesen nach international ist, ist auch die Macht, die sie anstrebt, international. Die Globalisten, die Verfechter der UNO, sind Finanzleute oder handeln im Auftrag der Finanzwelt. Die Welt wird heute sowohl politisch als auch

---

[25] Wir betonen, dass es ideal ist, wenn sich der Staat seiner spezifischen Aufgabe widmet, nämlich der Verwirklichung der nationalen Idee, dem moralischen und physischen (rassischen) Schutz des Volkes und der Aufrechterhaltung der Ordnung. Denn bis heute liefert die Geschichte kein einziges Beispiel für einen Handelsstaat, dessen Führung der Nation zugute gekommen wäre.

wirtschaftlich von bestimmten Männern regiert, die bestimmten Kräften dienen, die in Nordamerika als „Establishment“ bezeichnet werden. Diese Männer bekleiden Schlüsselpositionen, auch wenn ihr offizieller politischer Rang nicht unbedingt herausragend sein muss. So ist es beispielsweise bemerkenswert, wie die durch allgemeine Wahlen gewählten Präsidenten der Vereinigten Staaten offenbar unfähig sind, auch nur eine einzige Entscheidung zu treffen, ohne zuvor eine Art handverlesener „Wesire“ zu konsultieren. Nixon hat Kissinger, der von der mächtigen Bank Goldman, Sachs & Co. stammt,, so wie Johnson und Eisenhower Sidney Weinberg hatten, der derselben Bank angehörte und zugleich eng mit den Rockefellers verbunden war; und Kennedy, Truman und Roosevelt hatten Bernard Mannes Baruch, Berater von 29 Banken[26], und Felix Frankfurter, einen Mann der Warburgs, der „Götter“ des Federal Reserve Board[27]. Hatten Nixon, Johnson, Kennedy, Roosevelt ...? Oder hatten vielmehr Kissinger, Weinberg, Frankfurter oder Baruch diese?

Wer hatte wen in der Hand? ... Um dieses Dilemma zu beantworten, genügt es, sich an den Satz von Céline zu erinnern: „Demokratie ist Plutokratie“. Wahlen gewinnt immer der Kandidat, der über das meiste Geld verfügt, um seinen Wahlkampf zu finanzieren – ein extrem kostspieliger Zirkus, den nur die Finanzwelt aufrechterhalten kann. Und wie man weiß: Wer bezahlt, hat das Sagen. In England, wenn die Konservativen regieren (die Gentlemen, die Labour-Politik betreiben), ist es öffentlich bekannt, dass die „grauen Eminenzen“ Charles Clore und Jack Cotton sind, zwei Super-Finanziers aus der Londoner City; wenn die Labour-Partei regiert (das sind Ladenbesitzer, die sich lächerlich machen), taucht um Harold Wilson herum eine andere Gruppe von Finanziers auf: Wolfson, Berstein, Cohen, Zuckerman und Maxwell[28] – alle eng verbunden mit der mächtigen Bank Lazard. Da auch die meisten bedeutenden politischen Persönlichkeiten in

---

[26] Dan Smoot, „*The Invisible Government*“.

[27] Bei all diesen Herren treffen zwei merkwürdige Umstände zusammen: Sie stammen aus Deutschland, und ihrem Aussehen nach müssen sie Nachkommen der Deutschen Ritter des Hanse-Ordens sein.

[28] Nachdem wir unseren Geist durch das Betrachten der Gesichter dieser Herren in der Londoner Zeitschrift „Spearhead“ gestärkt haben, haben sich unsere Zweifel zerstreut: Es handelt sich um reine Exemplare des alten irischen Adels, sogar Maxwell, der 1939 aus der Tschechoslowakei nach Großbritannien kam, wo er sich – aus Gründen, die Biografen zweifellos eines Tages klären werden – plötzlich unruhig fühlte.

Frankreich mit den Lazards und den Rothschilds verbunden sind, ganz gleich, ob sie sich als links, rechts oder Mitte bezeichnen.[29]

Das weltweite „Establishment“ besteht aus etwa dreihundert Familien von altem Adelsgeschlecht, die durch familiäre und wirtschaftliche Bande eng miteinander verbunden sind. Es kontrolliert praktisch den gesamten weltweiten Werbemarkt, mit dem es den Nachrichtenmarkt unterwirft: Presse, Radio und Fernsehen. Der weltweite Weizenmarkt ist untrennbar mit den Namen Dreyfuss[30] verbunden. In der chemischen Industrie machen sieben große Konzerne, darunter vor allem der Trust „Imperial Chemical Industries“„ eine Gründung der Familie Melchett (a) Mond (a) Moritz, neunzig Prozent der weltweiten Produktion aus. Der Nickelmarkt ist eine gemeinsame Domäne der Familien Mond und Rothschild. Auch die Rothschilds sind die weltweit führende Macht auf dem Quecksilbermarkt. Die Märkte für Diamanten, Silber, Gold, Kupfer und Stahl sind untrennbar mit den Namen Oppenheimer, Barnato, Beit, Goldschmidt, Guggenheim, Wernek, De Wendel[31], Lewinsohn, Rothschild, Bleichroeder, Japhet, Seligman, Lazard, Morgenthau, Schiff und Warburg[32] verbunden. Die Familie Zemurray, Eigentümerin der „United Fruit“, kontrolliert ein halbes Dutzend zentralamerikanischer Republiken und verfügt über großen Einfluss in Südamerika. Die Familie Gunzbourg[33] hat große Interessen in Japan, wo sie zahlreiche Industriezweige kontrolliert. Es wäre zu ausführlich, die vollständige Liste der Familien aufzuführen, aus denen sich das „Establishment“ zusammensetzt; für eine auch nur sehr oberflächliche Beschreibung ihrer Aktivitäten wäre ein eigens dafür gewidmetes Buch erforderlich; wir werden dies daher auf einen besseren Anlass verschieben. Es genügt vorerst festzuhalten, dass es für das

[29] Die Rothschilds, die ursprünglich aus Frankfurt stammen, gehören dem österreichischen Adel an. Tatsächlich verlieh Kaiser Franz Joseph Nathan Rothschild den Adelstitel eines Barons.

[30] Die Dreyfuss stammen aus Lothringen, wie Jeanne d’Arc.

[31] Die De Wendels stammen nicht aus altem Adelsgeschlecht, haben jedoch zahlreiche familiäre und vor allem geschäftliche Verbindungen zum Hochadel.

[32] Die Warburgs stehen an der Spitze der Finanzpyramide. Alte „Junkers“ aus dem Baltikum.

[33] Die Gunzbourg waren zusammen mit den Warburgs, Schiffs und Kahns die Finanziers der glorreichen Roten Oktoberrevolution von 1917 (Louis Marschalko, „*World* Conquerors“, Omnia Veritas Ltd, www.omnia-veritas.com).

„Establishment“ weder Grenzen noch „eiserne Vorhänge“ gibt ... so kontrolliert beispielsweise die Familie Achberg seit 1917 die Bank des Sowjetstaates. Die Achbergs von der „Nya Banken“ in Stockholm gelten als Vertreter der Familie Rothschild in Nordeuropa.

Das „Establishment“ handelt selten direkt. Die Barone der Hochfinanz agieren über ihre Treuhänder, die die Verwaltung streng kontrollieren. In Frankreich beispielsweise berichtet Henry Coston, dass in diesem Land der Freiheit, dessen demokratisches Motto an der Fassade öffentlicher Gebäude prangt, „alle wirtschaftlichen Aktivitäten streng von der Verwaltung kontrolliert werden; es gibt einen Diktator des Kredits: Herrn Bloch-Lainé; einen Diktator der Agrarpolitik: Herrn Rosenstock-Franck; einen Diktator der Produktivität: Herrn Ardant, und einen Diktator des Entwicklungsplans: Herrn Étienne Hirsch“[34].

In drei Jahrhunderten hat der erbärmliche Abschaum Europas den Gipfel der Weltmacht erklommen. Nun fehlt nur noch die endgültige Konsolidierung des selbst, also die Synthese aus Kapitalismus und Kommunismus, woraufhin „der Frieden“ kommen wird. Frieden ohne Gerechtigkeit, satanischer Frieden. Der Frieden der menschlichen Herde, mit etwa dreihundert Hirten und einigen Tausend Polizeihunden. Um an die Spitze zu gelangen, haben einige Männer, die über den Alten Kontinent verstreut und von der Menschheit verachtet waren, vor etwa dreihundert Jahren den größten Raub der Geschichte ersonnen: den Raub der Jahrhunderte. Heute, in unserem „zivilisierten“ und „demokratischen“ 20. Jahrhundert, herrschen ihre Nachkommen völlig legal und zudem mit einem Ansehen der Ehrbarkeit heimlich, aber despotisch über die Menschheit. Es ist das Jahrhundert der Diebstähle.

---

[34] Sie alle sind „Chevaliers“ von Burgund und Nachkommen von Vercingetorix. Das Zitat von Henry Coston stammt aus dem Werk „*La Haute Banque et les trusts*“.

DAS KAPITALISTISCHE RÄTSEL

Der Zweck der Maschine ist die Produktion, und der Zweck der Produktion ist der Konsum.
Die Währung ist ein Maß- und Tauschmittel: keine Ware.
Der Reichtum einer Nation liegt in der Arbeit und der Kultur ihrer Bewohner. (Binsenweisheit, die in Vergessenheit geraten ist)

ELEND IM ÜBERFLUSS

Das große Paradoxon der aktuellen Wirtschaftskrise – die eigentlich als Finanzkrise bezeichnet werden müsste – besteht darin, dass die Menschen die Güter, die sie tatsächlich produziert haben, nicht erwerben können. Mit anderen Worten könnte man sagen, dass wir uns in einer Situation der Armut inmitten einer Überproduktion befinden. Würde sich diese Idee fest in den Köpfen der Menschen verankern, wäre der entscheidende Schritt auf dem Weg zur Lösung des Problems getan. Es wäre in Wahrheit der erste Schritt, der wesentliche Schritt, der Beweis dafür, dass die gesamte sogenannte „Wirtschaftswissenschaft" nichts weiter ist als das prätentiöse und nichtssagende Geschwätz einer Schar von Clowns, die sich Ökonomen nennen und meist – direkt oder indirekt, wissentlich oder, häufiger noch, unwissentlich – von den Nutznießern der wahnwitzigen Situation subventioniert werden, unter der die Welt leidet.

Es ist ganz offensichtlich: Wenn der Westen es geschafft hat, Güter zu produzieren und in der Lage ist, Dienstleistungen anzubieten, wobei beides den aktuellen Bedarf mehr als deckt, müsste er eine Phase des Wohlstands durchlaufen, die in seiner gesamten Geschichte beispiellos ist. Warum finden die produzierten Güter keinen Abnehmer? Die Antwort liegt auf der Hand. Weil die Verbraucher nicht in der Lage sind, sie zu kaufen. Wissenschaftlich lässt sich diese Situation so beschreiben, dass die Kaufkraft der Menschen überall gesunken ist.

Wenn jemand diese Verarmung inmitten des Überflusses leugnet, betrachten wir einige bekannte und bezeichnende Fakten. Einerseits sehen wir, dass in Frankreich und Italien in der Landwirtschaft – dem Wirtschaftszweig, der in absoluten Zahlen am wenigsten Fortschritte gemacht hat – ein um 35 Prozent höherer Ertrag erzielt wird als vor vierzig Jahren[35]. In der Industrie ermöglicht der unaufhörliche technische Fortschritt, mehr zu produzieren, und zwar in immer schnellerem Tempo[36]. Trotz Streiks, Kriegen, dem Verlust der

[35] *Encyclopedia Britannica*. Britannica Book of the Year, 1967-68-69. William Benton (Hrsg.), S. 453, 452, 442.

[36] Die italienische Stromproduktion stieg 1968 um 15 Prozent und 1969, einem

Kolonien und sozialem Chaos haben diese beiden Länder ihre Industrieproduktion in den letzten vierzig Jahren mindestens verdoppelt. Es käme der Wahrheit näher zu sagen, dass sie sie verdreifacht haben, doch es gibt praktisch keine Quellen, die aufgrund der Verunreinigung ihrer Gewässer durch die Politik im negativsten Sinne des Wortes voll und ganz glaubwürdig wären. Andererseits sehen wir, dass die französische Bevölkerung in diesem Zeitraum kaum um fünf Prozent und die italienische um neun Prozent gewachsen ist. Einfache Arithmetik zeigt, dass diese beiden Länder eine Ära wirtschaftlichen Wohlstands erleben müssten, wie es sie in ihrer gesamten Geschichte noch nie gegeben hat.

Andererseits stellen wir fest, dass es, obwohl Italien das Land mit der höchsten Zahl an Auswanderern in ganz Westeuropa ist, Mitte 1976 mehr als eineinhalb Millionen Arbeitslose gibt und fast eine Million in Frankreich. Diese Zahl dürfte auch in Spanien überschritten worden sein, und das, obwohl es keine freie Entlassung gibt und die industriellen Giganten des Nationalen Industrieinstituts, die per definitionem defizitär sind – wie jedes staatliche Unternehmen, von der RENFE bis zum letzten ukrainischen Kolchos –, eine bedeutende Arbeitskraft absorbieren, deren politisches Gehalt letztlich in Form von Steuern vom Volk bezahlt wird.

Dass Millionen von Arbeitnehmern in ganz Europa, wenn sie ihre Arbeit verlieren, ohne Lohn dastehen – oder das Almosen der Arbeitslosenunterstützung erhalten, was darauf hinausläuft, die Last der Arbeitslosen auf die gesamte Nation abzuwälzen –, ist eine logische Folge von Ursache und Wirkung. „Die Krise ist die Ursache der Arbeitslosigkeit", werden einige Ökonomen ausrufen, während sie sich ganz ernst an das Publikum auf der einen Seite der Manege wenden. „Nein! Ihr irrt euch. Die Arbeitslosigkeit ist die Ursache der Krise", werden andere Ökonomen mit der Ernsthaftigkeit guter Zirkusprofis erwidern. Die Tradition verlangt, dass die Diskussionen der Clowns damit enden, dass sie sich gegenseitig Sahnetorten an den Kopf werfen, während Jung und Alt tief Luft holen und ihre ordentliche Portion Adrenalin freisetzen. Leider sind diese akademischen Diskussionen in der prosaischen Wirtschafts- und Finanzwelt der Auftakt zu tragisch realen und ernsten Auseinandersetzungen, in denen das alte Dilemma

besonders „sozialen" Jahr (66 Streiktage), um weitere 12 Prozent. Ebenda. Id. 1970, S. 429.

von Produktion und Konsum auf einfache Weise überwunden wird, während die Konsumenten die gesamte Produktion in Form von Granaten verbrauchen.

ORGANISCHE ÖKONOMIE

Die Wirtschaft ist eine Denkweise, ebenso wie die Moral, die Ästhetik, die Ethik und die Politik. Jede dieser Denkweisen isoliert einen Teil der Gesamtheit der Welt und beansprucht ihn für sich. Die Moral unterscheidet zwischen Gut und Böse; die Ästhetik zwischen Schönheit und Hässlichkeit; die Wirtschaft zwischen Nützlichem und Nutzlosem und, in ihrer rein kommerziellen Endphase, zwischen Gewinn und Verlust[37].

Wir haben die Politik angesprochen, die die Menschen in Freunde und Feinde unterteilt. Betrachtet man den Staatskörper als ein organisches Ganzes, so besteht kein Zweifel daran, dass die Wirtschaft Teil der Politik ist. Ein Teil, der in seiner Gesamtheit dem politischen Ganzen untergeordnet ist. Die Wirtschaft ist für das politische Ganze das, was das Verdauungssystem für die Gesamtheit eines organischen Wesens ist[38] und ja, je weiter man auf der organischen Skala aufsteigt, vom Pflanzenreich über das Tierreich bis hin zum Menschen, desto weniger Bedeutung hat – relativ gesehen, wir betonen diese Relativität – das Verdauungssystem; diese Bedeutung nimmt noch weiter ab, wenn man das höchste organische Wesen par excellence erreicht, die Große Kultur. Sie ist also unter ihren konstituierenden Organen ein „ultimus inter pares“, und ihre Funktion ist, obwohl lebenswichtig, die am wenigsten edle von allen. Vorbehaltlich dieser Einschränkung halten wir es für unerlässlich, darauf hinzuweisen, dass ebenso wie ein Individuum an einer Darmlähmung sterben kann, die wiederum eine Peritonitis auslöst, auch eine Große Kultur und, „a fortiori“, eine Nation schwer erkranken und sogar zugrunde gehen – verschwinden – kann aufgrund des Chaos, das durch eine falsch diagnostizierte und folglich unzureichend behandelte wirtschaftliche Krankheit verursacht wird. Und wir glauben nicht, dass das derzeitige Schauspiel des Elends inmitten des Überflusses irgendeinen Zweifel an der Tatsache der Krankheit der westlichen Wirtschaft zulässt. Eine Krankheit zudem, die degenerativ ist, denn sie hat sich vom Verdauungssystem auf den

---

[37] Francis Parker Yockey: „Imperium“, Omnia Veritas Ltd, www.omnia-veritas.com.

[38] J. Bochaca: „*La Finanza y el* Poder“, Omnia Veritas Ltd.

gesamten Organismus ausgebreitet, einschließlich seines Gehirns, denn dort muss etwas nicht richtig funktionieren, wenn es ohne Widerstand Situationen hinnimmt, die dem gesunden Menschenverstand zuwiderlaufen, wie die absichtliche Vernichtung von Ernten, um „den Kurs der Agrarpreise aufrechtzuerhalten".

Wir haben gesagt, dass die Wirtschaft ein dem politischen Ganzen untergeordneter Teil ist. Ein weiteres Beispiel für das Pathologische der gegenwärtigen Situation liefert uns die Tatsache, dass das Gegenteil als real angesehen wird, nämlich dass die Politik der Wirtschaft untergeordnet sei und diese der Motor der Geschichte sei – eine von Marx verbreitete Absurdität, die jedoch in unterschiedlichem Maße von seinen Klassenfeinden, den sogenannten „Kapitalisten", bestätigt wird … ein scheinbares Paradoxon, mit dem wir uns später noch beschäftigen werden.

BEREICH

Wir wollen uns mit der Wirtschaft des Gebildes befassen, das als „westliche Zivilisation" bezeichnet wird, also mit Europa und seinen über die ganze Welt verstreuten Kulturkolonien – mit einem Wort: der „weißen Welt". Wir haben einmal[39] gesagt, dass „man unterscheiden muss zwischen der zivilisierten Welt und der unzivilisierten, unterentwickelten, unterlegenen Welt oder wie man sie auch immer nennen mag". Wir fügten hinzu, dass es für die Unterentwickelten unter den gegenwärtigen Bedingungen und noch für viele Jahrhunderte keine Lösung für ihre wirtschaftlichen Probleme gebe, selbst wenn sie über fabelhafte und unerschlossene Ressourcen verfügten und die nicht rückzahlbare Hilfe erhielten, die ihnen die Vereinigten Staaten, Europa und die globalistischen Organisationen sowie – mit Blick auf politischen Einfluss – die Länder des sogenannten kommunistischen Blocks gewährten. Wir begründeten dies damit, dass die Wirtschaft der Rasse untergeordnet sei – die wir als „die Identitätsmerkmale des politischen Organismus" bezeichnen konnten –, und kamen zu dem Schluss, dass „eine von Engländern, Italienern, Deutschen oder Schweden geleitete industrielle oder bergbauliche Ausbeutung wahrscheinlich Erfolg haben wird, während dieselbe Ausbeutung, geleitet von Bantu, Mambara oder Nepalesen, ein völliger Misserfolg sein wird". Wir verschärften unseren Fall noch – und halten es für unsere Pflicht, dies hier und jetzt zu wiederholen –, indem wir behaupteten, dass uns der Anblick eines Ausgestoßenen, der vor einer heiligen Kuh verhungert, oder eines beliebigen anderen Inders, der auf fruchtbarem Boden liegt, der nicht bebaut wird, um Mutter Erde nicht zu verletzen und damit die Götter nicht in Zorn geraten, völlig gleichgültig lässt.

Der Grund für diese Gleichgültigkeit ist ein doppelter: Erstens, weil wir den veralteten Glauben teilen, dass man, bevor man die Probleme anderer löst, die eigenen lösen muss, zumal die farbigen Völker keine Gelegenheit auslassen, uns daran zu erinnern, dass sie nun „unabhängig" sind[40] und uns die Schuld für all ihr Elend zuzuschreiben;

[39] CEDADE-Bulletin Nr. 24. Juni-Juli 1970.

[40] Natürlich handelt es sich hierbei um eine rein formale Unabhängigkeit. Es genügt

zweitens, weil Glück nicht exportiert werden kann. Glück, das heißt Selbstverwirklichung, ist etwas absolut Persönliches, sowohl auf der Ebene des Menschen als auch auf der Ebene einer Kultur Superior. Was einen Europäer voll und ganz befriedigt, kann einen Japaner unzufrieden lassen, und umgekehrt. Und wir wählen als Beispiel den Ausländer, der dem Westler – abgesehen von Entfernungen und Ebenen – am nächsten steht. Wir haben in Südafrika Kaffern mit Nasenringen gesehen, die glänzende „Mercedes" fuhren, makellose europäische Anzüge trugen und barfuß waren. Diese Kaffern wohnen in Hütten, die identisch sind mit denen, die man neben dem Flughafen von Kinshasa (dem ehemaligen Leopoldville) sehen kann, die wiederum genauso aussehen müssen wie die, die ihre Vorfahren vor tausend Jahren bauten. Dort, wo der Weiße in der Kolonialzeit Kirchen, Krankenhäuser und Straßen auferlegte, kehren schnell die Zauberer, die Magier und die Ziegenpfade zurück. Hygiene ist dem Europäer angeboren: dem Asiaten weit weniger; den Arabern müssen unter strengsten religiösen Vorschriften die Waschungen auferlegt werden, und in den schwarzen Vierteln und Städten auf der ganzen Welt, unter unterschiedlichen Klimabedingungen und Umständen, von Johannesburg bis New York und von Nairobi bis King's Cross (Sydney, Australien), ist der Schmutz sprichwörtlich, ohne dass die angebliche – und natürlich falsche – Armut der Schwarzen dabei irgendeinen Einfluss hätte. Schließlich wäre es statt so vieler Statistiken über farbige Kinder, die nicht so viel essen können, wie sie möchten, begleitet von grotesken und herzzerreißenden Fotos, die das gezielte Mitleid des naiven Arier hervorrufen sollen, angebracht, uns eine nüchterne und objektive Studie darüber vorzulegen, was die bettelnden Völker getan haben, seit sie – sagen wir es so – ihre heilige Unabhängigkeit „erlangt" haben. Denn nichts finden wir grotesker und zynischer als diese Kampagnen zur Linderung des Hungers in Indien, während die Regierung dieses Landes mit großem Tamtam in der Weltpresse verkündet, dass sie nun über die Atombombe verfügt. Und die weinerlichen Buchhalter des Kremls, der unzähligen sozialistischen Parteien und der verschiedenen positiven Religionen, die sich so sehr darum kümmern, zu berechnen, wie viele Krankenhäuser in Schwarzafrika gebaut werden könnten und wie viele

---

schon eine rudimentäre Vorstellung von den Machtverhältnissen, um zu verstehen, dass Unabhängigkeit eine Tatsache und kein auf altem Pergament festgeschriebenes Recht ist, auch wenn dieses „Recht" von allen UN-Mitgliedstaaten anerkannt wird. Nun hört Präsident Bingobango aus der Demokratischen Republik Monomotapa auf die Ratschläge von Abramovitch, dem sowjetischen Botschafter, oder von Abrahanson, dem amerikanischen Botschafter.

Gelbe sechs Monate lang essen könnten mit dem Geld, das nur eines der Weltraumprojekte gekostet hat, versäumen eine so hervorragende Gelegenheit, die friedliche indische Regierung darauf hinzuweisen, wie viele Ausgestoßene man mit dem Geld, das ihre brandneue Atombombe gekostet hat, üppig ernähren könnte.

DARSTELLUNG DES PROBLEMS

Im Rahmen unserer westlichen Wirtschaft lässt sich die gegenwärtige Krise in folgenden Punkten zusammenfassen:

a).- In der zivilisierten Welt gibt es genügend Rohstoffe, Fachkräfte, Hilfsarbeiter und wissenschaftliches Wissen, um die Bedürfnisse ihrer Bewohner reichlich zu befriedigen.

b) – Armut und Mangel existieren, weil die Menschen nicht genug Geld haben, um die von der modernen Industrie und Landwirtschaft produzierten Güter zu einem für die Produzenten attraktiven Preis zu kaufen.

c).- Wenn einem etwas fehlt, besteht die naheliegendste Lösung darin, es zu schaffen, und es ist physisch kein Problem, mehr Geld zu schaffen.

d).- Die Inflation, die darin besteht, dass es mehr Geld als Waren gibt, ist offensichtlich eine Katastrophe, aber die allmähliche Zunahme von Geld und Waren, sodass die Kaufkraft des Geldes auf dem gleichen Niveau wie die Produktion bleibt und die Preise stabil bleiben, hat nichts mit Inflation zu tun und ist letztendlich genau das, was wir brauchen.

e).- Maschinen und die Nutzung der Ressourcen der Natur verringern zunehmend den Bedarf an menschlicher Arbeit, während sie gleichzeitig die Produktion von Reichtum in Form von Gütern und Dienstleistungen steigern. Folglich müssen Menschen, die durch Maschinen aus der bezahlten Arbeit verdrängt werden, genügend Geld erhalten, um das kaufen zu können, was von den Maschinen produziert wird, die sie aus ihrer Arbeit verdrängt haben. Dieses Geld darf natürlich nicht aus der Tasche anderer Menschen entnommen werden, auch nicht auf dem unsichtbaren Weg der Steuern, denn dann würden wir lediglich die einen berauben, um die anderen zu bezahlen, und unsere Gesellschaft ist bereits so weit entwickelt, dass sie keinen Bedarf hat, Dick Turpin zu spielen; wir dürfen nicht zulassen, dass die Arbeitslosen eine Last für die Erwerbstätigen sind, noch dürfen wir Maschinen als Fluch betrachten, wo sie doch im Gegenteil ein Segen für die Menschheit sein sollten, indem sie sie von vielen Arbeitsstunden befreien und es den Menschen ermöglichen, diese Stunden kulturellen Aktivitäten oder der Freizeit sowie kreativer, im Gartenbau, im Sport, beim Wandern, beim Studium usw. zu widmen.

Und das ist alles. Das ist das Problem. That is the question. Und wenn wir das in den vorangegangenen fünf Punkten dargelegte Problem lösen wollen, das das Sein oder Nichtsein der westlichen Wirtschaft zusammenfasst, müssen wir uns mit Shakespeare fragen, was für den Geist besser ist:

die Pfeile des beleidigenden Schicksals zu erdulden oder die Waffen gegen ein Meer von Unglück zu erheben und es zu besiegen? Denn der berühmte Hamlet-Monolog trifft auf die gegenwärtige Situation des Westens zu, auf politischer Ebene, die per Definition umfassend ist, und somit auch auf wirtschaftlicher Ebene. Was sollen wir tun? Die Erklärung der klassischen Ökonomen akzeptieren, die behaupten, dass sich Zyklen von Wohlstand und Elend kraft eines mysteriösen Wirtschaftsgesetzes ablösen müssen? Oder besser noch: die Waffen des gesunden Menschenverstands ergreifen, um uns dem Meer wirtschaftlicher Katastrophen zu stellen, das uns der Große Parasit beschert, und sie zu besiegen? Das Dilemma so zu formulieren, bedeutet, es zu lösen. Nehmen wir also die Waffen des gesunden Menschenverstands und stellen wir uns ihm entgegen.

Fast jeder glaubt, man müsse ein überdurchschnittlich begabtes Gehirn und eine besondere Begabung für Mathematik besitzen, um unser Währungssystem zu verstehen. Nichts könnte weiter von der Wahrheit entfernt sein; es ist das Ingenieurwesen, nicht die Finanzwelt, das die Beherrschung der höheren Mathematik erfordert: Um die Funktionsweise der modernen Finanzwelt zu verstehen, muss man das Problem lediglich unvoreingenommen angehen; die Dinge so sehen, wie sie sind, und nicht so, wie man uns sagt, dass sie sein sollten; das anzuwenden, was die Engländer „common sense" und die Franzosen „bon sens" nennen und was wir im Deutschen grob mit „gesunder Menschenverstand" übersetzen könnten, und das alte, aber immer noch aktuelle philosophische System der thomistischen Schule anzuwenden, die „Reduktion ad absurdum", die darin besteht, jede Schlussfolgerung zurückzuweisen, wie logisch ihre Prämissen auch erscheinen mögen, wenn eine solche Schlussfolgerung zu einem Widerspruch führt, wie zum Beispiel, dass das Ganze kleiner ist als seine Teile, dass zwei Körper gleichzeitig denselben Raum einnehmen können... oder dass, wie die Orakel der modernen Wirtschaft behaupten, zum Schutz der Landwirtschaft die Ernten verbrannt werden müssen.

DIE MASCHINE

Bis zur Mitte des 18. Jahrhunderts basierten Landwirtschaft und Industrie in erster Linie auf der Muskelkraft von Pferden und Ochsen sowie auf der körperlichen und geistigen Kraft des Menschen. Doch Anfang 1765 erfand ein Schotte, James Watt, die Dampfmaschine, die an den Mechanismus eines Baumwollwebstuhls gekoppelt wurde. Die industrielle Revolution hatte gerade begonnen. Die Ergebnisse dieser Revolution beweisen bis zum Überdruss und ohne den geringsten Zweifel, dass der unter Punkt a) im vorigen Abschnitt erwähnte Punkt absolut zutrifft, denn tatsächlich gibt es in der zivilisierten Welt genügend Rohstoffe, um die Bedürfnisse ihrer Bewohner zu befriedigen, und diese Rohstoffe wurden dank des Einsatzes der Maschine erschlossen und dem Menschen zur Verfügung gestellt.

Es ist notwendig, hier eine Anmerkung einzufügen. In dem genannten Punkt a) geht es neben den Rohstoffen um weitere Faktoren wie Arbeitskräfte und wissenschaftliche Erkenntnisse. Darauf werden wir später noch eingehen. Beschränken wir uns vorerst auf die Rohstoffe, die durch die Maschine erschlossen wurden.

Einmal auf den Weg zum Erfolg gebracht, konnte nichts mehr den Prozess der Maschine aufhalten. Die Wissenschaft wurde zu ihrer Verbündeten, und es folgten erstaunliche Entdeckungen, und zwar nicht mehr nur auf dem Gebiet der Dampfkraft, sondern auch in den Bereichen Wasserkraft, Elektrizität, Chemie, neue Brennstoffe, insbesondere Kohle und Erdöl, Industriegase usw. Dann kam die Nutzung der Atomenergie, und um 1938 begannen in Deutschland die ersten Versuche, die Quelle aller Kraft zu erschließen: die Sonnenenergie – Forschungen, die durch den Krieg unterbrochen wurden und in Frankreich wieder an Bedeutung gewonnen haben. Heute, nach nur zwei Jahrhunderten der Erfindungen und Entwicklungen, beherrscht die Maschine die Welt. Ihre erstaunlichen Errungenschaften haben den Menschen zum Herrn der Erde gemacht, und der Übergang von einer Zeit der Knappheit – vor Watt – zu einer Zeit des Überflusses – nach Watt – hat die Sichtweise der Wirtschaft völlig verändert, auch wenn die Hohepriester dieser „Wissenschaft“ weiterhin an Dogmen festhalten, die vielleicht für vergangene Zeiten galten – als eine Missernte aufgrund von Dürre oder

Heuschreckenplage ein Land an den Rand des Zusammenbruchs brachte –, die aber in unserer Zeit lächerlich überholt sind.

Wir wissen, dass im Jahr 1935 in den Ländern Europas (natürlich mit Ausnahme von Russland und der Türkei), in den Vereinigten Staaten, Kanada, Neuseeland und Australien die Maschine dem Menschen etwas mehr als eine Milliarde PS zur Verfügung gestellt hatte[41]. Heute, und trotz der politischen und sozialen Sabotage, der sie ausgesetzt war, haben wir die drei Milliarden überschritten[42] und das, obwohl die Atomenergie, die Radioaktivität, die Sonnenenergie und die Gezeitenenergie noch lange nicht ihr letztes Wort gesprochen haben.

Der britische Nobelpreisträger Professor Soddy berechnete 1935, dass nur 4.000 Männer, ausgestattet mit modernen Maschinen – wir wiederholen: Maschinen von vor vierzig Jahren – die gesamte Weizenernte der Vereinigten Staaten einbringen könnten[43]. Wir möchten darauf hinweisen, dass die Vereinigten Staaten der zweitgrößte potenzielle Weizenproduzent weltweit sind, aber dank des bewundernswerten sozialistischen Systems in der Ukraine den unbestrittenen ersten Platz eingenommen haben und sich sogar den fragwürdigen politischen Luxus leisten, ihre Weizenüberschüsse zu niedrigen Preisen und auf Raten an die UdSSR zu verkaufen, deren Produktion kaum über der Westeuropas liegt.

Ein australischer Brutkasten mit einer Kapazität von 1.100.000 Eiern brütet jährlich 6.600.000 Küken mit Hilfe von Elektrizität aus[44]. Die Reblausplage, die 1846 die Kartoffelernte in Schlesien und der Pfalz ruinierte, kann heute von zwei mit Giftgas bestückten Flugzeugen in höchstens ein paar Stunden beseitigt werden[45].

Die Engländer entdeckten 1925 und die Deutschen 1934 jeweils ein Verfahren zur Herstellung synthetischer Nitrate, die nicht nur wesentlich billiger waren als die natürlichen – die ohnehin für unseren

---

[41] Frederick Soddy: „*Citadel of* Chaos“, S. 88.

[42] Britannica Book of the Year 1969, S. 356–362.

[43] Frederick Soddy: „*Citadel of* Chaos“, S. 93.

[44] Stuart Chase: „*Men and* Machines“, S. 47.

[45] Maurice Colbourne: „*Wirtschaftlicher* Nationalismus“, S. 49.

Bedarf nicht ausreichten und aus Chile bezogen werden mussten –, sondern auch deutlich höhere Erträge lieferten.

[46]1933 wurde in Deutschland eine Maschine zur Herstellung von Glühbirnen erfunden, die es der bekannten Firma Osram ermöglichte, den gesamten Markt innerhalb weniger Wochen zu versorgen.

Der englische Autor Colbourne führt ein aufschlussreiches Beispiel an, das sich, wie wir anmerken möchten, auf das Jahr … 1930 bezieht!: „Die Weltbevölkerung belief sich 1930 auf etwa 2 Milliarden Menschen. Im selben Jahr (laut Mr. Donald Ferguson vom Statistikamt der British Association of Electricity and Manufactures) ‚betrug die Gesamtleistung der Maschinen 390 Millionen PS' (diese Zahl schließt Autos aus). Somit verfügte die Welt, abgesehen von ihren Autos, über Maschinen, die der Arbeitskraft von 3,9 Milliarden kräftigen Männern entsprachen. Das heißt, auf jede verbrauchende Einheit kommen zwei nicht verbrauchende Einheiten"[47]. Wir wiederholen: Diese Daten beziehen sich auf das Jahr 1930, aber wie wir bereits gesehen haben, war es 1939, also nur neun Jahre später, hatte man in der Weißen Welt – die damals vier Fünftel der gesamten Industriekraft der Welt ausmachte[48] – die Marke von einer Milliarde PS erreicht, was bei einer Bevölkerung von etwa 600 Millionen Einwohnern bedeutete, dass es in der westlichen Welt am Vorabend des Zweiten Weltkriegs auf jede verbrauchende Einheit sechzehn nicht verbrauchende Einheiten kam. Unter solchen Umständen zu behaupten – wie es die Ökonomen, diese Anhänger des Gottes Marx, mit sophistischer Zynik getan haben –, dass der Große Krieg aus wirtschaftlichen Gründen ausgebrochen sei, ist etwas, das die Gewerkschaft der Zirkuskünstler dazu veranlassen sollte, gegen diese Ökonomen wegen unerlaubter Berufsausübung und unlauterer Konkurrenz zu klagen. Würde man nun das Wort „wirtschaftlich" durch „finanziell" ersetzen, wären sie bereits auf dem Weg zur Wahrheit, doch wissen diese Buddhas nur zu gut, dass ihnen dieser Weg versperrt ist.

Wirtschaftliche Probleme im Westen, wenn die Ford-Werke in den Vereinigten Staaten im Durchschnitt alle vier Sekunden ein Auto

---

[46] Maurice Colbourne: „*Die neue* Wirtschaft", S. 47.

[47] A.N. Field: „*The Truth about the* Slump", S. 65. Colbourne, ebenda, S. 45.

[48] Rektor Leslie Gantt: „*The Gantt* System", S. 59.

bauen? Wirtschaftliche Probleme, wenn die Bayer-Werke in Deutschland ihren reichen Binnenmarkt ebenfalls im Durchschnitt in zwei Monaten beliefern können und den Rest der Zeit der Arbeit für die Auslandsmärkte widmen können? Wirtschaftliche Probleme, wenn die Landwirtschaft der Bundesrepublik Deutschland genauso viel produziert wie das echte Deutschland – das von 1939 – bei einer um 40 Prozent reduzierten Fläche und einer um 30 Prozent geringeren Bevölkerung?

Nein. Von wirtschaftlichen Problemen zu sprechen, macht in der heutigen Zeit keinen Sinn. Gerade das Alltagsleben macht in der heutigen Zeit keinen Sinn. Gerade das Alltagsleben ist voller Beispiele, Statistiken und Daten, die zeigen, dass die Maschine, auch wenn sie noch nicht ihre volle Reife erreicht hat, trotz der Sabotageakte, die uns unsere unheilvollen Polit-Kleinkarierten in hunderttausend Formen auferlegen, die Maschine in der Lage ist, den Westen und – wenn unsere tränenreichen Globalisten darauf bestehen – die gesamte Menschheit mit all ihren lebenswichtigen und sogar sekundären Bedürfnissen zu hundertprozentig zu versorgen.

DIE „ARBEITSKRÄFTE“

In Punkt a) der Überschrift zur Problemstellung haben wir nicht nur auf die Rohstoffe Bezug genommen, sondern auch auf die Fachkräfte, die Hilfsarbeiter und die wissenschaftlichen Kenntnisse, die „ausreichen, um die Bedürfnisse ihrer Bewohner reichlich zu befriedigen“.

Die menschliche Arbeit, die die von Forschern, Führungskräften, qualifizierten und unqualifizierten Arbeitern umfasst, wird in England und Amerika mit dem Oberbegriff „Manpower“ – die Kraft oder Leistungsfähigkeit des Menschen – bezeichnet, was uns viel anschaulicher erscheint als die Umschreibungen, die wir im Spanischen verwenden, um Handwerker, Techniker, Vorarbeiter und Führungskräfte gemeinsam zu bezeichnen.

Offiziellen Daten zufolge, die aus Veröffentlichungen der Vereinten Nationen stammen, stieg die Bevölkerung der westlichen Länder im Zeitraum 1940–1970 um 14 Prozent, während ihre „Manpower“ um 6 Prozent zunahm[49]. Im gleichen Zeitraum stieg ihre Nahrungsmittelproduktion in absoluten Zahlen um 21 Prozent[50].

Dagegen verdreifachte sich die Produktion von Industriegütern und Dienstleistungen fast. Es ist unmöglich, genaue Daten zu ermitteln, und es können nur Schätzungen auf der Grundlage von Teil- und Vergleichsdaten gewonnen werden. Auf jeden Fall stützt auch hier die einfache Arithmetik die These, dass die Arbeitskräfte – ob qualifiziert oder nicht – und die Produktion in absoluten und relativen Werten stärker zugenommen haben als die Gesamtbevölkerung des Westens. Daraus lässt sich dieselbe Schlussfolgerung ableiten, die sich bei der Analyse des Einflusses der Maschine auf die Wirtschaft des Westens ergab, nämlich dass dieser eine Phase wirtschaftlichen Wohlstands, ja sogar wahrer Opulenz durchlaufen sollte, die in seiner gesamten Geschichte beispiellos ist.

---

[49] *Encyclopaedia Britannica*: Band XXII, S. 795.

[50] Ebenda. Band XXII. S. 797.

Dies gilt, was die Arbeitskräfte betrifft, in quantitativer Hinsicht. Denn auch in qualitativer Hinsicht hat unsere „Manpower" einen bemerkenswerten Fortschritt erfahren. Die Zahl der Techniker und Facharbeiter pro Kopf ist im schlimmsten Fall – in England und Italien – dieselbe wie vor dreißig Jahren[51], doch muss man unbedingt berücksichtigen, dass England in den vierziger Jahren ein riesiges Imperium zu versorgen hatte, ein Umstand, der leider für England und für Europa heute nicht mehr gegeben ist. Was Deutschland betrifft, so war es uns unmöglich, Vergleichsdaten zu finden, doch der Fortschritt ist in Frankreich und Spanien und sogar in den Vereinigten Staaten unbestreitbar und belegt. In bestimmten westlichen Ländern, wie Kanada, war der Anstieg an qualifizierten Arbeitskräften spektakulär, in der Größenordnung von hundert Prozent[52].

---

[51] *Encyclopaedia Britannica*. Britannica Book of the Year 1969-70. S. 328.

[52] *Encyclopaedia Britannica*: Britannica Book of the Year 1969-70. S. 276.

DER RÜCKGANG DER KAUFKRAFT

Trotz der wunderbaren Fortschritte der Mechanisierung und der quantitativen und qualitativen Verbesserungen unserer „Arbeitskräfte“ befinden wir uns, um den gängigen Begriff zu verwenden, inmitten einer Krise. Diese Krise – und alle, die ihr vorausgingen – weist das überraschende Merkmal auf, dass der allgemeine Überfluss an allem, was für das Leben der Menschen notwendig ist, mit einem allgemeinen Elend einhergeht. Vielleicht mag der Ausdruck „Elend“ übertrieben erscheinen. Er wird uns jedoch nicht mehr so übertrieben erscheinen, wenn wir bedenken, dass ein großer Teil unserer Mitbürger – in ganz Europa – sozusagen „von der Hand in den Mund“ lebt, bis über beide Ohren verschuldet und stets in ängstlicher Erwartung des Monatsendes mit seinen fälligen Rechnungen, während Tausende von Unternehmen am Rande des Bankrotts stehen, gerade weil ein riesiger Teil dieser Rechnungen nicht beglichen wird, und Millionen von Familien, die in dieser Situation instabilen Gleichgewichts leben, nach und nach die Armee der Arbeitslosen vergrößern... Es gibt Überschüsse von allem: von landwirtschaftlichen Erzeugnissen, von Industriegütern, von Kohle, von Stahl, von Zement, von Eisenerz, von Kupfer, von Zinn, mit einem Wort: Es gibt von allem zu viel. Warum also finden diese Reichtümer keinen Abnehmer? Sicherlich nicht wegen des schlechten Willens der Käufer, das ist klar, denn diese Reichtümer können nicht kostenlos verteilt werden. Und genau darin liegt das Problem: Die Verbraucher können nicht an die Produktion herankommen; sie können nicht kaufen, was produziert wurde. Es gibt kein Geld...

Warum gibt es kein Geld? Auf diese einfache Frage gibt es zwei Antworten, die sich gegenseitig ergänzen. Die unmittelbare, aber weniger entscheidende Antwort liegt auf der Hand: Man könnte sie als „Prostitution der Maschine gegenüber der Arbeit“ bezeichnen. Die wirklich entscheidende Antwort, die am schwersten zu erkennen ist und die das gesamte künstliche Gerüst der heutigen Wirtschaft stützt, bezeichnen wir als „Prostitution der Maschine gegenüber der Finanzwelt“. Auf diese werden wir später noch eingehen. Beginnen wir mit dem offensichtlichen, aber absurden Widerspruch zwischen Maschine und Arbeit.

Es ist eine unbestreitbare Tatsache, dass im Westen dank unserer modernen Maschinen und der Naturkräfte, die dem Menschen unterworfen werden konnten, der Reichtum zunimmt, während gleichzeitig die Zahl der Arbeiter abnimmt, die mit seiner Erzeugung beschäftigt sind. Es ist also gleichzeitig ein Anstieg der Produktion und ein Anstieg der Arbeitslosigkeit festzustellen. Da aber die Arbeitslosen per definitionem die Unbezahlten sind, werden diese Arbeitslosen aus der Armee der Konsumenten herausgenommen, und die produzierten Reichtümer häufen sich nutzlos an, und bald macht sich die Notwendigkeit bemerkbar, ihre Herstellung zu bremsen und sie sogar zu vernichten.

Dies bezeichnen die klassischen Ökonomen freundlich als Krise. Aber es ist keine Krise. Es ist schlichtweg eine Revolution. Die industrielle Revolution. Eine Revolution, die unter anderem folgende exemplarische Fälle hervorgebracht hat:

> Ein Mann mit einem Bagger ersetzt 25 Männer.
>
> Ein Mann mit einer Mähdreschmaschine, die mäht, lädt, bündelt und drescht, ersetzt 18 Männer.
>
> 1 Mann mit einem Kettenwebstuhl für das Weben von Stoffbahnen ersetzt 20 Männer.
>
> 1 Mann mit einer Raschel-Webmaschine für Endlosvorhänge ersetzt 28 Männer. 1 Mann mit einer Zigarettenmaschine ersetzt 100 Männer.
>
> 1 Mann ersetzt mit einer Flaschenmaschine 54 Männer.
>
> Ein Mann, der einen riesigen Computer bedient, der 60.000 Einträge im Hauptbuch vornimmt; indem er die Kundennummer und den Scheck, den Saldo und die aufgelaufenen Zinsen verschlüsselt erfasst, erledigt er die Arbeit von achtzig Bankangestellten.
>
> Ein Arbeiter an einer Schuhmaschine in Großbritannien produzierte 1907 67 Dutzend Paar Schuhe pro Jahr. Im Jahr 1930 war die Produktion mit einer weiter verbesserten Maschine auf 92 Dutzend Paar gestiegen, und im Jahr 1970 auf 140 Dutzend[53].

---

[53] M. Colbourne: „*The New* Economy“, erweiterte und überarbeitete Ausgabe von E.

Auf der Grundlage nüchterner und objektiver Fakten können wir nachweisen, dass die Maschine mindestens 95 Prozent der Arbeit des Menschen erleichtert. Und sie erleichtert sie nicht nur, sondern erledigt sie im Allgemeinen auch besser. (Wir sprechen natürlich von industrieller Serienarbeit ohne jeglichen künstlerischen Anspruch.) Wir würden sogar behaupten, dass 95 Prozent eine vorsichtige Schätzung sind. Belassen wir es jedoch dabei, als Ausgleich für die menschliche Arbeit, die zur Unterhaltung der Maschinen notwendig ist, auch wenn diese Arbeit oft ebenfalls von anderen Maschinen verrichtet wird.

Fragen wir uns ehrlich: Was ist das Ziel der Maschine? Und wenn es uns gelingt, uns von Tabus und Vorurteilen zu lösen, werden wir sehen, dass die Antwort, einfach und konkret, folgende ist:

> Das Ziel der Maschine ist es, den Markt mit der größtmöglichen und bestmöglichen Menge und Qualität an Waren und Dienstleistungen zu versorgen und dabei die mechanische Arbeit des Menschen so weit wie möglich einzusparen.

Da die Maschine Arbeit einspart, besteht ihre erste Funktion folglich darin, die Arbeiter auf die Straße zu setzen. Wenn dieser Satz für die strapazierten Nerven dieser Vaseline-Ära übermäßig brutal erscheint, können wir ihn milder formulieren: Es ist die Aufgabe der Maschine, den Arbeiter von der Arbeitslast zu befreien. Es liegt auf der Hand, dass der so „entlastete" Arbeiter ohne Arbeit dasteht – oder kaum noch Arbeit zu verrichten hat – und dass sein Unternehmen auf ihn verzichten kann. Und nicht weniger offensichtlich ist, dass sich die Maschine, die eigentlich ein Segen sein sollte, in einen Fluch verwandelt, wenn die industrielle Revolution nicht von einer echten Verteilungs- oder Entlohnungsrevolution begleitet wird. Auch wenn man dafür weder der Maschine noch James Watt die Schuld geben kann.

Nehmen wir ein einfaches Beispiel. Stellen wir uns eine große Familie vor, die in einem abgeschlossenen Raum lebt, zum Beispiel in einem einsamen Tal oder besser noch auf einer Insel. Die Mitglieder dieser Familie tragen entsprechend ihren Fähigkeiten zum gemeinsamen materiellen Bestand bei. Eines schönen Tages kommt einem von ihnen die Idee, eine Turbine am Wasserfall neben dem Haus

---

Leben Sheldon Emry: „*Billions for the bankers. Debts for the People*".

anzubringen, wodurch Energie gewonnen wird, die es ermöglicht, die Arbeitsleistung aller zu verzehnfachen. Die Mitglieder dieser Familie tauschen die produzierten Güter untereinander mittels Gutscheinen aus, die als „Maß“ für den Tausch dienen. Mit dem Aufkommen der Turbine bleiben etwa neun Zehntel der Mitglieder unserer Gemeinschaft ohne Arbeit, und der Familienvater – offenbar ein besonders begriffsstutziger Zeitgenosse – duldet, dass neun von zehn seiner Familienangehörigen – Untertanen – ohne die unverzichtbaren Gutscheine – das „ e Geld“ jener Gemeinschaft – dastehen und verhungern. Es sei denn, er beschließt eines Tages aus Mitleid, den Erfinder seiner Turbine als Ketzer zu verbrennen und wirft diese in die Tiefe der Schlucht.

Nehmen wir aber an, dass dieser Familienvater, anstatt ein überzeugter Anhänger der klassischen Wirtschaftstheorie zu sein, auf den Rat seines ältesten Sohnes gehört hätte, eines Mannes ohne Vorurteile, der ihm das Problem so darlegte: „Wenn die Turbine neun von zehn von uns aus ihrer Arbeit verdrängt, bedeutet das, dass unsere Gemeinschaft auf einen Schlag eine neunmal größere Leistung erhält als die ihrer natürlichen Ressourcen. Berücksichtigen wir diese zusätzliche Kraft, müssten wir, um die Produkte zu erhalten, die wir benötigen, neunmal weniger Wertmarken abgeben als vor der Installation der Turbine. Das heißt, unsere Lebenshaltungskosten müssten neunmal niedriger sein als zu der Zeit, als unsere Arbeit ausschließlich von unserer Muskelkraft oder der unserer Pferde, Maultiere und Ochsen abhing. Um unsere Lebenshaltungskosten um das Neunfache zu senken, müssten natürlich die Menschen, deren Arbeit von der Turbine und der von ihr gelieferten Energie übernommen wurde, für ihre Freizeit genauso viel erhalten, wie sie vor der Einführung dieser gesegneten Maschine in unserer Gemeinschaft für ihre Arbeit zu erhalten pflegten. Wenn sie so bezahlt würden – sowohl in ihrer Eigenschaft als Konsumenten als auch als Produzenten –, würde ihre Kaufkraft steigen, und der Verlust der körperlichen Arbeit von neun von zehn unserer Verwandten würde durch die höhere Leistung der von der Turbine angetriebenen Maschinen mehr als ausgeglichen werden.“

Und wenn der Familienvater, das Oberhaupt jener Gemeinschaft, einwenden würde: „Wie sollen wir sie bezahlen, ob sie nun Konsumenten oder Produzenten sind?... Wie kann man für eine Arbeit bezahlen, die nicht geleistet wurde? … Was werden diejenigen denken, die noch arbeiten, also jene, denen die Turbine nicht die Möglichkeit zur Arbeit genommen hat?“, würde sein Gesprächspartner ihm schlicht antworten: „Es geht nicht darum, diejenigen, die arbeiten, genauso zu bezahlen wie diejenigen, die nicht arbeiten; erstere würden natürlich deutlich mehr erhalten; aber wenn diejenigen, die jetzt nicht arbeiten, genauso viel verdienen wollen wie diese, müssen sie sich eben etwas einfallen lassen, um eine weitere Turbine am Wasserfall von Poniente zu errichten. Die Entwicklungsmöglichkeiten unserer Gemeinde sind noch immer immens, und mit der Turbine ist noch lange nicht alles vorbei. Es hat gerade erst begonnen. Außerdem ist es sehr fraglich, ob wir für eine Arbeit bezahlen sollten, die noch nicht geleistet wurde. Wer hatte schließlich die Idee für die Turbine? Einer von uns, aber dieser „Einer“ ist nicht aus dem Nichts in unserer Gemeinde entstanden. Er wurde umsorgt, erzogen, ausgebildet, erhielt eine Schulbildung, und all das, verbunden mit seinen angeborenen, potenziellen Fähigkeiten, ermöglichte die Entfaltung seines Genies als Erfinder. Sein Genie, seine Fähigkeiten gehören ihm, natürlich, der Verdienst gebührt ihm, aber er gehört nicht nur ihm, und unsere Gemeinschaft muss sich nicht für den Fortschritt schämen, der dank der Anstrengungen eines ihrer Mitglieder erzielt wurde, abgesehen davon, dass es nicht nur seine Anstrengung war und dass unser Erfinder isoliert, ohne all die anderen, zu nichts nütze ist.“

Lassen wir den Vater und den Erstgeborenen zurück, wie sie – nach dem Gesetz des Lebens – wie immer über Vergangenheit und Zukunft streiten. Und kehren wir zurück zur Maschine und zum sogenannten „Produktionsüberschuss“, als ob es in einer westlichen Welt, in der so vielen Menschen noch immer das Nötigste fehlt, einen solchen Überschuss geben könnte. Als gäbe es nicht Menschen – und, was noch schlimmer ist, so viele hochrangige Persönlichkeiten –, die offen schlechte Ernten herbeisehnen oder die Industrieproduktion bewusst drosseln. Gibt es denn keine armen Polit-Lehrlinge, von denen wir einmal annehmen wollen, sie seien gut gemeint, die sich vornehmen, die Arbeitslosigkeit zu bekämpfen? Wie können sie so blind sein, dass sie nicht erkennen, dass Arbeitslosigkeit das Maß für den technischen Fortschritt ist? Wir wiederholen: Arbeitslosigkeit ist der Maßstab für den technischen Fortschritt. Und alle Bemühungen der Produzenten zielen darauf ab, mehr Arbeitslosigkeit zu schaffen, denn sie alle drücken ihre Gemeinkosten und folglich ihre Selbstkostenpreise so weit wie möglich. Kennt jemand einen Industriellen oder einen Landwirt, der sich nicht ständig den Kopf zerbricht, um zu erreichen, dass die Arbeit, die heute zehn Arbeiter verrichten, morgen von acht erledigt werden kann?

Und in dem Moment, in dem die Arbeitslosigkeit weltweit alle Rekorde bricht, kündigt in Spanien die sogenannte „Zweite Regierung Seiner Majestät“ kühl an, dass sie Maßnahmen ergreifen werde, um sie aufzufangen. Doch diese Regierung wird, ob sie es weiß oder nicht, ob sie es will oder nicht, noch mehr Arbeitslose schaffen. Und wer daran zweifelt, der lese ihr Programm für öffentliche Bauvorhaben: Das Land soll elektrifiziert werden, was an sich zweifellos eine hervorragende Sache ist ... die jedoch verhängnisvoll wird, wenn nicht gleichzeitig die notwendigen arbeits- und finanzpolitischen Maßnahmen ergriffen werden. Warum? Weil, sobald irgendwo Strom fließt, der Motor nicht lange auf sich warten lässt; sobald der Motor läuft, bleiben Tausende und Millionen von Händen untätig. So wird mit der besten Absicht, die Arbeitslosigkeit zu beseitigen, unter den gegenwärtigen Umständen nichts anderes erreicht, als sie sofort oder im besten Fall kurzfristig zu vergrößern. Und all dies, weil man hartnäckig der einzigen Lösung für das Problem der Arbeitslosigkeit den Rücken kehrt, die zum einen darin besteht, die Arbeitszeit zu verkürzen, und zum anderen darin, eine Finanzpolitik an die Situation anzupassen, die durch die wachsende Macht der Maschine entsteht – mit einem Wort: das Geld zu einem Tauschmittel zu machen und nicht zu einer Ware. Wenn dies nicht geschieht, wird die von der vorgeschlagene Elektrifizierung des ländlichen Raums die Arbeitslosigkeit nur noch verschärfen, das heißt, sie wird den Konsum noch weiter verringern und das Paradoxon der Knappheit im Überfluss bis zur Raserei verdeutlichen... Den ländlichen Raum elektrifizieren, ja; aber indem man das Geld in den Dienst der Maschine stellt, das heißt, indem man unsere derzeitigen Wirtschaftsstrukturen radikal und vollständig revolutioniert. Und erscheint es logisch, dass dies mit einer Regierung erreicht werden kann, die eher wie der Verwaltungsrat der Banco Español de Crédito wirkt, ergänzt durch weitere Persönlichkeiten aus den anderen großen Banken des Landes?

INFLATION UND DEFLATION

In diesem Abschnitt, in dem wir versucht haben, die grundlegenden Ursachen für den Rückgang der Kaufkraft zu erklären, haben wir auf Punkt b) der Problemstellung Bezug genommen, nämlich: dass „Armut und Mangel existieren, weil die Menschen nicht genug Geld haben, um die von der modernen Industrie und Landwirtschaft produzierten Güter zu einem für die Produzenten attraktiven Preis zu kaufen". Und in Punkt c) sagten wir, dass „wenn einem etwas fehlt, die naheliegendste Lösung darin besteht, es zu schaffen, und es keine physische Schwierigkeit darstellt, mehr Geld zu schaffen". Dieser Punkt wurde auch im vorangegangenen Abschnitt angesprochen, aber wir werden darauf zurückkommen, da er der wesentliche Punkt ist, der „deus ex machina" des aktuellen Wirtschafts- und Finanzsystems, das auf der Tatsache beruht, dass das Geld, verstanden als Maß der Produktion und somit als Tauschmittel, zu einer Ware geworden ist und als solche dem unerbittlichen Gesetz gehorchen muss, das besagt, dass der Preis einer Ware umgekehrt proportional zu ihrer Verfügbarkeit ist. Wenn wir also in einer bestimmten Situation mehr Geld schaffen, verringern wir den Wert des Geldes, das vor dieser Schöpfung existierte. Wir betonen die Einschränkung „in einer bestimmten Situation", an die sich die eingefleischten Verfechter der klassischen Wirtschaft, die vor der Erfindung Wats, also in der Zeit der Knappheit, konzipiert wurde, wie Schiffbrüchige an einen Rettungsring klammern. Es ist bekannt, dass, wenn man unerwartet eine Menge x an neuem Geld auf den Markt wirft, die Preise steigen und das Geld im gleichen Verhältnis wie x an Wert verliert. Dieses Phänomen nennt man Inflation, d. h. die Zunahme der Geldmenge ohne gleichzeitige Zunahme der Warenmenge, die dieses Geld messen und umtauschen soll. Darauf spielten wir in Punkt d) an, als wir sagten, dass die Inflation „offensichtlich eine Katastrophe ist. Aber die allmähliche Zunahme von Geld und Waren, sodass die Kaufkraft des Geldes auf dem gleichen Niveau wie die Produktion bleibt und die Preise stabil bleiben, hat nichts mit Inflation zu tun und ist letztendlich das, was wir brauchen".

Nun, diese ideale allmähliche Zunahme von Geld und Waren zu erreichen, war nie allzu schwierig und ist heutzutage extrem einfach, dank des fantastischen Fortschritts der Informatik, die uns mit wunderbarer Genauigkeit die Menge, Qualität und den Wert der in einem Land in einer Zeiteinheit produzierten Waren mitteilen kann. Es genügt also, die Schaffung von neuem Geld an die neue wirtschaftliche Situation anzupassen, damit es seine Funktion als Tauschmittel sinnvoll erfüllen kann. Mit anderen Worten: Die nationalen Statistikämter teilen dem Finanzministerium mit, dass im ersten Quartal des Jahres Waren im Wert von x produziert wurden und im zweiten Quartal eine Produktion im Wert von y vorgesehen ist; daraufhin wird Geld in Umlauf gebracht, das dem arithmetischen Mittel zwischen x und y entspricht[54]. Später werden wir auf die Mechanismen der Inverkehrbringung dieses Geldes eingehen. Beschränken wir uns vorerst darauf zu betonen, dass, wie wir in Punkt d) unserer Problemstellung dargelegt haben, da es möglich ist, das Produktionsvolumen und dessen durchschnittliches Wachstum genau zu kennen, ebenso das neue Geld geschaffen werden kann, das notwendig und angemessen ist, um Inflation zu verhindern. Bevor wir fortfahren, halten wir es für sinnvoll, anhand eines einfachen Beispiels zu veranschaulichen, was Inflation und Deflation eigentlich sind.

Das Erste, was wir sowohl für das folgende Beispiel als auch für alles, was unter den gegenwärtigen Umständen mit Geld zu tun hat, klar vor Augen haben müssen, ist: Je mehr davon vorhanden ist, desto weniger Wert hat es, und je weniger davon vorhanden ist, desto mehr Wert hat es. Nehmen wir also an, dass wir durch eine Art biblisches Wunder – das Wunder des finanziellen Mannas – eines Tages beim Aufwachen feststellen würden, dass alle Mitglieder einer bestimmten Gemeinschaft doppelt so viel Geld hätten wie am Vortag. Was würde passieren? Stellen wir uns vor, zwei Bauern wollten zu einer Auktion gehen, um einen Traktor zu erwerben. Beide haben den ernsthaften Wunsch, ihn zu erwerben, und da jeder nun doppelt so viel Geld besitzt wie am Vortag, bieten sie höher, als sie es vor dem „Wunder“ vorhatten. Betrachten wir die gesamte Gemeinschaft, in der dieses „Wunder“ stattgefunden hat, und zwar nicht nur in Bezug auf Traktoren, sondern auch auf Häuser, Ernten und alles andere, so werden wir feststellen, dass das Ergebnis all dessen nach kurzer Zeit darin besteht, dass sich die Preise verdoppelt haben.

---

[54] Offensichtlich ist die Tatsache, dass dies vierteljährlich und nach dem Verfahren eines arithmetischen Mittels erfolgt. Vergangenheit-Zukunft ist kein Gebot, sondern lediglich ein Vorschlag dazu, was uns unter den gegenwärtigen Umständen am zweckmäßigsten erscheint.

Nehmen wir nun den umgekehrten Fall an: Das heißt, dass wir eines Tages beim Aufwachen feststellen, dass wir genau die Hälfte des Geldes haben, das wir beim Schlafengehen hatten. Unsere Landwirte werden wahrscheinlich vom Kauf des Traktors absehen oder, wenn überhaupt, höchstens etwa die Hälfte dessen bieten, was sie ursprünglich vorhatten; allmählich wird dasselbe mit den übrigen Waren geschehen, deren Preis sich auf etwa die Hälfte dessen stabilisieren wird, was er vor der wundersamen nächtlichen Manipulation war.

Glücklicherweise treten diese Veränderungen im Geldwert nicht über Nacht ein, aber sie vollziehen sich schnell genug, um enorme Probleme zu verursachen. Wenn zum Beispiel viel Geld im Umlauf ist, also in einer inflationären Phase, kann jeder, der etwas zu verkaufen hat, die Preise ohne große Schwierigkeiten erhöhen. Aber diejenigen, die von festgelegten, befristeten Löhnen in Verträgen abhängig sind, oder die ihre Ernte verkauft haben, bevor die Inflation einsetzte, oder einfach diejenigen, die eine Ratenzahlung für einen verkauften Artikel erhalten oder von einer staatlichen Rente abhängig sind – das sind die großen Opfer dieser Situation. Auf lange Sicht gleicht sich natürlich alles wieder aus: Alte Verträge laufen aus und werden auf neuer Basis verlängert, die Löhne steigen und manchmal werden sogar die Renten der Rentner angepasst. Doch während dieser Anpassung gehen viele bankrott und reißen in ihrem Niedergang andere mit sich, vor allem Lieferanten.

Von diesen beiden Phänomenen – Inflation, also eine übermäßige Geldmengenzunahme, und Deflation, also eine Abnahme oder unzureichende Zunahme der Geldmenge – ist dieses zweifellos das schlimmere, auch wenn beide auf lange Sicht verhängnisvoll sind. In einer Inflationsphase können die Produzenten – oder zumindest einige von ihnen – ihre Fabriken zumindest am Laufen halten und ihre Waren mit der begründeten Hoffnung verkaufen, dass sie bezahlt werden. Aber in einer Situation wie der, unter der wir leiden, also einer Deflation, sind es die Produzenten, die am meisten leiden; niemand kauft mehr als das, was zum „Überleben" unbedingt notwendig ist, da das Geld fehlt, und die Industriebetriebe und sogar die land- und viehwirtschaftlichen Betriebe gehen zu Tausenden zugrunde.

Wir haben gesagt, dass wir uns mitten in einer Deflation befinden, und ahnen, dass diese Behauptung die meisten überraschen wird, da wir es in der unglückseligen westlichen Presse, die uns unsere Sünden vorhält, leid sind, Klischees zu lesen wie: „die gegenwärtige Inflationssituation", „die Inflationsrate beträgt x Prozent", „die durch die aktuelle Inflation verursachte (?) Arbeitslosigkeit" usw. usw. Wir wollen nicht mit dem Lanze des Heiligen Georg offene Türen einrennen. Wir beschränken uns darauf, den Gegnern zu empfehlen, ein Wörterbuch aufzuschlagen und nachzuschlagen, ob Inflation nun ein „übermäßiger Anstieg der Geldmenge im Verhältnis zur Produktion" ist oder nicht, und Deflation ein „unzureichender Anstieg der Geldmenge im Verhältnis zur Produktion". Anschließend können sie bei jeder Handelskammer nachfragen, ob es wenig Arbeitslosigkeit gibt (Inflationsphase) oder ob es viel Arbeitslosigkeit gibt (Deflationsphase), ob die Lagerbestände knapp sind oder ob diese Bestände im Gegenteil auf dem Höhepunkt der Kurve stehen. Schließlich können Sie den Härtetest machen: Sie können die Finanzberichte in der Presse lesen und herausfinden, ob die Banken über verfügbare Liquidität verfügen oder nicht, oder über „argent frais" (frisches Geld), wie man im Bankjargon unserer nördlichen Nachbarn sagt, oder einfach über „Geld", wie der Mann auf der Straße sagt, womit man von der Regierung ausgegebene Metall- oder Papierstücke versteht.

Man wird argumentieren, dass es kaum eine Rolle spielt, ob unsere verarmte Wirtschaft nun unter Inflation oder Deflation leidet, und dass das Wesentliche sei, dass ihr Gesundheitszustand sehr alarmierende Symptome aufweise. Irrtum. Es gibt keinen Heilungsprozess ohne eine zutreffende Diagnose. Probleme müssen auf der Grundlage einer korrekten Herangehensweise gelöst werden.

Und wenn unsere unbeschreiblichen Ökonomen, ohne sich als Weisen aufspielen zu müssen, sich darauf beschränken würden, zu beobachten, was um sie herum geschieht, und den gesunden Menschenverstand nutzen würden, den man ihnen großzügig zuschreibt, und sich entschließen würden, das von ihnen als Krise bezeichnete Problem richtig darzustellen, anstatt so viel von Inflation zu sprechen, würden sie sagen, dass die aktuelle Krise das Ergebnis einer monetären Deflation ist, deren Beginn notwendigerweise mit der Endphase einer Kreditinflation zusammenfallen muss. Oder, wenn man es in weniger gestelzter Sprache ausdrücken möchte, dass (die Krise) nichts anderes ist als die Folge des Mangels an echtem Geld im Verhältnis zur Menge an falschem (oder Buch-)Geld, das in den vergangenen Jahren geschaffen wurde[55].

Auf dieses Thema des Geldes werden wir zu gegebener Zeit noch ausführlich eingehen müssen, da es der Schlüssel zur aktuellen Krise ist.

Aber wir wollen nicht fortfahren, ohne auf die überraschende, wahrhaft magische Tatsache dieses permanenten, beständigen und universellen „Irrtums“ der selbsternannten Finanzexperten hinzuweisen. Etwas Unglaubliches. Mehr noch, auf dieses Niveau und diese „Beständigkeit“ gehoben, erscheint uns der Irrtum unmöglich. Die Begriffe „Fehler“ und „permanent“ schließen sich gegenseitig aus, sie können nicht nebeneinander bestehen, sie sind unvereinbar. Es scheint vielmehr um bewusste oder unbewusste Gehorsamkeit gegenüber bestimmten Parolen bestimmter Kräfte zu gehen, die daran interessiert sind, die Aufmerksamkeit vom eigentlichen Problem abzulenken. Und wenn man die Realität allgemein anerkennen würde, nämlich dass wir unter einer Deflation leiden, die nur mit der von 1929–1934 – damals auch Inflation genannt! –, dann würden sich die Menschen vielleicht fragen, warum wir darunter leiden und warum der Staat nicht die einfache und logische Abhilfe schafft, nämlich eine angemessene Geldmenge auf den Markt zu bringen, um die tatsächlich von der Gemeinschaft produzierten Güter zu stützen und ihren Austausch unter den Mitgliedern derselben zu ermöglichen. Und genau das soll vermieden werden: dass frisches, also echtes Geld auftaucht, ohne den angeborenen Makel der Verschuldung. Wir haben bereits angekündigt, dass wir uns ausführlich mit diesem Thema, dem Kredit und dem Schuldgeld, befassen werden, da es den Kern des Problems bildet. Nun glauben wir, dass der Moment gekommen ist, einen Exkurs zu machen, um uns mit anderen Sackgassen zu befassen, die sich uns verlockend anbieten, um unsere Aufmerksamkeit vom eigentlichen Problem abzulenken.

---

[55] Die Tatsache, dass wir uns in einer Endphase des sogenannten Konjunkturzyklus befinden, führt dazu, dass alle Symptome der neuen deflationären Situation mit einem der vorherigen, inflationären, nämlich dem Anstieg des Preisindexes, zusammenfallen. Die wesentliche Ursache ist die politische Erhöhung der Löhne in dem Moment, in dem die Produktion gebremst wird. Auf diesen Punkt werden wir im Abschnitt „Die Prostitution der Maschine vor dem Geld“ eingehen.

DIE FALSCHEN GRÜNDE

Einer der Gründe, die zur Rechtfertigung der wirtschaftlichen Krankheit des Westens angeführt werden, ist der Verlust der Kolonien durch die europäischen Staaten. Eine einfache Analyse der Fakten zeigt uns, dass dieser Grund vielmehr ein Ungrund ist. Selbst wenn man die als Selbstverständlichkeit vorausgesetzte und akzeptierte Prämisse akzeptiert, dass Kolonien aus wirtschaftlichen Gründen gehalten wurden – eine marxistische, plumpe und völlig falsche Interpretation der Großpolitik –, wird sofort deutlich, dass das Argument keinen Beweiswert hat. Die führende Kontinentalmacht im Jahr 1939, Deutschland, besaß keine Kolonien, England hingegen schon, wenn auch in einem fortgeschrittenen Stadium der Unterentwicklung, mit Ausnahme der weißen Kolonien Australien, Kanada und Neuseeland, und auf jeden Fall diese Kolonien retteten es nicht vor der Großen Krise von 1929–1934, jener gigantischen Deflation, die am Schwarzen Freitag an der New Yorker Börse begann, einer Deflation, die, wie wir gesehen haben, aus den Erfordernissen der Sache heraus in Inflation umbenannt wurde. Mit einem Wort: Deutschland, ohne Kolonien, litt unter der ersten großen Wirtschaftskrise des Jahrhunderts, und ebenfalls ohne Kolonien überwand es sie vor allen anderen, gerade weil es begonnen hatte, eine Reform – oder besser gesagt, eine Finanzrevolution – neben der laufenden industriellen Revolution anzupassen. England hingegen, das über Kolonien verfügte, litt unter dieser Krise, aus der es während des Weltkriegs nur halbwegs herauskam – es ist merkwürdig, aber im Verlauf von Kriegen gibt es solche Krisen nie –, und praktisch ohne Kolonien leidet es nun darunter, wobei gerade die Britischen Inseln geografisch gesehen einer der Brennpunkte des Problems sind.

Ähnliches, wenn auch weniger ausgeprägt, lässt sich über Frankreich und Italien sagen. Was Spanien betrifft, so kann man nicht sagen, dass seine wenigen und kargen Kolonien es im 20. Jahrhundert aus irgendeiner wirtschaftlichen Sackgasse befreit hätten, aber auf jeden Fall litt auch Spanien – mit Kolonien – unter den Folgen der sogenannten Krise von 1929 und leidet 1976 erneut darunter – ohne Kolonien. Die wirtschaftlich mächtigen skandinavischen Länder hatten nie Kolonien – es sei denn, man möchte das Eis Grönlands als solche betrachten –, und das hat sie auch nicht vor der besagten Krise bewahrt.

Das schlagkräftigste Argument gegen diese Behauptung, die keine ist, liefern uns jedoch die Vereinigten Staaten von Amerika selbst. Denn die Vereinigten Staaten, die – ob mit kolonialen Bezeichnungen oder nicht – einen politischen Einfluss haben, der von dort ausgeht, sowie einen wirtschaftlichen Einfluss in zahlreichen Gebieten auf allen fünf Kontinenten, wo sie Märkte nach Belieben monopolisieren, leiden ebenfalls unter den Auswirkungen der Krise. Tatsächlich begann die erste große Krise des Jahrhunderts in den Vereinigten Staaten selbst, deren Kolonialreich sich damals bereits über Alaska, Puerto Rico, die Philippinen, Guam, Hawaii, die Aleuten, Samoa und Tausende von Inseln im Pazifik und in der Karibik erstreckte[56]. Und die zweite, die aktuelle, begann erneut in den Vereinigten Staaten selbst, nach Nixons Androhung der Dollarabwertung bis zu deren tatsächlichem Beginn ab dem zweiten Halbjahr 1974. Und sie befinden sich weiterhin mitten in der Krise mit all ihren Folgen: wirtschaftliche Stagnation, Arbeitslosigkeit und Zehntausende von Insolvenzen. Nein. Es war nicht der Verlust – noch der mehr oder weniger getarnte Erwerb – von Kolonien, der die aktuelle westliche Wirtschaftskrise verursacht hat. Und wir wiederholen, dass wir sie so nennen, um der geistigen Trägheit der meisten Rechnung zu tragen, da es keine solche Wirtschaftskrise gibt, sondern lediglich eine Finanzkrise.

Ein weiterer Grund, der mit wahrer Hartnäckigkeit angeführt wird, um die Krise zu rechtfertigen, ist eine andere „Krise“, nämlich die Ölkrise. Es ist unbestreitbar, dass die abrupten und äußerst bedeutenden Erhöhungen des Rohölpreises einen schweren Rückschlag für die Volkswirtschaften der Industrieländer bedeutet haben, die aus energetischer Sicht zum großen Teil auf Öl basieren.

Man sollte jedoch bedenken, dass:

a) 1929 gab es keine Ölkrise, und dennoch kam es zu einer Wirtschaftskrise, die in ihrer Ausprägung genau der heutigen entsprach.

b) Die Vereinigten Staaten, die die aktuelle Krise ausgelöst haben, verfügen über genügend Erdöl – sowohl in ihren eigenen Lagerstätten als auch in denen der Standard Oil of New Jersey, die zum Rockefeller-Kartell gehört, in Venezuela und Mexiko –, um ihren Bedarf zu decken.

---

[56] Es ist offensichtlich, dass es für praktische Zwecke keine Rolle spielt, ob diese Gebiete damals oder heute als „Staaten“, „Provinzen“, „Kolonien“ oder wie auch immer bezeichnet wurden. Der Name macht die Sache nicht aus.

Vor den Maßnahmen der Öl produzierenden Länder machte arabisches Öl für die Vereinigten Staaten 10 Prozent des amerikanischen Verbrauchs aus und wurde eher aus politischen als aus wirtschaftlichen Gründen bezogen. Diese 10 Prozent bezieht Uncle Sam nun aus dem Iran zu günstigeren Preisen. Trotz alledem, wir wiederholen es, leiden die Vereinigten Staaten nicht nur unter der aktuellen Krise, sondern sie haben sie vor allen anderen durchgemacht.

c) Die Südafrikanische Union, Australien und Neuseeland kaufen seit vielen Jahren kein arabisches Öl mehr. Sie beziehen es schon seit langem aus dem Iran und Indonesien. Zudem verfügen sie über eigene Vorkommen, im Falle Südafrikas und insbesondere Australiens, sodass das „Öl-Argument" auf diese Länder kaum zutrifft. Dennoch haben alle drei unter der aktuellen Wirtschaftskrise gelitten – und leiden weiterhin darunter –, die beispielsweise im überaus reichen Australien extrem hohe Ausmaße erreicht hat.

d) Auf jeden Fall erfolgte die Radikalisierung der sogenannten „Ölpolitik" der arabischen Länder erst nach den ersten Anzeichen der von uns erlebten monetären Deflation und Kreditinflation. Diese begann mit der Abwertung des Dollars Anfang 1973 und brach im September desselben Jahres mit voller Wucht aus. Die Araber radikalisierten ihre Ölmaßnahmen erst im Frühjahr 1974. Es kann also keinen Ursache-Wirkungs-Zusammenhang geben, da dieser chronologisch später liegen muss.

Es ist wahr, dass die Politik der arabischen Öl produzierenden Länder ein Handicap für Europa darstellte; unser Kontinent hat mehr als jeder andere unter den Folgen des Kampfes zwischen Zionismus und Panarabismus gelitten, da dieser den klassischen „blinden Schlag" versetzt hat, der nur dazu gedient hat, die gigantischen multinationalen Ölkonzerne, Raffinerien und Vertriebsgesellschaften noch weiter zu bereichern, die fast vollständig unter der Knute von Personen und Interessen stehen, die mit dem Zionismus verbunden sind. Dagegen ist es höchst zweifelhaft, dass diese arabischen Länder überhaupt von den Preisanstiegen ihres Rohöls profitieren, da sie als unterausgestattete und unterentwickelte Länder fast alles importieren müssen, und man muss kein Finanzgenie sein, um zu erkennen, dass das, was sie auf der einen Seite gewinnen, auf der anderen Seite in Form von spektakulären Preisanstiegen bei allem, was sie importieren müssen, wieder verloren geht[57].

Dennoch müssen wir, um auf das zurückzukommen, was uns am unmittelbarsten betrifft, nämlich den Westen und dessen Kern, Europa, die folgenden Tatsachen berücksichtigen:

1) Trotz ihrer Drohungen haben die arabischen Länder nie aufgehört, Europa mit Öl zu versorgen, in 90 Prozent der Fälle über die Vertriebsgesellschaften, in den restlichen 10 Prozent direkt. Nur anlässlich des letzten arabisch-israelischen Krieges war die Niederlande von einem Ölboykott betroffen, der eher formell als wirksam war (da die Niederlande arabisches Öl über jeden ihrer acht Partner im EWG-Markt beziehen konnten), und in jedem Fall sind die Araber, indem sie sich politisch von den Vereinigten Staaten und teilweise von den sogenannten „sozialistischen Ländern" distanzierten, sind die Araber zu fast ausschließlichen Kunden Westeuropas geworden, was für unsere Volkswirtschaften in ihrem Bestreben, Arbeitsplätze zu schaffen, ein Ventil darstellte.

2) Auf jeden Fall ist es heute das erste Mal, dass Europa – oder ein großer Teil davon – vom Öl abgeschnitten ist. Wenn wir uns nämlich an unsere Erinnerung wenden – eine Fähigkeit der Seele, die heutzutage ebenso vernachlässigt wird wie ihre Gefährtinnen, die Intelligenz und der Wille –, werden wir uns daran erinnern, dass es vor etwa vor etwa fünfunddreißig Jahren auf einem von Hitler militärisch beherrschten Kontinent, vom Nordkap bis zu den Pyrenäen und von Brest bis zum Kaukasus, kein Tropfen Öl vorhanden war, abgesehen von den Ölfeldern von Ploesti in Rumänien, die regelmäßig von der britischen Luftwaffe bombardiert wurden. Nun gut, Deutschland und seine Verbündeten gewannen synthetisches Öl durch die Destillation von Kohle. Man wird einwenden, dass die Industrie damals bei weitem noch nicht ihren heutigen Entwicklungsstand erreicht hatte. Darauf lässt sich antworten, indem man den enormen Brennstoffbedarf einer so hoch motorisierten Armee wie der Wehrmacht aufzählt, sowie den

[57] Auch wenn dies den Rahmen der vorliegenden Studie sprengen würde, möchten wir dennoch erwähnen, dass die arabischen Präsidenten und Kleinkönige mit ihrer Öl-Erpressung nichts als die Abneigung der Welt gewonnen haben. Und sollten sie eines Tages beschließen, zu viel Druck auszuüben, würde es die mächtigen Vertriebskonzerne wenig kosten, einen Kreuzzug zum Wohle der Menschheit … und des Staates Israel zu organisieren – einen Kreuzzug, der der Arroganz einiger Kleinkönige ein Ende bereiten würde, die nicht begriffen haben, dass die vorrangige politische Triebkraft im 20. Jahrhundert die Stärke ist und nicht die Erpressung.

Bedarf, der notwendig war, um die Luftwaffe und die Kriegsmarine kriegsfähig zu halten, und den Bedarf einer Rüstungsindustrie, die unter den Bomben der demokratisch-kommunistischen Alliierten auf Hochtouren lief. Und es wäre ein Affront gegen den europäischen Erfindergeist und seine Innovationskraft, zu leugnen, dass das, was Deutschland in den vierziger Jahren und in Kriegszeiten praktisch im Alleingang mit seinen täglich bombardierten Kohledestillationsanlagen vollbrachte, in den siebziger Jahren, in Friedenszeiten, nicht nur wiederholt, sondern sogar übertroffen werden kann... Und das, obwohl Deutschland von England, Frankreich und den anderen europäischen Staaten flankiert wird, die sich als frei verstehen.

Wir wollen mit dem Vorstehenden nicht leugnen, dass die sogenannte Ölkrise dem Westen und insbesondere Europa geschadet hat. Aber wir bestreiten entschieden, dass sie nicht nur der Grund, sondern auch nur ein Grund für die aktuelle Wirtschaftskrise gewesen sei; höchstens ein vorübergehend erschwerender Umstand. Und wir sagen „vorübergehend", weil es – abgesehen von der erwähnten Möglichkeit der Kohleverflüssigung – gereicht hat, dass die arabische Erpressung stattfand, damit sofort mit der Erdölsuche auf unserem Kontinent begonnen wurde, mit hervorragenden Aussichten in der Nordsee, in der Ägäis, vor den Küsten Norwegens und sogar nur wenige Kilometer von den spanischen Mittelmeerstränden entfernt[58].

[58] Diese Situation hat übrigens deutlich gemacht, wie gering das politische Format der heutigen europäischen Staatsmänner ist. Ein Pitt, ein Bismarck oder ein Richelieu hätten angesichts des Verlusts der europäischen Positionen im Nahen Osten erkannt, dass man die künftige Ölversorgung sichern und entsprechende Vorkehrungen treffen musste. Natürlich hätte dies Kosten und Opfer mit sich gebracht … und demokratische Politiker können von ihren Untertanen keine Opfer verlangen, da dies wahltaktisch nicht rentabel ist. Erst als die arabische Erpressung begann, wurde in Europa nach Öl gesucht, und Gott weiß, welche politischen und wirtschaftlichen Zugeständnisse man Standard und Shell wohl machen musste!

LOKALISATION DES BETROFFENEN ORGANS

In den vorangegangenen Abschnitten haben wir die fünf wesentlichen Punkte der Problemstellung analysiert, einschließlich eines Ausflugs in die Welt der wirtschaftlichen Fantasien, nämlich jene falschen Begründungen, die man uns als Ursachen der aktuellen „Wirtschaftskrise" im Westen aufzwingen will. Aus dieser Analyse lässt sich unserer Meinung nach hinreichend klar ableiten, dass wir über eine Produktion verfügen, die für unsere Bedürfnisse mehr als ausreichend ist; dass sich die Knappheit darin äußert, dass nicht genug Geld vorhanden ist, um das Produzierte zu einem für die Produzenten attraktiven Preis zu kaufen; dass es offensichtlich ist, dass man, wenn Geld fehlt, welches schaffen muss, und dass dies keineswegs unmöglich ist; dass Inflation und Deflation mit Hilfe der Informatik unmöglich sind, und dass die Maschine, indem sie ihre Funktion erfüllt, den Menschen von Arbeit zu entlasten, ihm Freizeit lässt, um seine intellektuellen und geistigen Kräfte einzusetzen; denn wenn wir uns einer Sache absolut sicher sein können, dann ist es, dass es eine große Menge an intellektueller, geistiger und freizeitlicher Arbeit zu verrichten gibt in einer Welt in voller Entwicklung, in der in allen Bereichen noch so viel zu tun bleibt. Und eines der ersten Dinge, die getan werden müssen, ist, wenn schon nicht die Maschine zu verschönern, so doch zumindest dafür zu sorgen, dass sie so attraktiv wie möglich oder zumindest so wenig abstoßend wie möglich ist; ein weiteres Anliegen ist der Kampf gegen die Zerstörungen in der Natur, die nicht durch die Maschine selbst, sondern durch deren rücksichtslosen Einsatz seitens des Menschen verursacht werden, der nur darauf bedacht ist, den maximalen Ertrag aus ihr herauszuholen, ohne den Schaden zu berücksichtigen, der der ökologischen Umwelt zugefügt wird. Es gibt also noch so viel zu tun, dass das Wort „Freizeit" aus einer organisch konzipierten zukünftigen menschlichen Gesellschaft gestrichen werden kann.

Nachdem wir die fünf Punkte analysiert haben, die für uns die Problemstellung ausmachen, und unter der Annahme, dass unsere Wirtschaft krank ist, ist es angebracht und logisch, festzustellen, welches Organ oder welche Organe der Wirtschaft von dieser Krankheit befallen sind.

Eigentlich muss man gar nicht lange suchen. Die Wirtschaft besteht lediglich aus drei Organen: der Produktion, dem Konsum und der Verteilung. Die Produktion umfasst die Waren und Dienstleistungen, die die Arbeit des Menschen und seiner Maschinen dem Volk, also den Konsumenten, zur Verfügung stellt. Der Konsum besteht aus den Bedürfnissen, den Wünschen nach dem Nötigsten und sogar nach dem Überflüssigen der Bevölkerung. Und die Verteilung ist nichts anderes als das Mittel, das es ermöglicht, dass die Produktion auf die bestmögliche Weise zum Konsum gelangt. Die Produktion wird auch als Angebot bezeichnet, und der Konsum als Nachfrage.

Bevor wir fortfahren, sei gesagt, dass das Ziel der Produktion der Konsum ist. Es geht nicht darum, Arbeitsplätze zu schaffen; es geht nicht darum, die Zahlungsbilanz auszugleichen; es geht nicht darum, die Preise zu regulieren. Das Ziel der Produktion ist der Konsum.

Zunächst zur Produktion. Wir können sie aus drei Blickwinkeln betrachten: dem der Maschinen und Anlagen; dem der Rohstoffe, mit denen sie versorgt wird, und dem der „Arbeitskräfte“, die eingesetzt werden, um sie zu überwachen, in Betrieb zu halten und zu organisieren. In den Abschnitten „Die Maschine“ und „Die Arbeitskräfte“ wurde hervorgehoben, dass sich die Produktionsstruktur in Europa bester Gesundheit erfreut. Tatsächlich scheint es an Maschinen und Anlagen keinen Mangel zu geben, da viele davon stillstehen. Wir glauben nicht, dass dies der Fall ist, aber auf jeden Fall stellt es für die Europäer kein Problem dar, ihre Produktions-, Landwirtschafts- oder Viehzuchtanlagen zu vergrößern, wann und wie sie wollen. Was die „Arbeitskräfte“ betrifft, so zeigt der Trend trotz der sozialen und politischen Unruhen (Universitätsstreiks usw.) einen stetigen Anstieg. Was schließlich die Rohstoffe betrifft, so verfügen wir – abgesehen von den neuen Ölfunden auf unserem Kontinent – über Kohle für Jahrhunderte, wir sind Vorreiter bei der Entwicklung der Atomenergie – auch wenn bisher vor allem Russland und die Vereinigten Staaten davon profitiert haben – sowie der Solar- und Gezeitenenergie, und in den Niederlanden gibt es Erdgas für ganz Westeuropa.

Zweitens: der Konsum. Wir haben bereits gesagt, dass Konsum gleichbedeutend mit Nachfrage ist, also dem, was das Rad ständig in Bewegung hält. Es ist nichts Falsches am Konsum, am Wunsch zu konsumieren oder, wie es die professionellen Ökonomen nennen, an der effektiven Nachfrage. So sehr die Salonrevolutionäre auch gegen die sogenannte „Konsumgesellschaft“ wettern und wie Papageien die Parolen der Nutznießer der gegenwärtigen Situation nachplappern mögen: Es ist nichts Verwerfliches daran, dass eine Gemeinschaft das konsumieren will, was sie aus eigener Kraft produziert hat. Dieses Organ ist also gesund.

Schließlich die Verteilung, jenes Organ, das die Verbindung zwischen Produktion und Konsum herstellt. Es liegt auf der Hand: Wenn das Übel weder in der Produktion noch im Konsum als solchen liegt, ist das Organ des Wirtschaftskörpers, das von dem Übel betroffen ist, per Ausschlussverfahren die Verteilung. Das Geld ist das Mittel, durch das die Verteilung funktioniert. Diese Definition ist klassisch. Aber vielleicht nicht ganz so präzise und exakt, wie es das Thema, mit dem wir uns hier beschäftigen, erfordert. Für uns ist das Geld das Mittel, durch das die Verteilung funktionieren sollte. In der Realität, so wie die Dinge in unserer kranken Wirtschaft laufen, ist der operative Mechanismus der Verteilung die Finanzwirtschaft. Die Finanzwirtschaft ist das Mittel, das es ermöglicht – oder nicht ermöglicht, je nach Belieben der Finanziers –, dass Produktion und Konsum aufeinandertreffen.

DIE BRÜCKE DES TEUFELS

Es ist unerlässlich, eine völlig klare Vorstellung von dieser verbindenden Funktion zu haben, die die Finanzen erfüllen. Ein Beispiel, das diese Funktion auf unübertrefflich anschauliche Weise veranschaulicht, liefert uns das sogenannte „Beispiel der Brücke", das von mindestens fünf Autoren verwendet wurde[59]. Eine Brücke, die wir aufgrund der seltsamen und schädlichen Dinge, die sich auf ihr ereignen, die Teufelsbrücke nennen werden.

Diese Brücke verbindet die beiden Ufer eines Flusses, die für Produktion und Konsum stehen. Die Brücke steht natürlich für die Finanzen, und der Verkehr, der über sie fließt, sind die Waren und Dienstleistungen, also der Reichtum einer Gemeinschaft. Und wir gehen davon aus, dass in jedem Wirtschaftssystem, abgesehen von Kindern, alten Menschen und Behinderten, jeder ein Doppelleben führt, das heißt, gleichzeitig Produzent und Konsument ist. So produziert beispielsweise ein Industrieller Stahlbarren und konsumiert Lebensmittel, Kleidung usw., und ein Landwirt produziert Getreide und konsumiert Saatgut, Traktoren sowie die Dienstleistungen der Händler auf dem Zentralmarkt und natürlich auch einen Teil seines eigenen Getreides. Das heißt, alle arbeiten am Ufer der Produktion und leben am Ufer des Konsums.

Die Brücke weist folgende Merkmale auf:

a) Sie ist ein Bauwerk, damit der Verkehr das Ufer überqueren kann, und nichts weiter.

b) Sie wurde ausschließlich zum Nutzen der Gemeinschaft errichtet.

c) Abgesehen von der Funktion, die sie erfüllt, hat sie keinerlei künstlerischen Wert; sie besteht lediglich aus Stein, Stahl, Kabeln und Gerüsten.

---

[59] *„The Green* Magicians" von Thomas Porter. – *„The ABC of* Money" von Felix J. Frazer. – *„La Economía* Nueva" von Maurice Coulborne. – *„Le Crédit Social et le* Catholicisme" von G. H. Lebesque. – *„The Paradox of* Capitalism" von Richard R. Morrisson.

d) Sie ist ein Werk des Menschen, kein göttliches, und folglich können alle Änderungen an ihr vorgenommen werden, die für ihre bestmögliche Nutzung ratsam sind, und, wie Colbourne sagt, „sie darf weder wegen des Nutzens, den sie bringt, noch wegen der Tatsache, dass sie für unsere Großeltern etwas Außergewöhnliches war, verehrt werden“[60].

e) Es gehört der Gemeinschaft, die es benötigt und nutzt, und nicht dem, der sich um seine Instandhaltung kümmert, um die Mautgebühren einzunehmen.

f) Folglich obliegt es den Eigentümern dieser Brücke, alle Entscheidungen zu treffen, die sie für den ordnungsgemäßen Betrieb der Brücke für notwendig erachten, und Personal einzustellen, das für die Umsetzung dieser Entscheidungen zuständig ist; dieses Personal wird selbstverständlich von den Eigentümern der Brücke bezahlt und ist diesen gegenüber rechenschaftspflichtig.

Und dennoch...

Betrachten wir die höchst seltsamen Dinge, die auf dieser teuflischen Brücke geschehen. Vergleichen wir sie dazu Absatz für Absatz mit den Dingen, die auf einer gut verwalteten Brücke geschehen sollten.

a) Es ist eine Wissenschaft, deren Ziel die Erlangung politischer Macht ist. Derzeit gibt es keine einzige Regierung auf der Welt, die nicht im Wesentlichen oder mehrheitlich aus Strohmännern der Hochfinanz besteht. Von dieser Behauptung sind, wie wir später sehen werden, auch die Regierungen der sogenannten sozialistischen Länder nicht ausgenommen.

b) Sie (die Brücke) wird so betrachtet, als sei sie nicht zum Wohle der Gemeinschaft, sondern zum Wohle derjenigen errichtet worden, die die Mautgebühren einziehen, denn das Geld ist zu einer weiteren Ware geworden, die den Launen des Geschäfts unterworfen ist, anstatt ein Instrument des Maßes und des Austauschs zu sein.

c) Um zur kollektiven Täuschung beizutragen, hat man die Brücke mit einer goldenen Legende umgeben, wonach sich die Nutzer, um sie zu überqueren, von den Ratschlägen der Magier leiten lassen müssen, die Experten in den Geheimnissen der hermetischen Bankkunst sind.

---

[60] M. Coulborne: Ebenda. Op. cit.

d) Auch wenn die Brücke ein Werk von Menschenhand ist, wird so getan, als sei sie eine reine Emanation des göttlichen Willens, so fern also von unserem Verständnisvermögen, dass nicht die Brücke vergrößert wird, um sie dem Verkehr anzupassen, sondern gerade dieser sich zum Nachteil der gesamten Gemeinschaft an die unveränderlichen Dimensionen der Brücke anpassen muss.

e) Die Brücke gehört NICHT der Gemeinschaft, die sie benötigt und nutzt, sondern den Instrumenten der Finanzwelt, d. h. den Banken, die private Einrichtungen sind, einschließlich der sogenannten National- oder Zentralbanken wie der Banque de France, der Bank of England, des Federal Reserve Bureau usw.

f) Folglich werden die Mitarbeiter der Brücke weder von den Eigentümern(?) – den Nutzern – ernannt, noch werden sie von diesen bezahlt, noch legen sie logischerweise Rechenschaft über ihre Verwaltung gegenüber diesen ab. Ganz im Gegenteil, sie ziehen immense persönliche Vorteile daraus und erlangen parallel dazu politische Macht zu ihrem eigenen Vorteil.

Später werden wir sehen, dass auf dieser Teufelsbrücke noch viel mehr seltsame Dinge geschehen. Aber eines ist offensichtlich: Die Brücke funktioniert nicht so, wie sie sollte; nun, wenn die mangelhafte Verwaltung dazu führt, dass der Verkehr nicht reibungslos fließt und sich in ein regelrechtes Chaos verwandelt, ist es logisch, die für ihre Instandhaltung Verantwortlichen zur Rechenschaft zu ziehen und sie gegebenenfalls zu entlassen. Doch in der Realität läuft es nicht so; ganz im Gegenteil, man lässt die Menschen glauben, dass der einzige Weg, damit die Dinge in Zukunft gut laufen, darin besteht, die Angestellten der Brücke in ihren privilegierten Positionen zu bestätigen. Jede Debatte über die wirtschaftliche Funktion der Verteilung, also der Finanzen, ist für unsere Wirtschaftsexperten tabu. So haben es die Finanzbuddhas verfügt, die ihnen ihr armseliges Almosen zahlen.

DAS GELD

Es ist merkwürdig zu beobachten, wie Personen, die in verschiedenen Bereichen des menschlichen Wissens hochgebildet sind, eine erstaunliche Unwissenheit an den Tag legen, sobald es um das Thema Geld geht. Im Allgemeinen, ob Gelehrte oder Unwissende, wissen sie über Geld nur eines: dass es immer zu wenig davon gibt. In einer Zeit wie der heutigen, in der diejenigen, die die sogenannte öffentliche Meinung kontrollieren, die Aufmerksamkeit der Menschen auf Themen lenken, die ebenso ungewöhnlich wie exotisch sind – Atlantis, Außerirdische, Urgeschichte, Parapsychologie, „paranormale" Phänomene, die alte „östliche Weisheit" und vieles mehr –, erscheint es seltsam, dass sie zwar in Archäologie, Geschichte und Philosophie – und das kritisieren wir nicht von vornherein – wahre Revolutionäre sind, unsere „Meinungsmacher" jedoch, wenn es darum geht, das Thema Geld anzugehen, das von brennendem Interesse ist, echte Reaktionäre sind. Für sie gelten nach wie vor die alten Konzepte der mittelalterlichen Wirtschaft, sie, die doch so fortschrittlich sind!

Für sie ist Geld eine Ware, aber es ist offensichtlich, dass Geld als Tauschmittel – denn genau das ist es und nichts anderes – vor allem stabil sein muss, und eine Ware ist nur dann stabil, solange ihr Angebot und ihre Nachfrage im Gleichgewicht sind, und das kann einen Geldhändler logischerweise nicht interessieren, denn diesem ist daran gelegen, dass die Nachfrage das Angebot bei weitem übersteigt, um den Preis seiner Ware in die Höhe zu treiben.

Was ist Geld? Geld ist nichts anderes als ein Mittel, das als Rechenhilfe oder Maßstab für Reichtum dient. Als Tauschmittel, das es ist, leitet sich sein Wert aus seiner Akzeptanz ab. Charles A. Lindbergh Sr. definierte es als „etwas, das einen solchen Grad an Akzeptanz erreicht hat, dass es keine Rolle spielt, aus welchem Metall es besteht oder warum die Menschen es begehren, denn niemand wird es ablehnen, es im Tausch gegen Waren oder Dienstleistungen anzunehmen"[61]. Es wurde auch gesagt, dass Geld wie ein universeller

[61] Charles A. Lindbergh Sr.: „*Banking and Currency and the Money* Trust", S. 81.

Fahrschein ist. Ein Theaterunternehmen, eine Eisenbahn oder ein städtischer Busbetreiber geben ihre eigenen Fahrkarten aus, deren Besitz das Recht zur Nutzung der Dienstleistungen dieser Unternehmen gewährt. Nun, Geld ist, wie gesagt, eine universelle Fahrkarte oder, anders ausgedrückt, ein Anspruch seines Besitzers gegenüber seinen Mitbürgern; ein Anspruch, dessen Ursprung genau in einer Arbeit liegt, die zum Wohle der Gemeinschaft geleistet wurde.

Die beste Definition liefert jedoch Sir Arthur Kit son, wenn er sagt: „Geld ist das Nichts, das man für etwas erhält, bevor man es für irgendetwas erhalten kann“[62]. Betrachten wir das einmal: Geld ist das Nichts, also ein Stück Papier, dessen innerer Wert gleich Null ist. Man erhält es für etwas, nämlich für Arbeit zum Wohle der Gemeinschaft, und mit ihm kann man alles erhalten, was zu dieser Gemeinschaft gehört.

Wir haben gesagt, dass Geld ein Tauschmittel ist: genauer gesagt, ist es das Tauschmittel. Alle Produzenten wenden ihre Zeit und Energie darauf an, der Gemeinschaft nützliche Güter und Dienstleistungen zur Verfügung zu stellen. Die Dinge, die sie produzieren, ohne sie selbst zu verbrauchen, werden der Gemeinschaft zur Verfügung gestellt. Im Gegenzug erhalten sie Geld, das wie ein Anspruch auf Güter ist, die andere produziert haben. Da Geld das Tauschmittel ist, wird es gleichermaßen zum Maßstab. Geld misst den Reichtum einer Gemeinschaft, genau so, wie der Meter Längen und das Kilogramm Gewichte misst. Ausgehend von diesem unbestreitbaren Grundsatz muss der Wert einer Währung stabil bleiben. Ist dies nicht der Fall und schießen die Preise in die Höhe, wobei sie stets das Rennen gegen die Löhne gewinnen, so liegt dies an den Manipulationen der finsteren Beamten der Teufelsbrücke. Es ist an der Zeit, dass wir uns mit der „Vorgehensweise“ dieser Herren befassen.

[62] Arthur Kitson: „*A Fraudulent* Standard“, S. 69

DER GROSSE BETRUG

Die überwiegende Mehrheit der Menschen stellt sich eine Bank als einen seriösen und sicheren Ort vor, an dem man Geld anlegen oder sich Geld leihen kann, das andere Menschen dort hinterlegt haben. Dennoch verleihen Banken bis zu neunmal mehr Geld, als sie tatsächlich in ihren Tresoren haben. Wie ist das möglich? Weil die Banken in Wirklichkeit gar nichts verleihen. Sie tun nur so, als ob. Wenn eine Bank Geld verleiht oder, um es mit der Bankterminologie zu sagen, einen Kredit gewährt, tut sie eigentlich nichts anderes, als den Kredit des Kreditnehmers anzunehmen. Wir wollen nun kurz und klar darlegen, wie dieser regelrechte Betrug begangen wird, denn es handelt sich um Betrug, da bei seiner Begehung alle Tatbestandsmerkmale dieses Delikts erfüllt sind.

Auch wenn das Bankwesen und sein Begleitphänomen, die Wucherzinsen, bis in die Zeit Babylons zurückreichen, tauchte das Bankwesen in seiner modernen Form zu Beginn des 17. Jahrhunderts in Europa auf, zunächst in der Lombardei und in den Niederlanden, dann unmittelbar darauf in England und kurz darauf in den übrigen Ländern unseres Kontinents, um schließlich kurz nach der Gründung der Vereinigten Staaten als unabhängiger Staat auch dort Einzug zu halten.

Damals übergaben die Besitzer von Gold und Silber – Metalle, die aufgrund ihrer relativen Knappheit am besten geeignet waren, in Zeiten der Knappheit als offizielles Zahlungsmittel zu dienen – diese zur Verwahrung dem Bankier, der sie in einem Tresor aufbewahrte. Es war offensichtlich weder bequem noch sicher, sich ständig mit Gold und Silber – oder den Münzen, die später aus diesen beiden Metallen geprägt wurden – zu bewegen, und andererseits war es ratsam, das Geld in einer Bank aufzubewahren, die über einen soliden Tresor verfügte und ständig von einem bewaffneten Wächter bewacht wurde. Der Bankier erbrachte also eine Dienstleistung, und für diese Dienstleistung war es logisch, dass er eine Gebühr verlangte – wir sagen „verlangte".

Bei der Einzahlung ihres Geldes in der Bank erhielten die Einleger eine Quittung, die ihnen der Bankier aushändigte, und auf dieser Quittung – einem an sich einwandfreien Dokument – sollte der größte

Betrug aller Zeiten aufgebaut werden.

Tatsächlich war der Bankier ein aufmerksamer Mann und bemerkte bald, dass die Leute diese Quittungen so benutzten, als handele es sich um echtes Geld. Diese Quittungen, die durch echtes Geld gedeckt waren, erfüllten dieselbe Funktion wie Geld, das heißt, sie dienten dazu, Waren zu erwerben und Dienstleistungen in Anspruch zu nehmen. Da diese Quittungen nicht auf den Namen ausgestellt waren, konnte jede Person, die vielleicht noch nie Geld bei der Bank eingezahlt hatte, am Auszahlungsschalter erscheinen und unter Vorlage einer Quittung über einen bestimmten Betrag an offiziellem oder gesetzlichem Geld diesen Betrag sofort einfordern. Eine wichtige Anmerkung: Wir sprechen von offiziellem oder gesetzlichem Geld, weil diese Quittungen, da sie von der Gemeinschaft als Zahlungsmittel akzeptiert wurden, de facto automatisch zu Geld wurden. Der Bankier stellte zudem fest, dass die Einleger im Durchschnitt innerhalb eines bestimmten Zeitraums nur zehn Prozent des eingezahlten Geldes abhoben. Mit anderen Worten: Neunzig Prozent ihrer Einlagen blieben in seinen Tresoren, und die verbleibenden zehn Prozent reichten aus, um die Quittungen zu decken, die ihm zur Einlösung vorgelegt würden. Die Versuchung war zu groß für den Bankier, einen Mann, dessen Gewissen nicht übermäßig von Skrupeln geplagt war oder der sie aufgrund seiner ethnischen und religiösen Prägung gar nicht empfinden konnte. Und er stellte sich die folgende Frage: Warum nicht mehr Schuldscheine in Umlauf bringen, die den neunfachen Wert des Geldes repräsentierten, das er tatsächlich in seinem Tresor hatte? Für ihn kam das Stellen dieser Frage einer Antwort im Sinne seines innersten Selbst gleich. Das heißt, er verneunfachte seine Schuldscheine – wobei er sich verpflichtete, Geld zu zahlen, das er nicht hatte oder höchstens zu einem Neuntel besaß – und begann, es an Privatpersonen und vor allem an Händler zu verleihen, wobei er Zinsen für dieses nicht existierende Geld verlangte. In Wirklichkeit war es weniger nicht existent als vielmehr fiktiv; denn eine Existenz, wenn auch betrügerische, hatte es doch, da dafür Waren und Dienstleistungen geliefert wurden. Dies war der ursprüngliche Betrug, der bis heute fortbesteht und die Wurzel all unserer wirtschaftlichen Übel ist. Wie Gertrude Coogan sagt: „Die Bankiers mögen ihre Praktiken rechtfertigen, wie sie wollen, aber Tatsache ist: Wenn sie ihren ‚Kredit' gegen Zinsen verleihen, schaffen sie nichts anderes als privates Geld, das sie später nach Belieben einfordern und vernichten können, sehr zum Leidwesen und zur Verarmung des

Kreditnehmers“[63], der aufgrund der künstlichen Knappheit des Geld-Kredits regelmäßig gezwungen ist, echte Güter für den Geld-Kredit, den er sich geliehen hat, zu übergeben.

Der Bankier hat durch dieses Vorgehen tatsächlich Geld geschaffen. Und um es zu schaffen, brauchte er lediglich, dass ein Bankangestellter einen Federhalter oder einen Kugelschreiber zur Hand nahm und im Hauptbuch der Bank unter eine beliebige Zahl, sagen wir zehn Millionen Peseten, auf die Sollseite des Kreditnehmers eintrug. Gleichzeitig wurde jedoch auf dem Guthaben des Kreditnehmers die Sicherheit verbucht, die dieser für das Bankdarlehen hinterlegen musste. Diese Sicherheit, bei der es sich immer um einen Sachwert handeln muss – ein Haus, Grundstücke, Ernteerträge oder der Eigentumsnachweis für ein Unternehmen –, ist stets mehr wert als das Geld, das die Bank verleiht. Dem Kreditnehmer wird ein Scheckheft ausgehändigt, mit dem er den Kreditbetrag bequem aufteilen kann; anschließend werden ihm Zinsen für diesen Kredit in Rechnung gestellt, die in relativ „ruhigen“ Zeiten zwischen fünf und neun Prozent schwanken, in unruhigen Zeiten jedoch deutlich höher ausfallen können, und schon ist das Geschäft in Gang gesetzt.

Halten wir einen Moment inne, um folgende Beobachtungen anzustellen:

a) Indem de facto mehr Geld in Umlauf gebracht wird, das auf dem Markt erscheint, bevor dieser selbst mehr Wohlstand erwirtschaften konnte, wird ein inflationärer Prozess in Gang gesetzt, das heißt, das bereits im Umlauf befindliche Geld verliert an Wert.

b) Die Waren, die mit dem neuen Geld auf dem Markt erscheinen werden, tragen ihre Kosten, belastet mit den Bankzinsen – wie bereits erwähnt, von 5 bis 9 Prozent –, die letztendlich von den Verbrauchern zu zahlen sind. Ein weiterer Beitrag zum Inflationsprozess.

c) Während der Bankier seine „Zahlungsversprechen“ abgegeben hat – denn niemand, wie sehr er auch Bankier sein mag, kann etwas aus dem Nichts erschaffen, und so sind das, was er verleiht, nichts weiter als Versprechen –, hat der Kreditnehmer dem Bankier hingegen Wertpapiere übergeben, die einen Reichtum repräsentieren, der nicht nur weit über dem Kreditbetrag liegt, sondern auch real ist. Es liegt also ein offensichtlicher Vertrauensmissbrauch seitens der Bank vor. Wie

[63] Gertrude M. Coogan: „*Money* Creators“, S. 18.

wir an anderer Stelle bereits sagten[64]: „Während die Bank gegenüber der Gemeinschaft über Sicherheiten verfügt, die einen realen Reichtum darstellen, wie Fabriken, Grundstücke, Ernten usw., verfügt die Gemeinschaft gegenüber den Banken über keinerlei Sicherheiten. Der geringste Versuch der Gläubiger einer Bank, ihre Sicherheiten gegen diese geltend zu machen, macht deutlich, dass diese Sicherheiten in Wirklichkeit keinerlei Substanz haben. Wenn solche Gläubiger der Bank „zu sehr auf die Finger klopfen", werden sie bestraft, indem sie ihre gesamten Ersparnisse verlieren. Die Bank schließt ihre Türen und macht damit deutlich, dass ihre „Zahlungsversprechen" leere Versprechungen sind ... es sei denn, die Regierung eilt ihr mit einem Zahlungsaufschub zu Hilfe ... einem Zahlungsaufschub, dessen Folgen letztendlich darin bestehen, dass die Gemeinschaft als Ganzes aufkommen muss, um die falschen Versprechen des Bankiers zu decken. Der Einwand, dass dies sehr selten vorkommt, ist völlig unbegründet. Wenn es selten vorkommt, dann deshalb, weil es in allen Ländern einen Obersten Bankrat[65] gibt, dessen Hauptaufgabe gerade darin besteht, übermäßige Abweichungen der permanenten Kreditinflation zu korrigieren, indem er dafür sorgt, dass keine Bank den fatalen Quotienten 9 bei der Division der offenen Kredite durch das auf den Girokonten verbuchte Geld überschreitet. Und wenn dennoch eine Bank aus der Reihe tanzt und die Grenze der Gefahrenzone überschreitet, eilen die anderen ihr zu Hilfe, denn das Finanzwesen funktioniert als Ganzes, auf nationaler Ebene für alltägliche Angelegenheiten und auf internationaler Ebene für große wirtschaftliche Probleme. Aber diese Hilfe wird letztendlich vom Volk bezahlt, das heißt von jedem Bürger und jeder Bürgerin, die auf den Markt gehen, denn wir haben gesagt – und das muss man sich gut vor Augen halten –, dass die sogenannten Bankgebühren in den Produktionskosten enthalten sind.

Wie in den Abschnitten a) und b) dargelegt, hat die Bank durch die Schaffung einer inflationären Situation jedes einzelne Mitglied der Gemeinschaft bestohlen. Die Tatsache, dass Bankgeschäfte in allen Ländern von der öffentlichen Verwaltung legalisiert wurden, mindert ihre grundsätzliche Illegitimität nicht im Geringsten. Dass ein Staat

---

[64] J. Bochaca: „*La Finanza y el Poder*", Omnia Veritas Ltd.

[65] Natürlich variieren die Namen solcher Einrichtungen: In den Vereinigten Staaten heißt diese Einrichtung Federal Reserve Bureau, in anderen Ländern gibt es sogenannte Clearingstellen usw.

oder hundert Staaten als Strohmänner der Hochfinanz beschließen, dass die private Geldschöpfung legal ist, wenn sie von einer Bank vorgenommen wird, und illegal, wenn sie von einem Geldfälscher durchgeführt wird, ändert nichts an der Tatsache ihrer radikalen Unmoral aus ethischer Sicht und ihrer Wirkungslosigkeit aus wirtschaftlicher Sicht, mit Ausnahme, natürlich die private Wirtschaft der Banken und ihrer Handlanger.

Und wie in Abschnitt c) dargelegt wird, begnügt sich die Bank nicht damit, die Gemeinschaft zu bestehlen, sondern hat gegenüber ihrem Kunden, dem sie einen Kredit gewährt hat, einen regelrechten Vertrauensmissbrauch begangen, indem sie ein Versprechen, das, sagen wir, X abzüglich der im Voraus erhobenen Zinsen wert ist, gegen eine Realität (Eigentumsurkunden für Sachwerte) eintauscht, die mindestens das Doppelte von X wert ist. Und man soll nicht einwenden, dass es dem Kunden völlig frei steht, den von der Bank vorgeschlagenen „Tausch" anzunehmen oder nicht. Der Kunde ist überzeugt, dass das, was die Bank ihm leiht, die Ersparnisse eines anderen Mitbürgers sind und dass für dieses Darlehen eine Miete, genannt „Zinsen", zu zahlen ist. Doch damit enden die Aktivitäten der Bank noch nicht; tatsächlich sind die verhängnisvollen Auswirkungen ihrer Aktivitäten kaum von Bedeutung, verglichen mit dem, was noch folgt.

Kehren wir zu dem Zeitpunkt zurück, als die Bank – genauer gesagt handelt es sich weniger um die Bank oder die Banken als vielmehr um das Bankensystem, da alle gemeinsam handeln – Kredite in Höhe von bis zu neunmal so viel Geld vergeben hat, wie sie tatsächlich in der Kasse hat. Vorerst scheint das System zu funktionieren. Die allgemeine Euphorie verschleiert den Diebstahl, der begangen wurde. Denn es ist offensichtlich, dass ein regelrechter Diebstahl stattgefunden hat; durch die Schaffung von neuem Geld hat der Bankier, genau wie ein gewöhnlicher Fälscher, jeden seiner Mitbürger ein wenig bestohlen und Zinsen auf das gestohlene „Geld" erhalten[66]. Dank der plötzlichen Ausgabe von neuem Geld konnte neuer Reichtum geschaffen werden, der Handel boomt und die von allen erträumte „Vollbeschäftigung" ist erreicht worden. Jedes Mal, wenn ein Kreditnehmer einen Kredit mit den aufgelaufenen Zinsen an die Bank zurückzahlt, beeilt sich die Bank, ihn wieder in Umlauf zu bringen. Es ist das entstanden, was klassische Ökonomen als „Boom" bezeichnen, was in den lateinamerikanischen

[66] J. Bochaca: „*La Finanza y el Poder*", S. 11

Ländern als „Markteuphorie" bekannt ist. Die Preise steigen steil an, während alle möglichen Produkte zum Verkauf angeboten werden[67]. Doch der Bankier erkennt, dass dieser Preisanstieg nur so lange anhält, wie weiterhin Kredite vergeben werden. Jedes Mal, wenn der Bankier aufhört, solche Kredite zu vergeben – oder, mit anderen Worten, neues Geld zu schaffen –, hören die Preise auf zu steigen, und wenn sie nicht mehr steigen, bricht das Geschäft zusammen. Die Möglichkeit, in einem Bullenmarkt weitere Geschäfte zu tätigen, ist verschwunden. Warum? Weil der Bankier nun in Schwierigkeiten gerät, da das Volumen seiner Kredite bereits bei rund 900 Prozent seiner Barreserven liegt. Er läuft bereits Gefahr, dass jede Forderung nach echtem Geld seitens seiner Einleger, die aus welchem Grund auch immer zu einem bestimmten Zeitpunkt auftritt, vor der gesamten Gemeinschaft den wahren Betrug offenlegt, dem diese durch den besagten Bankier ausgesetzt war. Jeder Kredit, den er gewährt hat und der durch Schecks repräsentiert wird, sowie jede Quittung, die er seinen Einlegern für das Geld ausgestellt hat, das sie ihm vorübergehend zur Verwahrung überlassen haben, stellen Versprechen dar, Gold und Silber (heute staatliches Papiergeld) zu zahlen. Das heißt, dass sowohl seine Einleger als auch seine Kreditnehmer jederzeit echtes, d. h. offizielles, vom Staat ausgegebenes Geld im Austausch für ihre Quittungen verlangen können.

Was bleibt dem Bankier unter diesen Umständen noch zu tun? Nur eines: einen wesentlichen Teil der von ihm gewährten Kredite zu streichen. Folglich ruft er einige der Industriellen, denen er seine „Zahlungsversprechen" gewährt hat, in sein Büro und fordert sie auf, etwa die Hälfte des Kredits zurückzuzahlen. Die Industriellen werden wahrscheinlich protestieren, sie werden angesichts der plötzlichen Forderung des Bankiers in einer Zeit, in der alles prächtig zu laufen scheint, nichts verstehen, aber schließlich müssen sie angesichts des immer nachdrücklicheren Drängens des Bankiers den geforderten Betrag zurückzahlen. Um ihre Lagerbestände in Bargeld umzuwandeln – das Geld, das der Bankier mit solcher plötzlichen Eile von ihnen verlangt –, müssen die Industriellen um jeden Preis verkaufen, das heißt, sie müssen einen erheblichen Teil davon unter Wert veräußern, und gleichzeitig werden sie gezwungen sein, einige ihrer Kunden, die ihre Waren auf Raten gekauft hatten, zu einer sofortigen Zahlung zu drängen. Die gesamte Operation wird eine Kettenreaktion von

[67] Ebd. Ebd. Op. cit., S. 12–13.

Verlusten für Industrielle und Handelsvermittler auslösen und folglich zu einem allgemeinen Rückgang des Geschäftsvolumens führen, das heißt letztendlich zu Arbeitslosigkeit.

Doch dies ist nur ein Aspekt der Sache, denn in vielen der sich abzeichnenden Situationen gelingt es den Industriellen nicht, ihre Lagerbestände zu dem Zeitpunkt und in der Weise zu veräußern, wie es der Bankier verlangt, und dieser vollstreckt die Sicherheiten, die er gegen sie besitzt, und bemächtigt sich so im Gegenzug für nichts – denn er hat ihnen nichts als leere Versprechungen geliehen – realer Güter, die auf diese Weise mit aller Legalität und aller Unmoral der Welt in den Besitz der Bank übergehen.

Die Normalität ist zurückgekehrt. In der Zwischenzeit sind viele Industrielle und Händler – mehr von den Ersteren als von den Letzteren – ruiniert worden. Die Preise für alle Waren sind gestiegen; die Löhne zwangsläufig ebenfalls, aber weniger stark als jene. Ein großer Teil der Gesellschaft, vor allem die sogenannte Mittelschicht, ist ein Stück weit proletarisiert worden. Der einzige Gewinner auf ganzer Linie ist der Bankier. Er, der nichts getan hat, außer eine Geldfälschung im großen Stil zu begehen, hat immense Gewinne in Form von Sachwerten erzielt und, was noch wichtiger ist, die Bestätigung erhalten, weiterhin Geld auf Kosten der Gemeinschaft zu schaffen, was ihn zum mächtigsten Mann des Landes macht. Mehr noch, auf dem Gipfel des Zynismus erlaubt er es sich sogar, seine Mitbürger streng zu ermahnen und ihnen zu sagen, dass die jüngste Krise entstanden sei, weil sie über ihre Verhältnisse leben wollten. Der einfache Einwand, dass die Gemeinschaft nur das konsumieren wollte, was sie durch ihre Arbeit erwirtschaftet hatte, wird olympisch verachtet. Die allgemeine Unkenntnis in Finanzangelegenheiten, die von den Strohmännern, die im Dienste derselben stehen, sorgfältig gepflegt wird, ist die Mauer des Schweigens, an der der gesunde Menschenverstand und der Volksinstinkt zerbrechen, die die Vorstellung energisch zurückweisen, dass ein großer Teil der Mitglieder einer Gemeinschaft gerade deshalb ruiniert wurde, weil sie zu viel gearbeitet und mit ihrer Arbeit ein Angebot an Gütern geschaffen haben, das die Nachfrage danach noch nicht gedeckt hat.

Die Normalität ist zurückgekehrt, sagten wir. Unser Bankier kann nun wieder die Maschine des großen Betrugs in Gang setzen. Die Schafe der menschlichen Herde sind bereits bereit, erneut geschoren zu werden.

DER BANKKREDIT

Im Zusammenhang mit der Entstehung des großen Betrugs haben wir mehrfach das Wort „Kredit" erwähnt, meist in Verbindung mit einem anderen Wort: „Finanzkredit". Lassen Sie uns dies analysieren.

Das Wort „Kredit" leitet sich vom lateinischen „credere" ab, was „glauben" bedeutet. Kurz gesagt: Der Kredit von etwas oder jemandem ist nichts anderes als das Vertrauen, das diese Person – wenn es sich um eine Person handelt – weckt, oder der Glaube an ihre Fähigkeit, das zu tun, was von ihr erwartet wird – wenn es sich um eine Sache handelt. Der Kredit einer Gemeinschaft ist also der rationale Glaube an ihre Fähigkeit, die Waren und Dienstleistungen zu produzieren, zu verteilen und zu konsumieren, die ihre Mitglieder benötigen. Es ist klar, dass die Fähigkeit, diese Dinge zu tun, ausschließlich von Gegebenheiten wie dem Talent der Mitglieder der Gemeinschaft und ihrer Arbeitsfähigkeit sowie von den Ressourcen des Bodens und des Untergrunds dieser Gemeinschaft abhängt. Sie hängt keineswegs von der Anzahl der Banknoten ab, die diese Gemeinschaft zu drucken beschließt, noch von der Menge an Gold, die dieses Land in den Tresoren der Zentralbank hortet.

Jedem unabhängigen Verstand sollte völlig klar sein, dass in jeder Gemeinschaft, die keine psychiatrische Anstalt oder die gegenwärtige kapitalistisch-kommunistische Welt ist, Geld auf dem Wert basieren muss, der den tatsächlichen Kredit dieser Gemeinschaft repräsentiert. Dann, und nur dann, wäre die Bezeichnung „Finanzkredit" keine Fehlbezeichnung mehr. Im Gegenteil, es wäre der einzige Name, den man dem Geld geben sollte, da der Finanzkredit dann das Spiegelbild des realen Kredits in Form von Banknoten wäre[68]. Mit einem Wort: Die Zahlen würden die Tatsachen exakt widerspiegeln. In der Realität hingegen, in unserer traurigen Realität des Elends im Überfluss, hat der Finanzkredit nichts mit dem realen Kredit zu tun, sondern ist nichts weiter als ein Vielfaches des Goldes, das die Banken besitzen. So basiert unser Geld, anstatt auf durch ehrliche Arbeit produzierten

[68] Maurice Colbourne: „*The New* Economy", S. 379.

Waren, auf Gold. Noch tragischer: Manchmal basiert es nicht einmal darauf, sondern auf reiner Fiktion, auf der Annahme, dass die Menschen nicht bemerken werden, dass die Banken Geld fälschen, indem sie auf den vom Staat ausgegebenen echten Banknoten eine umgekehrte Pyramide aus „Krediten“ errichten, die neunmal größer ist als angenommen.

Da der Finanzkredit zudem vom Bankensystem unter der Bedingung ausgegeben wird, dass er mit Zinsen zurückgezahlt wird, wird er zu einer Ware, die wie jede andere gehandelt werden kann. Die Landeswährung wird zu einer Ware, die denselben Handelsmechanismen unterliegt wie andere Waren auch, einschließlich des Gesetzes von Angebot und Nachfrage. Die grundlegende Funktion des Geldes, nämlich als Tauschmittel und Maßstab für die von der Gemeinschaft produzierten Waren und Dienstleistungen zu dienen, wird auf diese Weise völlig verfälscht.

Kommen wir nun zurück zu den Banken, den Schöpfern des Geldes.

Die grundlegende Funktion der Banken besteht in der Praxis darin, Gelder von einem ihrer Girokonten auf ein anderes zu überweisen. Dies geschieht natürlich durch Abzug von einem Konto und Hinzufügung zu einem anderen mittels einer einfachen arithmetischen Operation. Die Tatsache, dass sich die Konten möglicherweise bei verschiedenen Banken befinden, spielt keine Rolle, denn wie bekannt ist, arbeiten die Banken über die Clearingstellen so eng zusammen, dass sie fast wie eine einzige Bank funktionieren. Man muss sich bewusst machen, dass die Banken Buchungen übertragen, die Geld repräsentieren, nicht echtes Geld, also vom Staat ausgegebenes Papiergeld.

Ein Scheck ist ein Auftrag an die Bank, Geld – eigentlich, wie bereits erwähnt, Buchungen über Geld – von einem Konto auf ein anderes zu überweisen. Geld in Form von Metall oder Papier wird in den Banken nur sehr selten verwendet. In Spanien werden 85 Prozent der Transaktionen über das Schecksystem abgewickelt. In den Vereinigten Staaten sind es 95 Prozent. Bargeld wird verwendet, um kleine Rechnungen zu bezahlen, auf den Markt zu gehen, für Unterhaltungszwecke usw. Aber größere Zahlungen wie Mieten, Steuern, Raten usw. werden zunehmend per Scheck getätigt.

Banken verfügen über Geld-Kredit im Umlauf, wenn sie einen „Kredit“ vergeben, aber in Wirklichkeit verleihen sie nichts. Wenn die

Bank einen „Kredit“ vergibt, erklärt sich der Kreditnehmer damit einverstanden, dass, falls er bei Fälligkeit nicht zahlt, sein Eigentum, die sogenannte Sicherheit, die viel mehr wert ist als der beantragte Kredit, in den Besitz der Bank übergeht. Die Bank begeht also einen Betrug, indem sie das Vermögen des Kreditnehmers in ihren Büchern als Gutschrift verbucht, obwohl es ihr noch nicht gehört und möglicherweise nie gehören wird. Der Kreditnehmer muss sich dann denselben Kredit (Reichtum) von der Bank leihen und dafür einen „ n“ Zins zahlen. Der Kredit wird dann vom Konto der Bank auf das des Kreditnehmers übertragen. Tatsächlich müsste das Vermögen des Kreditnehmers nach einem Grundsatz der Gerechtigkeit von vornherein auf seinem eigenen Konto verbucht werden. Anschließend garantiert die Bank die Zahlungen des Kreditnehmers bis zur Höhe des Darlehensbetrags, der stets unter dem Wert des als Sicherheit dienenden Vermögens liegt. Der Kreditnehmer beginnt, seine Rechnungen mit dem „Geld“ von seinem Konto mittels Schecks zu bezahlen. Auch auf die Gefahr hin, uns zu wiederholen: Wir erinnern daran, dass Banken lediglich Buchungen über Vermögen oder, wenn man so will, über Geld übertragen, jedoch kein Geld in Form von Metall oder Papiergeld. „Der Kredit begann in Form einer mit Feder oder Kugelschreiber in den Bankbüchern vorgenommenen Eintragung, die das Eigentum des Kreditnehmers als Sicherheit darstellte. Auch wenn technisch gesehen nichts dies ausnahmsweise verhindert, händigt eine Bank niemals Münzen, Banknoten oder irgendetwas von Wert aus, wenn sie einen Kredit vergibt“[69].

Die Banken nutzen die von ihren Einlegern hinterlegten Banknoten und Münzen als Reservefonds, die niemals verliehen werden. Was sie verleihen, ist ein Betrag, der bei etwa 900 Prozent dieser Reservefonds liegt. Die für dieses Kreditgeld gezahlten Zinsen werden unrechtmäßig erhoben und stellen einen unmoralischen Gewinn dar. Warum ist das unmoralisch? Nun, weil, wenn der Kredit – wie wir ihn zu Beginn dieses Abschnitts definiert haben – der reale Kredit einer Nation sowohl aus dem potenziellen Reichtum der Nation als auch aus dem Erfindungsreichtum und der Fleißigkeit ihrer Bewohner besteht, der Bankier, wenn er jemandem einen „Kredit“ gewährt und ihm Zinsen für diesen „Kredit“ berechnet, nichts anderes tut, als ihm etwas zu „leihen“, das ihm bereits gehört, und dazu noch Zinsen dafür verlangt. Es ist, als müsste man Miete für die Nutzung des Hauses zahlen, das man von

---

[69] Thomas Porter: „*The Green* Magicians“, S. 5.

seinem Vater geerbt hat... Die Bankpraxis ließe sich rechtfertigen, wenn die Bankiers nicht ein Vielfaches, sondern ein Teil des Gesamtbetrags ihrer Reserven verleihen würden, zum Beispiel die Hälfte oder zwei Drittel, wobei sie den Rest zurückbehalten, um den normalen Anforderungen ihrer Einleger gerecht zu werden, und für dieses Darlehen, das man dann als solches bezeichnen könnte, da es auf Papiergeld ausgestellt wäre, eine Miete, d. h. einen nicht kumulativen Zins von höchstens 2 oder 3 Prozent, und die Sicherheit oder das Sicherungsgut hätte einen Wert, der dem Darlehensbetrag entspricht. Das betreffende System wäre zwar weit davon entfernt, ideal zu sein – denn das Ideal besteht im Wesentlichen darin, dass Geld ein Maß- und Tauschmittel, aber keine Ware ist –, aber es würde zumindest das wirtschaftliche Chaos vermeiden, unter dem wir leiden und dessen Ursache nichts anderes ist als die private Schaffung von Falschgeld. Aber was sich in keiner Weise rechtfertigen lässt, ist die derzeitige Bankpraxis, die das fantastischste Geschäft darstellt, das je gemacht wurde und je gemacht werden wird, und die wie folgt aussieht:

a) Mit hundert Geldeinheiten, die einem Dritten gehören, werden „Kredite" über neunhundert Einheiten „eröffnet". Die Kreditnehmer müssen vorerst als Sicherheit Wertpapiere hinterlegen, die etwa tausendfünfhundert Einheiten repräsentieren.

b) Diese neunhundert Einheiten bringen Zinsen in Höhe von 9 Prozent ein (manchmal unter dem Vorwand von Aufschlägen, Verlusten und anderen Ausreden sogar mehr als 10 Prozent), das heißt, ihr Nettoertrag nach einem Jahr beträgt 81 Einheiten.

c) Der Einleger, dessen Geld der Bankier fröhlich verspielt hat, erhält 0,5 (obwohl in deflationären Zeiten, die man als inflationär bezeichnet, dieser Wert auf 0,75 oder sogar 1 steigt). Mit anderen Worten: Diese 100 Einheiten, die die Bank jährlich 0,5 Einheiten gekostet haben, haben ihr im gleichen Zeitraum 81 Einheiten eingebracht.

d) Daraus lässt sich ableiten, wenn die Arithmetik nicht lügt, dass die Rentabilität dieses umwerfenden Geschäfts à la Ali Baba bei 16.200 Prozent liegt. Und das mit dem Geld anderer Leute.

Weiß der sogenannte Mann auf der Straße, dass ein gutes Textilgeschäft, zum Beispiel im Bereich der Kunstfasern, in sogenannten Zeiten des Wohlstands 7 oder 8 Prozent Rendite abwirft, und zwar mit dem eingesetzten Geld, das natürlich den Geschäftsinhabern gehört? Wissen Sie, dass in der Metallindustrie – und wir sprechen, wie im vorigen Beispiel, von Spanien – die

Rentabilität selten 5 Prozent erreicht? Hat man Ihnen berichtet, dass in England im Baumwollsektor die Gewinne in guten Zeiten nicht einmal 4 Prozent erreichten, während die Verluste heute diesen Prozentsatz übersteigen und die Unternehmen zu Hunderten in Konkurs gehen? Haben Sie in der Tagespresse nicht lange Listen von Unternehmen gelesen, die ihre Zahlungen einstellen müssen, gerade weil ihre Gläubiger sie selbst nicht bezahlen, während auf solchen Listen niemals, NIEMALS, der Name einer einzigen Bank erscheint? Und ist Ihnen nicht aufgefallen, dass, während die Produzenten ruiniert werden und die Verbraucher nicht konsumieren können, was die Arbeit aller hervorgebracht hat, die Banken wie Pilze an den Fassaden der besten Gebäude der Städte aus dem Boden schießen und ihre Bilanzen stets enorme Gewinne verzeichnen?

Findest du nicht, lieber Leser, dass es beschämend ist, wenn einer Gemeinschaft, die durch die Arbeit ihrer Mitglieder einen Reichtum erwirtschaftet hat, der darauf wartet, konsumiert zu werden, gesagt wird – wie es in Spanien von Herrn Villar Mir und in Frankreich v getan wurde –, dass sie über ihre Verhältnisse gelebt habe und den Gürtel enger schnallen müsse? Gibt es denn jemanden, der eine plausible Erklärung für dieses „über unsere Verhältnisse leben“ liefern kann? Denn natürlich haben die Betroffenen, die das ganz klar sehen mussten, es versäumt, es uns einfachen Sterblichen zu erklären. Auch die Scharfzüngigen der Presse müssen es ganz klar gesehen haben, und in Spanien wurden wir Zeugen des komischen Spektakels, wie dieser Villar Mir aus einem halben Dutzend völlig harmloser „politischer“ Gründe allgemein verprügelt wurde, während kein einziger Schreiberling ihn um eine einzige Erklärung zu diesem „über unsere Verhältnisse“ und zum „Gürtel enger schnallen“ bat.

Und um das Thema Bankkredite vorerst abzuschließen, hier ein einfacher Beweis – einer von vielen – für deren völlige Unhaltbarkeit.

Nehmen wir an, das Geld, das wir A nennen wollen, einer bestimmten Gemeinschaft sei gesundes Geld, ohne den Makel der Schuld. (Denn in unserer seltsamen modernen Welt entsteht der größte Teil des von den Banken geschaffenen Geldes in Form von Schuld, die genau dann getilgt werden muss, wenn es am nötigsten ist, also in dem Moment, in dem es dazu dienen soll, das Verteilbare zu verteilen.) Nun gut, eines Tages beginnen die Banken, Kreditgeld zu schaffen, dessen Zinsen wir B nennen. Diese Schuld, also „B“, wird auf die Preise aller Waren aufgeschlagen. Es ist offensichtlich, dass das echte Geld der

Gemeinschaft, „A“, nicht das kaufen kann, was produziert wurde, das „A plus B“ kosten wird. Nun, eigentlich gibt es einen Ausweg. Er besteht darin, dass die Bank mehr Kreditgeld schafft, das wir „C“ nennen werden. Alles wäre perfekt, wenn „C“ nicht mit einem siamesischen Zwilling, seinen Zinsen, die wir „D“ nennen, geboren würde. So können auch A plus C nichts kaufen, was A plus B plus C plus D kostet. Man wird sich mühsam durchschlagen, bis der Moment kommt, in dem das abstrakte Geld – wie man es auch nennt – „A“ um das Neunfache übersteigt. Dann ist das Ende des Zyklus erreicht: Die Bank schreibt einen Großteil ihrer Kredite ab, beschlagnahmt riesige Mengen an realem Vermögen und kann den nächsten Inflationszyklus vorbereiten.

AUF WELTWEITER EBENE...

Nachdem wir nun einen Überblick über die Tätigkeiten des „nationalen“ Bankiers gewonnen haben – also jenes Mannes, der ein Geld erfindet, das es nicht gibt, aber für das er Zinsen verlangt, die seine Mitbürger zu zahlen haben –, wäre es nun angebracht, die andere Seite der Bankgeschäfte zu betrachten.

Der „internationale“ Bankier gewährt Kredite an Unternehmen, die Handel mit dem Ausland betreiben: Import- oder Exportfirmen, Spediteure, Reeder, Zollagenten, Versicherungsgesellschaften usw. Es liegt im Interesse dieses Bankiers, dass das Außenhandelsvolumen auf einem guten Niveau bleibt, um die Akzeptanz seiner Kredite zu sichern. Es liegt auf der Hand, dass, wenn sich die Kollegen dieses Herrn, die „nationalen“ Bankiers, am Anfang oder in der Mitte des Inflationszyklus befinden, d. h. wenn sie reichlich Kredite vergeben und der verhängnisvolle Quotient 9 noch in weiter Ferne liegt, das Exportvolumen tendenziell abnimmt, da die Menschen die im eigenen Land hergestellten Waren kaufen können und dieses nur seine Überschüsse exportiert. In diesem Fall hat der „internationale“ Bankier ein Interesse daran, dass die „nationalen“ Bankiers ihre Kredite reduzieren. Tatsächlich tut er dasselbe wie der „nationale“ Bankier, d. h. er gewährt Kredite an Unternehmen, die mit dem Außenhandel zu tun haben, und sogar an ausländische Länder, damit diese im eigenen Land einkaufen, und zwar in einer Höhe, die die Gesamtsumme der Einlagen seiner Girokontoinhaber um etwa das Neunfache übersteigt[70].

Es war unvermeidlich, dass sich der „nationale“ und der „internationale“ Bankier auf eine Zusammenarbeit einigten, da ihre Geschäfte nicht nur nach demselben Mechanismus funktionieren, sondern sich auch hervorragend ergänzen. Wenn also der Binnenmarkt in voller Blüte steht, d. h. in voller Kreditinflation, erhält der „nationale“ Bankier die volle Unterstützung oder den „Kredit“ seines Kollegen, des „internationalen“ Bankiers. Und wenn auf den Aufschwung die zyklische Krise folgt, also die monetäre Deflation, gibt

[70] J. Bochaca: „*La Finanza y el* Poder“, Omnia Veritas Ltd.

der „nationale“ Bankier, während er seine Kredite ablöst, einen Teil davon an seinen „internationalen“ Kollegen weiter, der die Exporte finanziert und zudem unter diesen Umständen die Hilfe der verunsicherten öffentlichen Verwaltung erhält, die im Export ein wic es Mittel sieht, um den ungeduldigen Massen Arbeit zu verschaffen. So kommen dann Steuererleichterungen, Exportprämien und andere Arten direkter und indirekter Unterstützung ins Spiel. Man könnte argumentieren, dass die Verwaltung keinen Grund hat, so zu reagieren, und dass sie, anstatt den nationalen oder internationalen Bankbetrug zu unterstützen, dessen Aktivitäten einen Riegel vorschieben könnte, indem sie die unkontrollierte Geldschöpfung auf nationaler und internationaler Ebene verhindert und das Geld selbst schafft, entsprechend dem Umfang der Waren, die darauf warten, konsumiert zu werden. Das Argument ist sehr schön und in einer anderen Welt oder unter anderen Umständen völlig stichhaltig. In dieser Welt und unter diesen Umständen BEDEUTET GELD MACHT, und da das Geld und – was noch viel wichtiger ist – die Befugnis, es zu schaffen, in den Händen der Finanzwelt liegt, steht die Verwaltung[71] im Dienst derselben und nicht umgekehrt, wie es eigentlich sein sollte. Und jeder Beamte, so hoch sein Rang auch sein mag, weiß – oder besser gesagt, er ahnt es, er spürt es am eigenen Leib –, dass jeder Anflug von Unabhängigkeit seinerseits gegenüber den allmächtigen Kräften der Finanzwelt einen Mechanismus in Gang setzen wird, der mit einer Pressekampagne gegen ihn beginnt und mit einem Schreiben seines Vorgesetzten endet, in dem dieser ihm „für die geleisteten Dienste dankt“. Dieser Vorgesetzte muss so handeln, weil er selbst mit dem System verbunden ist oder weil er weiß, dass er, sollte er seinen Untergebenen unterstützen, mit Sicherheit die nächsten Wahlen verlieren wird.

Um diesen Einschüchterungsmechanismus in Gang zu setzen, bedarf es weder geheimer Treffen von Vermummten noch Hexensabbats des Sanhedrins mit schwarzen Wachskerzen und kabbalistischen Verwünschungen, die den zivilen Tod des Ungehorsamen beschließen. Das System funktioniert so gut, dass außer in Ausnahmefällen kein einziges Wort gesprochen werden muss. Wer den Betrieb der Maschine des Finanzbetrugs stört oder stören könnte,

---

[71] Dieses Wort ersetzt nach und nach das Wort „Regierung“, und das erscheint uns gerechtfertigt, denn derzeit können wir in unserem verbleibenden Europa, was Regierung betrifft, also das, was man als REGIERUNG bezeichnet, keine erkennen.

wird automatisch bestraft, ohne dass diejenigen, die die Strafe vollstrecken, dies wahrscheinlich überhaupt bemerken.

DER GOLDSTANDARD

Jeder hat schon vom Goldstandard gehört. Aber niemand war bisher in der Lage, eine klare Erklärung dafür zu geben, was er ist. Oder, genauer gesagt, was der Grund für seine Existenz ist. Vor dem Aufkommen der Maschine dienten Edelmetalle – Silber und, häufiger, Gold – als Tauschmittel. Sie gingen dem Aufkommen des Papiergeldes voraus, und in jener Zeit, die wir als Zeit der Knappheit oder zumindest der relativen Knappheit bezeichnen können, erfüllten sie den ihnen zugeschriebenen Zweck.

Heutzutage basieren die nationalen Währungen auf Gold. Es liegt auf der Hand, dass sie in einer gesunden Wirtschaft auf Waren basieren sollten, doch dies entspricht nicht den Interessen der Finanzwelt, denn der Goldstandard sichert ihr den Preis, der von der Allmacht[72] verlangt werden kann. Es ist klar: Solange jemand die Goldversorgung kontrolliert und nur auf dessen Grundlage Geld geschaffen werden kann, wird dieser Jemand das Monopol über das Geld kontrollieren.

Die derzeit beste Definition des Goldstandards haben unserer Meinung nach Colbourne und der Schotte Douglas gegeben: „Gold ist ein internationales Tauschmittel." Wir räumen ein, dass dies eine knappe und vor allem unvollständige Definition ist, aber es lässt sich einfach nichts Genaueres sagen. Wenn überhaupt, lässt sich hinzufügen, dass es in Zeiten der Knappheit, da es schwer zu beschaffen war und Waren nur langsam auf den Markt kamen, seine Aufgabe zwar sehr unvollkommen, aber immerhin erfüllen konnte. Doch im heutigen Zeitalter des Überflusses kann der Goldstandard objektiv gesehen nur als Ungereimtheit definiert werden. Heutzutage sollten die Währungen aller Länder keinen anderen Maßstab mehr haben als die Arbeit. Wenn der Goldstandard weiterhin gilt, dann nur, um die Interessen seiner Besitzer zu begünstigen und weil der alte fetischistische Aberglaube an seine Göttlichkeit, der so tief im Herzen des Menschen verankert ist, trotz der Katastrophen, die er verursacht hat, nicht ins Wanken geraten

[72] M. Colbourne: „*La Economía* Nueva", S. 156

ist.

Wir haben gesagt, dass Gold ein internationales Tauschmittel ist, und wir werden dies anhand eines einfachen und alltäglichen Beispiels aus dem internationalen Handel veranschaulichen. Lassen Sie uns zunächst klarstellen: Da das offizielle Geld, also das Papiergeld einer Nation, auf dem Gold basiert, das diese besitzt, wird, wenn eine bedeutende Menge Gold aus einem Land abfließt, sofort Papiergeld im Wert des betreffenden Goldes aus dem Umlauf genommen. Mit anderen Worten: Eine Kaufkraftmenge verschwindet aus dem Binnenmarkt, die dem Gold entspricht, das das Land verlässt. Ein solcher Kaufkraftverlust führt zu einem Preisverfall und bremst den „Boom“ oder den Wohlstand, bevor er zu einer Gefahr für die Bankiers wird. Dies ist in allen Ländern gängige Praxis, weshalb ein Rückgang der Goldreserven – der eintritt, wenn die Importe die Exporte übersteigen – als Katastrophe angesehen wird, da dies bedeutet, dass die Zahlungsbilanz ein Defizit aufweist. Dieser Entzug von Papiergeld zum Ausgleich des aus dem Land abfließenden Goldes kann erfolgen, indem der Wert des Papiergeldes, das der Staat regelmäßig über die Münzanstalt druckt, proportional verringert wird, oder einfach durch eine Erhöhung der Steuern.

Da Bankiers Geldhändler sind, vergeben sie ihre Kredite dort, wo sie für sich möglichst hohe Zinssätze erzielen können, sofern dies natürlich mit der Sicherheit der Rückzahlung vereinbar ist. Und hier eine Anmerkung: Auch im internationalen Handel verlangen die Bankiers ihre berühmten Sicherheiten.

Nun gut: Nehmen wir einmal an, ein Schweizer Bankier leiht der kolumbianischen Regierung eine Milliarde Schweizer Franken, damit diese ein paar Wärmekraftwerke kaufen kann. Und nehmen wir außerdem an, dass die Italiener diese billiger herstellen als die Schweizer Industrie. Was wird dann passieren? Nun, es wird passieren, dass die Kolumbianer die Wärmekraftwerke in Italien kaufen; italienische Techniker werden mit dem entsprechenden Material ins Hochland Kolumbiens reisen, die Kraftwerke aufbauen, und der Schweizer Bankier wird die Italiener bezahlen. Die Zahlung muss jedoch in Lire erfolgen, da die Schweizer Franken den Italienern grundsätzlich nichts nützen. Kurz gesagt: Der Bankier muss Lire mit Schweizer Franken kaufen, und dann werden die Lire steigen, teurer werden, und die Schweizer Franken werden fallen, billiger werden, auf dem Devisenmarkt. Und warum das? Nun, weil bekanntlich gilt: Je mehr die Nachfrage nach einer Ware steigt – und Geld ist für einen Finanzier eine Ware –, desto mehr steigt ihr Preis. Wenn also die Lire im Verhältnis zum Schweizer Franken zu stark steigen, wird es für den Finanzier vorteilhafter sein, seine Schweizer Franken zum Kauf von Gold zu verwenden und dieses Gold dann zum Kauf von Lire zu nutzen. Und unter solchen Umständen wird das Gold aus der Schweiz abfließen. Dann werden eine Milliarde Schweizer Franken in Banknoten aus dem Umlauf verschwinden. Und die Preise werden sinken. Und die Löhne ebenfalls[73]. Die Folge dieses Rückgangs wird sein, dass die Schweizer dann in der Lage sein werden, billigere Wärmekraftwerke wie die Italiener zu bauen, oder sogar noch billigere. Dann können die Kolumbianer oder wer auch immer diese Ware in der Schweiz kaufen, und das Gold muss das Land nicht verlassen. Die Folgen dieser ebenso logischen wie verhängnisvollen Finanzpolitik sind folgende:

a) Die internationale Finanzwelt kann die Völker gegeneinander aufbringen.

b) Sie kann die Löhne der Arbeiterklasse in allen Industrieländern nach unten angleichen.

c) Folglich kann sie verhindern, dass ein Volk über ausreichende Kaufkraft verfügt, um seine eigenen Waren zu kaufen, und es zwingen, diese im Wettbewerb mit allen anderen Ländern zu exportieren.

d) Dies bedeutet einen Kampf um die Beherrschung der Außenmärkte und indirekt vielleicht sogar Krieg. Zu dieser letzten Schlussfolgerung gelangt Gottfried Feder[74] und, mit einer wichtigen Nuance, auch Francis Parker Yockey[75]. Tatsächlich entsteht Krieg laut Yockey nur aus politischen Gründen; nur Marxisten glauben an Kriege aus wirtschaftlichen Motiven. Wenn jedoch ein nicht-politischer Grund eine existenzielle Spannung zwischen zwei Völkern hervorrufen kann, indem er in ihnen die Freund-Feind-Dualität schafft, dann wird dieser Grund politisch, und der Krieg bricht aus, wobei dieser Grund in den Hintergrund tritt.

---

[73] Dass die Löhne sinken, wird – wie wir vermuten – viele zum Schmunzeln bringen. Tatsächlich ist der Rückgang der Löhne heutzutage ein weit verbreitetes Phänomen, auch wenn er nicht in dieser Form auftritt, sondern in Form der Streichung von Überstunden oder schlichtweg in Form von Arbeitslosigkeit.

[74] Gottfried Feder: „*Der Kampf gegen die Hochfinanz*“.

[75] Francis Parker Yockey: „Imperium“, Omnia Veritas Ltd. www.omnia-veritas.com.

DIE ZENTRALBANKEN

Das Konzept des Goldstandards ist untrennbar mit der Existenz der sogenannten „Zentralbanken“ verbunden, Institutionen, die trotz ihrer Bezeichnung und ihres offiziellen Auftretens in Wirklichkeit privat sind und von Privatpersonen geleitet werden, die ihre wahren Eigentümer sind.

Obwohl die erste „Zentralbank“, die im 17. Jahrhundert in Europa auftauchte, die Bank of England war, ist ihr Vorläufer in der Bank von Amsterdam zu suchen. Gegründet von einem aus Spanien vertriebenen Juden, Fernandez Carbajal, war diese Bank die erste, die ihren Kunden einen „Beleg“ oder „Gutschein“ aushändigte, der durch ein System, das der Vorläufer des heutigen Scheckhefts war, in Einzelteile zerlegt werden konnte. Diese „Quittungen“ wurden natürlich im Austausch gegen Geld ausgehändigt, das zu seiner Sicherheit in einem Tresor hinterlegt wurde. Dies sind die berühmten Quittungen, auf die wir wiederholt hingewiesen haben, die Quittungen, die bis zum Neunfachen ihres Nennwerts verliehen wurden. Wie alle Vorläufer endete auch diese Geschichte schlecht. Die Bank von Amsterdam war ein Märtyrer der heiligen Sache des Bankwesens. Denn eines Tages meldete sie Konkurs an. Die Gefahr für die Banken liegt in ihrer eigenen Natur und zugleich in der menschlichen Natur. Das Wesen der Banken besteht darin, die höchstmögliche Rendite aus dem von ihnen verliehenen Geld zu erzielen, und die menschliche Natur – allzu menschlich, würde Nietzsche im Falle der Bankiers sagen – verleitet die Geldprofis dazu, immer mehr und immer größere Risiken einzugehen, wobei sie sich rücksichtslos dem Quotienten neun im Verhältnis von Einlagen zu Krediten nähern, und manchmal kommt es zu Insolvenzen, obwohl in diesem Fall in der Regel der Staat mit einem Zahlungsaufschub einspringt, um die Situation zu retten und den Ruin der Einleger zu verhindern, und damit folglich auch den Bankier rettet. Natürlich würde dessen Schicksal nicht dem seiner unglücklichen Kunden gleichen, da ihn elementare Vorsicht dazu veranlasst haben dürfte, sein eigenes Geld an einem sicheren Ort zu verwahren oder es in solide Wertpapiere investiert zu haben. Selbst die Mitbürger des Bankiers, die nicht zu seinen Kunden zählen, mussten alle gemeinsam anteilig für den tatsächlich begangenen Betrug aufkommen. Dies führt natürlich zu unangenehmen Situationen. Als Sicherheitsventil, um Insolvenzen zu verhindern oder so weit wie möglich zu erschweren, wurden die „Zentralbanken“ konzipiert.

Die Bank of England wurde im Jahr 1694 durch eine Konzession gegründet, die Wilhelm II. einem Amsterdamer Juden, Manasseh- -ben-Israel, erteilte. Diese Konzession basierte auf einer früheren, die Oliver Cromwell Ali-ben-Israel, ebenfalls aus Amsterdam, gewährt hatte. Cromwell, der in seinem Kampf gegen die Krone finanzielle Unterstützung von den Juden aus Amsterdam erhalten hatte, revanchierte sich für die erwiesenen Gefälligkeiten, indem er ihnen erlaubte, sich in England niederzulassen und 4,5 Prozent Zinsen an diejenigen zu zahlen, die Gold in ihren Tresoren hinterlegten (ein unverhältnismäßig hoher Zinssatz), während sie es ihrerseits der Regierung zu 8 Prozent verliehen[76].

Anlass für die Gründung der Bank of England war ein Darlehen in Höhe von 1,2 Millionen Pfund Sterling an Wilhelm III. Die Methoden der Bank waren nicht neu; sie folgten lediglich den Präzedenzfällen. Und der Präzedenzfall war die Wucherpraxis, die zu jener Zeit von den Londoner Goldschmieden ausgeübt wurde[77], die bereits vor dem gesetzlich autorisierten Ali-ben-Israel im Verborgenen tätig waren. Diese Goldschmiede, die gewöhnlich zu einem Zinssatz von zehn Prozent verliehen, betrachteten die neue Bank zunächst mit Misstrauen, da diese „nur“ zu acht Prozent verlieh, obwohl der Zinssatz bald auf neun Prozent steigen sollte, während die an ihre Einleger gezahlten Zinsen auf ein halbes Prozent gesenkt würden.

Die Bank of England, deren offizieller Name „The Governor and Company of the Bank of England“ (Der Gouverneur und die Gesellschaft der Bank of England) lautete, führte eine Neuerung gegenüber den von der Bank von Amsterdam eingeführten Praktiken ein. Sie begann, Schuldscheine über den Betrag auszugeben, den die Regierung der Bank schuldete; ein Privileg, das der Bank von einer Regierung gewährt wurde, die für die mehrfach erbrachten Dienste der

---

[76] Francis Parker Yockey: „Imperium“, Omnia Veritas Ltd.

[77] Diese „Orifizi“ waren eine Gruppe lombardischer Juden, die sich in England niederließen, nachdem sie wegen ihrer Wucherpraktiken aus Mailand vertrieben worden waren. Die Straße, in der sie sich niederließen, die „Lombard Street“, wird weiterhin von ihren Nachfolgern bewohnt.

Bank dankbar war[78]. So wurde der Bank als Dank für diese Dienste[79] die Befugnis zur Geldausgabe gewährt. Aber echtes Geld und nicht mehr nur Zahlungsversprechen, wie es die „Pioniere“ von Amsterdam oder, bereits in England, Ali-ben-Israel mit Zustimmung von Cromwell getan hatten.

Die Bank of England – wir wiederholen: eine private Einrichtung – schuf buchstäblich Geld. Wenn die Bank zehn Pfund Gold in ihren Kellern hatte und fünf an die Regierung verlieh, konnte sie einen Fünf-Pfund-Schein herstellen und in Umlauf bringen, wodurch sich die Summe von zehn Pfund auf insgesamt fünfzehn erhöhte; die Regierung, die fünf verwendete, und die Bank, die über zehn verfügte – fünf neue und fünf alte: und die Gesamtmenge konnte aktiv im Umlauf sein[80], eine bedeutende Geldmenge, ohne dass zuvor neuer Reichtum geschaffen worden wäre, der dies rechtfertigte, das heißt, es wurde Inflation betrieben.

Doch die Hauptfunktion, die wesentliche, so könnte man sagen, der Bank of England und der anderen Zentralbanken, die in allen Ländern entstehen sollten, bestand nicht darin, Geld zu schaffen, sondern vor allem darin, mit Unterstützung des Gesetzes das moderne Bankensystem aufrechtzuerhalten; das heißt, den Fortbestand der illegitimen Bankgeschäfte zu sichern.

Der „Modus Operandi“ ist folgender: Die „Zentralbank“ leiht den Privatbanken[81] gesetzliches Zahlungsmittel, Staatsanleihen oder andere absolut sichere Wertpapiere. In der bewusst verwirrenden Bankterminologie bedeutet das Wort „Einlage“ „Kredit“, und dies kommt in dem bekannten angelsächsischen Bankausdruck „A loan creates a deposit“ (Ein Kredit schafft eine Einlage) zum Ausdruck, während wir Normalsterblichen geneigt wären zu glauben, dass eine

---

[78] Maurice Colbourne: „*Die neue* Wirtschaft“, S. 136.

[79] Diese Dienste bestanden in einer massiven Unterstützung des britischen Empire durch die internationale Hochfinanz bis zum Ende des 19. Jahrhunderts. Im Kampf Englands gegen Holland, Spanien, das Frankreich der letzten Kapetinger und das Napoleons sowie das entstehende preußische Reich war die Finanzwelt ein – natürlich nicht uneigennütziger – Verbündeter Englands.

[80] M. Colbourne: „*Die neue* Wirtschaft“, S. 138.

[81] Tatsächlich sind Zentralbanken genauso privat wie alle anderen Banken; wir drücken uns so aus, um den Unterschied zwischen ihnen hervorzuheben.

Einlage Geld ist, das zur Sicherheit bei einer Bank hinterlegt wird[82].

Nun gut, Einlagen bei der Zentralbank oder Kredite der Zentralbank an Privatbanken sind bares Geld, sie sind Tender, denn selbst wenn es sich um Staatsanleihen handelt, können sie sofort in gesetzliches Zahlungsmittel umgetauscht werden. Die Zentralbank wird als Emittent von gesetzlichem Zahlungsmittel – dank eines beispiellosen Privilegs, das ihr von der Regierung gewährt wurde – stets mit gesetzlichem Zahlungsmittel an diejenigen zahlen, die darauf Anspruch haben. Die Privatbanken gewähren ihren Kunden daher Zahlungsversprechen in Höhe des bis zu Neunfachen der Einlagen, die sie, die Privatbanken, bei der Zentralbank besitzen, genauso wie sie Zahlungsversprechen in Höhe des bis zu Neunfachen des Betrags gewähren, den sie in der Kasse besitzen. Für die Banken sind Bargeld und Einlagen bei der Zentralbank eigentlich dasselbe... Dennoch gibt es einen Unterschied zwischen ihnen. Bargeld ist Bargeld. Es ist gesetzliches Zahlungsmittel. Aber wie bereits gesagt, sind Einlagen bei der Zentralbank Kredite der Zentralbank. Diese Zentralbank gibt, wie alle Banken, Zahlungsversprechen für gesetzliches Zahlungsmittel ab. Aber sie kann, ebenfalls wie alle Banken, ihre Kredite kündigen oder erheblich reduzieren. Sie kann dies auf verschiedene Weise tun, und die Folge davon ist eine Verringerung aller „Einlagen bei der Zentralbank“ aller Privatbanken und folglich der Menge an gesetzlichem Zahlungsmittel jeder einzelnen Privatbank. Wenn eine Privatbank gesetzliches Zahlungsmittel verliert, muss sie ebenfalls ihre Kredite kündigen oder reduzieren, damit sie zu keinem Zeitpunkt Gefahr läuft, Zahlungsversprechen in einem Umfang zu vergeben, der das Neunfache ihres Bestands an gesetzlichem Zahlungsmittel übersteigt[83].

Ein Beispiel: Eine Privatbank verfügt zu einem bestimmten Zeitpunkt über:

---

[82] Die geistige Verarmung der Wirtschaftskritiker, unter der wir leiden, kann so unglaublich sein und ihre Unkenntnis über das Bankwesen so krass, dass man manchmal im Finanzteil einer Zeitung Sätze dieser Art lesen kann: „Aus der Lektüre der Bilanz der Bank X lässt sich das Vertrauen der Öffentlichkeit in ihre Geschäftsführung ableiten, denn das Volumen ihrer Einlagen hat sich in nur drei Wochen verdreifacht.“ Und der Himmel stürzt nicht ein!

[83] R. McNair Wilson: „*Promise to* Pay“, Omnia Veritas Ltd, www.omnia-veritas.com

auf Girokonten..............................100 Millionen

Einlagen bei der Zentralbank..............100 Millionen

Gesamt..200 Millionen

Diese Bank wird Zahlungsversprechen bis zu 1,8 Milliarden vergeben.

Die Zentralbank schreibt jedoch 50 Prozent ihres Kredits ab, und dann verfügt die Privatbank über:

Auf Girokonten..............................100 Millionen

Einlagen bei der Zentralbank....................50 Millionen

Gesamt..150 Millionen

Diese Bank wird nun 1,35 Milliarden an Zahlungsversprechen verleihen. Eine Anmerkung. Man wird bemerkt haben, dass wir die Kredite der Banken als „Zahlungsversprechen" bezeichnen, denn genau das sind sie in Wirklichkeit. Wir haben bereits gesehen, dass die Banken nur Versprechen verleihen, die zudem falsch sind, denn der geringste Versuch der Kreditnehmer, sie in die Realität umzusetzen, d. h. echtes Geld dafür in einem Gesamtanteil von mehr als zehn Prozent der Gesamtsumme dieser Versprechen einzufordern, macht deutlich, dass die Bank einen Vertrauensmissbrauch begangen hat, dass ihre Versprechen falsch sind und dass sie folglich das Schild „Geschlossen" an ihrem Auszahlungsschalter anbringen muss. Aber fahren wir mit der Funktionsweise der Zentralbanken fort.

Dieser Mechanismus, durch den sich Privatbanken Geld von der Zentralbank leihen, ermöglicht es dieser, sie zu kontrollieren, indem sie die Mengen an gesetzlichem Zahlungsmittel erhöht oder verringert. Diese Kontrolle erfolgt zum Wohle des gesamten Systems, denn die Zentralbanken sind aufgrund ihrer Stellung, ihres Volumens, ihres quasi-offiziellen Ansehens, ihrer Verbindungen zu den Zentralbanken aller Länder – Verbindungen, die über reale oder fiktive nationale politische Rivalitäten hinausgehen –, ihrer Möglichkeit, mit Gold zu handeln, kurz gesagt, aufgrund ihrer eigenen Bedeutung in der einzigartigen Lage, über den Trubel des Geldmarktes hinweg zu erkennen, wann ihre Kollegen aus den Privatbanken ihre Risiken überstrapazieren und an eine kritische Grenze gelangen könnten.

Die Zentralbanken sind somit die Koordinatoren der Aktivitäten der Privatbanken. Sie sind zudem deren Sicherheitsventil und Garant für Rentabilität und schließlich die Verwalter des Goldstandards, der weltweit den Grundpfeiler des gesamten Systems bildet.

Im Jahr 1844 wurde in London der Bankkontrollakt unterzeichnet, der vom britischen Parlament verabschiedet wurde und wonach die Goldreserven Englands zwingend bei der Zentralbank, also der Bank of England, hinterlegt werden mussten. Dies geschah in der Praxis bereits seit fast zwei Jahrhunderten, doch die Finanzwelt verlangte die Absicherung durch das Gesetz, und kurz darauf begann das traditionelle Bündnis zwischen dem Britischen Empire und der internationalen Finanzwelt zu bröckeln. Der traditionelle angelsächsische Legalismus garantierte der Finanzwelt ihre Positionen in England, und diese fühlte sich nun frei, ihre Politik auf globaler Ebene flexibler zu gestalten. Dank des Bankkontrollgesetzes war es dem Geld offiziell freigestellt, „sein eigenes Niveau zu suchen", das heißt, es konnte im Ausland investiert werden, wenn es sich lohnte, wenn dort innerhalb einer angemessenen Sicherheitsmarge die höchsten Gewinne erzielt werden konnten. Eine weitere Folge des Gesetzes bestand darin, dass der Export von Gold, sofern er stattfand, zu einem Geldmangel auf dem heimischen Markt führen musste. Darüber haben wir bereits in dem Abschnitt über den Goldstandard gesprochen. Dieser Geldmangel auf dem Binnenmarkt muss zwangsläufig zu einem Preisverfall führen und zwingt die Arbeitgeber folglich dazu, die Löhne zu senken, um wettbewerbsfähig zu bleiben.

Die Konvertibilität von Papiergeld in Gold – denn genau das ist der Goldstandard – zu Preisen, die dem Gesetz von Angebot und Nachfrage unterliegen, ist ein System, das zwangsläufig Elend hervorbringen muss. Die einheimischen Industriellen und Landwirte befinden sich in einem Teufelskreis. Das Einzige, was sie tun können, um wettbewerbsfähig zu bleiben, ist, die Löhne ihrer Arbeiter zu senken oder ihre Betriebe immer weiter zu automatisieren, was früher oder später bedeutet, eine bestimmte Anzahl ihrer Mitarbeiter zu entlassen. Doch gerade weil sie die Löhne gesenkt oder Personal abgebaut haben, wird es für sie sehr schwierig, vielleicht sogar unmöglich sein, all ihre Produkte auf einem Markt abzusetzen, dessen Kaufkraft gerade wegen dieser Lohnsenkungen oder dieser Arbeitslosigkeit gesunken ist. Die inländischen Produzenten müssen ihre Produktion so weit wie möglich auf den Export ausrichten. Und so orientiert sich ein System, dessen ursprünglicher Zweck theoretisch darin bestand, den nationalen Bedürfnissen zu dienen, durch die Zwänge dieses verhängnisvollen Systems auf die Produktion von Waren, die billig genug sind, um auf den ausländischen Märkten mit Erfolgsgarantie konkurrieren zu können. Das ist das Ziel der internationalen Finanzwelt: der Außenhandel. Keinem Land ist es gestattet, für sich selbst zu leben. Im Gegenteil, jedes Land muss sich allen anderen entgegenstellen, damit die Gewinne, die das Geld erzielt, überall so hoch wie möglich ausfallen.

Worin besteht das „Spiel des Goldstandards“? Nun, es basiert auf dem Austausch von Produkten zwischen zwei Ländern. Länder sind, wie Individuen, zugleich Produzenten und Konsumenten. So kann Spanien Orangen und Mangan an Deutschland verkaufen, und Deutschland kann gleichzeitig Maschinen und chemische Produkte an Spanien verkaufen. Die Orangen und das Mangan werden durch die Maschinen und die chemischen Produkte ausgeglichen. Es ist jedoch klar, dass dieses ideale Gleichgewicht der Handelsbilanz nicht immer auf absolut exakte Weise erreicht werden kann. So ist es beispielsweise gut möglich, dass die spanischen Orangen und das Mangan einen höheren Wert haben als die Maschinen und Chemikalien, die Spanien erhält; in diesem Fall hätte Deutschland am Jahresende eine ungünstige Handelsbilanz gegenüber Spanien. Wie können die Deutschen dies ausgleichen? Offensichtlich, indem sie mehr Maschinen oder Chemikalien nach Spanien schicken, aber es ist möglich, dass die Spanier an diesen deutschen Produkten kein Interesse mehr haben, da sie sie anderswo billiger finden, zum Beispiel in Schweden. Der Goldstandard bietet eine Lösung für das Problem. Die Deutschen können Gold nach Spanien schicken, um die Schulden zu begleichen, denn Gold wird weltweit sofort als Zahlungsmittel akzeptiert. Jede Währung ist zu einem bestimmten Wechselkurs in Gold umtauschbar, und der Goldbesitzer kann jede Währung zu einem festgelegten Wechselkurs kaufen[84]. Diese Zahlung in Gold hätte keine größere Bedeutung als eine einfache Begleichung von Rechnungen, wenn nicht alle Währungen der Welt auf Gold basieren würden. Wäre dies nicht der Fall – würden nicht alle Währungen auf Gold basieren –, hätte Spanien in dem genannten Beispiel mehr Gold und Deutschland

[84] R. Mc. Nair Wilson: „*God and the Goldsmiths*“.

weniger, doch würde dies keinerlei Auswirkungen auf die spanischen oder deutschen Inlandspreise haben. Die Auswirkung jedoch, die sich in der Praxis als Folge des Kontenausgleichs durch eine Zahlung in Gold sowohl auf die deutschen als auch auf die spanischen Preise ergibt, beruht auf der Regel, dass, wenn Gold aus einem Land abfließt, eine Geldmenge dieses Landes in Höhe des abfließenden Goldbetrags aus dem inländischen Umlauf genommen werden muss. Das heißt, ein Export – ein Abfluss – von Gold führt dazu, dass die Zentralbank Banknoten im Wert dieses Abflusses aus dem inländischen Umlauf „entzieht", wodurch sie gezwungen ist, ihre Kredite (die „Einlagen bei der Zentralbank") an die Privatbanken zu reduzieren, die ihrerseits Kredite an die lokale Industrie kündigen oder reduzieren müssen, und es kommt zu einer Deflation auf dem Binnenmarkt. Mit anderen Worten: Wenn ein Land den Goldstandard anwenden muss, um seine Handelsbilanz – technisch als Zahlungsbilanz bezeichnet – auszugleichen, kommt es zu einer Verringerung der Geldmenge in diesem Land, die dem verlorenen Gold entspricht.

Wir wissen, dass die Nachfrage oder Kaufkraft des Binnenmarktes eines Landes von den Krediten abhängt, die die Banken den Industriellen, Landwirten und Viehzüchtern des betreffenden Landes gewähren. Aber Kredite sind – oder besser gesagt, sie fungieren als – Geld, und die in einem Land vorhandene Geldmenge hängt, wie bereits erwähnt, von der in der Zentralbank dieses Landes vorhandenen Goldmenge ab. So wird erreicht, dass die Kaufkraft von der in den Tresoren der Zentralbank vorhandenen Goldmenge abhängen muss. Wenn gemäß den Gesetzen dieses verworrenen Systems Gold aus einem Land abfließen muss, um einen Überschuss der Importe gegenüber den Exporten zu begleichen, verringert sich in diesem Land das Geldvolumen gemäß dem folgenden Kreislauf:

a) Das Volumen der Bankkredite wird sinken.
b) Infolgedessen sinkt das Produktionsvolumen.
c) Logischerweise sinken die Industriegewinne, die Löhne der Arbeiter und die Dividenden der Aktionäre.
d) Logischerweise sinkt auch die Kaufkraft und damit
e) sinken die Preise der Produkte. Und so entsteht ein Teufelskreis. Der Rückgang der Produktpreise führt zu Lohnkürzungen und damit wiederum zu einer Verringerung der Kaufkraft.

Das heißt, es wurde ein System geschaffen, durch das, wenn Gold aus einem Land abfließen muss, auch die Preise für Konsumgüter gesenkt und die Löhne gekürzt werden müssen. Ein sehr wichtiger Hinweis: Die Preise müssen nicht unbedingt in absoluten Werten sinken, sondern im Verhältnis zum Lebenshaltungskostenindex. Es ist sehr gut möglich, dass Regierungen, verängstigt durch die Unzufriedenheit der Bevölkerung, politische Lohnerhöhungen beschließen, die nichts weiter als Notlösungen sind – wie es insbesondere in Spanien der Fall ist –, obwohl das Endergebnis zwangsläufig ein Preisrückgang ist. In jedem Fall macht diese Preissenkung die Produkte dieses Landes aufgrund ihrer Billigkeit attraktiver – kommerzieller oder verkaufsfähiger; als logische Folge kaufen die Menschen in anderen Ländern sie in größeren Mengen, und so steigt das Exportvolumen[85]. Das betreffende Land verfügt nun über eine ausgeglichene oder sogar positive Zahlungsbilanz und ist somit in der Lage, Gold zu erhalten.

Das heißt, im Prinzip gleicht sich das „Spiel" des Goldstandards aus oder korrigiert sich, wenn man so will, von selbst. Nehmen wir an, es fließt Gold in ein Land: In diesem Fall steigt die Geldmenge im Umlauf, die Bankkredite an die Produktion nehmen zu; die Produktion steigt; die Nachfrage steigt und die Preise steigen. Infolgedessen müssen auch die Löhne steigen, bis ein Punkt erreicht ist, an dem die Produkte zu teuer werden, um auf den ausländischen Märkten wettbewerbsfähig zu sein[86].

Auf diese Weise – so behaupten die Befürworter des Goldstandards – würden weltweit einheitliche und stabile Preise erreicht. Doch dies ist nicht der Fall, wie die Tatsachen zeigen. DENN DIE GOLDBESITZER BEHALTEN SICH RECHTLICH DIE FREIHEIT VOR, IHR GOLD AUS DEM UMLUF ZU NEHMEN UND SO EINE WELTWEITE KNAPPHEIT ZU VERURSACHEN. Es kann auch vorkommen, dass irgendwo neue Goldvorkommen entdeckt werden. Das Goldstandard-System sieht für solche Eventualitäten keinerlei Vorkehrungen vor. Letztendlich lässt sich experimentell nachweisen, dass der Goldstandard zur Stabilisierung der Preise – und der Löhne – völlig unwirksam ist. Später sprechen wir über den Fall Deutschlands zwischen 1933 und 1939, als der Zweite Weltkrieg ausbrach. DEUTSCHLAND BESASS KEIN GRAMM GOLD, UND SEIN

[85] Gertrude M. Coogan: „*Money Creators*".

[86] Gertrude M. Coogan: „*Money Creators*".

PREISINDEX SCHWANKTE IN SECHS JAHREN UM 0,4 PROZENT, WÄHREND IN ENGLAND, DAS ÜBER RIESIGE GOLDMENGEN VERFÜGTE, DIE INLÄNDISCHEN PREISE IM GLEICHEN ZEITRAUM UM ELF PROZENT ANSTIEGEN. Mehr noch, wie wir später sehen werden, hätte nicht einmal diese bescheidene 0,4-Prozent-Veränderung stattfinden dürfen; wenn sie stattfand, dann eher aus politischen Gründen – Hitler musste die internationale Lage und den Druck, unter dem er stand, berücksichtigen – als aus wirtschaftlichen. Aus dieser Erfahrung sowie aus dem Fall Japans – einem weiteren Land, das den Goldstandard ignorierte – lässt sich ableiten, dass Gold zur Preisstabilisierung völlig unnötig ist, aber für die Goldbesitzer notwendig ist, denn wenn die Welt aufhörte, es zu verwenden, würden sie einen schweren Schaden erleiden, wenn die Menschen erkennen würden – was unweigerlich geschehen würde –, dass Gold nicht nur als Grundlage der Währung unnötig ist, sondern für diesen Zweck völlig ungeeignet ist, vor allem in einer Zeit wie der unseren, in der die Produktion aller Arten von Gütern die Goldproduktion um ein Vielfaches übersteigt. Den Goldbesitzern würde dann ihr Herrschaftsinstrument entzogen. Nur solange die Öffentlichkeit glaubt, dass eine Bank ihr echtes Gold leiht, wird sie bereit sein, ihr neun Prozent auf ihre Kredite zu zahlen. Doch in dem Moment, in dem sie erkennt, dass dies nicht der Wahrheit entspricht, wird sie begreifen, dass die Bankiers sie durch das einfache System der Geldfälschung betrügen.

Manchmal wird argumentiert, dass derjenige, der einen Kredit erhält, letztendlich doch das bekommt, was er will, nämlich die Mittel, um Waren oder Dienstleistungen zu kaufen oder Schulden zu begleichen, und dass dies das Wichtigste sei. Doch dem ist nicht so, denn abgesehen davon, dass grundsätzlich nur derjenige, der tatsächlich Geld verdient hat, das Recht haben sollte, es zu verleihen, muss man die Tatsache berücksichtigen, dass jede Schaffung von neuem Geld den Wert des bereits vorhandenen Geldes mindert. Wenn also der Staat neues Geld schafft, um öffentliche Bauvorhaben, Beamtengehälter, Rüstungsgüter für die Armee und andere Ausgaben im Rahmen seiner spezifischen Aufgaben zu finanzieren, mindert dies natürlich in gewissem Maße den Wert des vor der Geldschöpfung vorhandenen Geldes; diese Inflation wird jedoch durch eine Senkung der staatlichen Steuern ausgeglichen, da diese nur erhoben werden, um staatliche Arbeiten und Dienstleistungen zu finanzieren. Im Gegensatz dazu sind die an die Banken gezahlten Zinsen eine echte private Steuer, die der Gemeinschaft keinerlei Nutzen bringt.

Zusammenfassend lässt sich sagen, dass der Goldstandard heutzutage nur noch als Regulator – über die „Zentralbanken" – der Schaffung von Schuldgeld durch die Privatbanken und der Versklavung aller Länder unter der unverantwortlichen Macht der internationalen Finanzwelt gerechtfertigt ist. Wie wird Letzteres erreicht? Durch das in praktisch allen Ländern der zivilisierten Welt gesetzlich verankerte System, wonach alle Goldreserven in den „Zentralbanken" aufbewahrt werden und diese sowie die Regierungen nur im Verhältnis zu dem ihnen zur Verfügung stehenden Gold gesetzliches Zahlungsmittel ausgeben dürfen. Keine Regierung kann Gold schaffen; folglich kann keine Regierung Geld ausgeben oder gar erfinden, wie es jeder Bankier tut, wenn er einen Kredit gewährt. Auf diese Weise sind die Geldherren, wie McNair Wilson[87] sagt, in der Lage, „alle Kreditnehmer der Welt – also alle Produzenten, Arbeitgeber oder Arbeitnehmer – dazu zu zwingen, so billig wie möglich zu produzieren, um die höchsten Zinsen für die Kredite bezahlen zu können, wobei sie natürlich nicht vergessen dürfen, sich die entsprechenden Sicherheiten zu verschaffen. Wie man sieht, sind sie in der Lage, jene Regierungen einzuschüchtern, die dazu neigen, unrentable Schuldner zu werden, sei es, weil sie ihre Haushalte nicht ausgleichen, oder aus anderen Gründen, einschließlich politischer." In solchen Fällen fordern die Goldbesitzer – eine internationale „Clique", die wir später namentlich benennen werden – das Gold in Form von Barren von der entsprechenden „Zentralbank" ein und zwingen diese folglich, ihre Kredite an die gewöhnlichen, sogenannten privaten Banken zu tilgen, die ihrerseits aufgrund des Mechanismus des Systems dasselbe mit ihren Opfern (ihren Kunden). Die Preise sinken, und Ruin und Insolvenzen verwüsten das Land. Oder aber die Staaten greifen ein, indem sie politische Preiserhöhungen verordnen oder genehmigen, und die Preise steigen, aber die Löhne bleiben unverändert oder steigen weniger stark, und die Folge ist noch schlimmer: Ruin und Konkurs verwüsten das Land weiter, bis sich der ganze verfluchte Kreislauf vollendet hat, und darüber hinaus geraten Rentner und Beamte in die Armut, das Konzept des Sparens wird diskreditiert und weite Schichten der Bevölkerung, insbesondere die leidende und verachtete Mittelschicht, werden proletarisiert.

---

[87] R. Mc. Nair Wilson: „*God and the Goldsmiths*".

DIE UNTERGRÄBUNG DER NATÜRLICHEN WIRTSCHAFTSORDNUNG

Napoleon wurde von vielen oberflächlichen Historikern als einfacher Eroberer beschrieben, als bloßer „Condottiero", der nur darauf bedacht war, Ansehen und Reichtum für sich und seine zahlreiche Familie zu erlangen. Wie Yockey in „Imperium"[88] sagt, wurde seine Staatsphilosophie ignoriert. Doch seine wirtschaftlichen Ideen legte er seinen Getreuen Caulaincourt und Las Cases klar dar, die in ihrem „Memorial de Santa Elena" den folgenden Satz des Großen Korsen wiedergeben: „Die Wirtschaft ist Produktion, nicht Handel; sie basiert in erster Linie auf der Landwirtschaft, in zweiter Linie auf der Industrie und schließlich auf dem Außenhandel."

Wir glauben aufrichtig, dass es unmöglich ist, diese in ihrer Einfachheit geniale Definition der Wirtschaft zu verbessern. Es ist offensichtlich, dass das Erste, das Wesentliche im Verdauungssystem einer organisierten Gemeinschaft, also in einer Volkswirtschaft, darin besteht, dafür zu sorgen, dass der Körper dieser organischen Einheit existiert, das heißt, dass er sich ernährt. Auf die Gefahr hin, eine Binsenweisheit zu wiederholen, wagen wir zu behaupten – oder besser gesagt, daran zu erinnern, da es oft vergessen wird –, dass niemand eine Kurbelwelle, einen Traktor oder einen Eisenbarren essen wird … nicht einmal einen aus Gold. Das Erste, das Wesentliche, ist die Landwirtschaft. Und das nicht nur aus primärer, existenzieller, sondern auch aus spiritueller Sicht. Landwirtschaft bedeutet die Verbundenheit der Menschen mit ihrer Heimat; sie ist das Leben der Völker und Dörfer selbst, sie ist die Verwurzelung, zu der wir gehören. Der Hass auf Städte als solche ist irrational, aber wir glauben, dass Städte ohne einen Ring aus bebauten Feldern wie Bäume ohne Wurzeln sind.

Es steht außer Frage, dass nichts von dem, was zuvor gesagt wurde, als Herabsetzung der Industrie gedacht ist. Wenn die Landwirtschaft unverzichtbar ist, um zu existieren, das heißt, um zu überleben, so ist die Industrie unverzichtbar, um zu leben, materiell gesehen, und um

[88] Francis Parker Yockey: „Imperium", Omnia Veritas Ltd.

eine „Große Politik“ zu betreiben, wie Spengler sagte, wenn wir uns auf den Gesamtaspekt, das heißt den politischen Aspekt, der Nation beziehen wollen.

Schließlich folgt in der von Napoleon dargelegten natürlichen Wirtschaftsordnung der Außenhandel. Der Zweck des Außenhandels besteht darin, aus anderen Ländern das zu importieren, was im eigenen Land nicht – oder nur zu teuer – produziert werden kann, und die eigenen Überschüsse, die dort benötigt werden könnten, ins Ausland zu exportieren. Wie Napoleon sagte: „Die Landwirtschaft ist die Seele, das Fundament des Reiches; die Industrie sorgt für den Komfort und das materielle Glück des Volkes; der Außenhandel ist der Überfluss und ermöglicht den freien Austausch der Überschüsse aus Landwirtschaft und Industrie[89]. In ganz Ausnahmefällen, in Ländern, die aufgrund ihrer klimatischen Bedingungen sehr arm sind, wie beispielsweise die Schweiz, kann der Export eine vorrangige Rolle spielen, sowohl beim Export von Dienstleistungen (Tourismus) als auch von Präzisionsinstrumenten. Doch solche Fälle bestätigen nur die allgemeine Regel, da sie Ausnahmen sind, und wir müssen uns ohnehin daran erinnern, dass wir uns, wie wir im Abschnitt „Geltungsbereich“ dargelegt haben, mit der Wirtschaft des Organismus namens „westliche Zivilisation“ befassen, die wirtschaftlich autark ist – oder sein sollte.

Die napoleonische Vorstellung vom Export besteht darin, dass die Exporteure – von Ausnahmefällen abgesehen – aus eigener Kraft zurechtkommen. Das ist logisch. Der Export ist Überfluss; er ist Luxus. An Luxus ist nichts auszusetzen, solange er ehrlich verdient ist, versteht sich. Aber es ist irrational, sich für den Luxus zu opfern. Und genau das geschieht täglich und weltweit im absurden System des Goldstandards und des internationalen Kapitalismus.

Warum?

Nun, weil im Gegensatz zum natürlichen, organischen Wirtschaftssystem der Kapitalismus und die Hochfinanz durch ihre Kreditverlagerungen in ausländische Länder, die ihnen höhere Gewinne versprechen, die nationalen Märkte ihrer Kaufkraft berauben und so die Produzenten zwingen, Waren zu exportieren, die sie – aufgrund einer

---

[89] Las Cases: „*Memorial de Santa* Elena“, S. 185.

künstlichen Verknappung der Kaufkraft – im eigenen Land nicht verkaufen können. So steht der Außenhandel an erster Stelle, und wenn er in der gegebenen Situation, unter den gegenwärtigen wirtschaftlich-finanziellen Umständen, nachlässt, geht das Land zugrunde. Industrie und Landwirtschaft sind bedingungslos den Anforderungen des Exportmarktes untergeordnet. Letztendlich werden auch der Arbeiter und der Bauer vom Exportmarkt abhängig, denn ein Anstieg der Löhne würde sich auf die Produktionskosten auswirken, was sich wiederum nachteilig auf die Absatzmöglichkeiten der einheimischen Produkte auf den ausländischen Märkten auswirken würde. Aus diesem Grund löste die natürliche wirtschaftspolitische , die Deutschland ab 1933 verfolgte, eine so heftige Reaktion seitens der internationalen Hochfinanz aus. Die deutsche Regierung schaffte es, die Preise zu stabilisieren, indem sie die Befugnis der Privatbankiers, Kredite zu vergeben, d. h. Geld zu schaffen, schrittweise einschränkte. Gleichzeitig ließ sie – als unverzichtbare ergänzende Maßnahme für ihren Außenhandel – den Devisenhandel frei und überließ es ihren Exporteuren, sich selbst zu behaupten, wenn auch – das sei gesagt – mit der Rückendeckung einer Währung, der Mark, die nicht auf Gold, sondern auf der Arbeit eines fleißigen, intelligenten und hartnäckigen Volkes beruhte. Und das ist das Gegenteil der internationalen Finanzpraxis, die verlangt:

a) Eine bewegliche Preisskala, die durch Kreditinflation und -deflation erreicht wird, Ursprung der sogenannten Konjunkturzyklen, dank derer die Finanzwelt fabelhafte Gewinne und parallel dazu uneingeschränkte Macht erlangt.

b) Feste Wechselkurse, die nur dann geändert werden, wenn es den Geldhändlern passt.

Andererseits interessiert sich die Finanzwelt unendlich viel mehr für die Industrie als für die Landwirtschaft.

Warum? Ganz einfach, weil mit ihr größere Gewinne erzielt werden können. Die Industrie ist von Maschinen abhängig. Die Landwirtschaft von Unwägbarkeiten wie Dürren, Hagel, Schädlingsbefall und Epidemien. Auch wenn die Landwirtschaft durch die Industrialisierung ihre Erträge steigern kann, hat alles seine Grenzen. Diese Grenze ist in der Industrie schwerer zu erreichen.

Die Anwendung der Mechanismen des Finanzsystems auf die Wirtschaft verkehrt also alle wirtschaftlichen Werte. Der Profit steht vor dem Nützlichen und sogar vor dem Notwendigen. Die

Außenmärkte erhalten die vorrangige Aufmerksamkeit der Regierungen. Dann kümmern sie sich um die Industrie, die massenhaft Waren für den Export bereitstellen kann. An letzter Stelle kommt der Stiefkind, die Landwirtschaft.

Was für eine schändliche Parodie dessen, was ein echter und gesunder normaler Handel sein sollte! Man beutet andere Länder aus, versklavt sie mit riesigen Summen an Finanzkrediten, die im eigenen Land nicht mehr verliehen werden können, um sie irgendwo einzusetzen, damit sie den Herren des Goldes Gewinne einbringen, während die Vorräte des Landes zur Neige gehen und alle darauf brennen, das zu konsumieren, was sie produziert haben! Der Finanzexport durch Kredite ins Ausland ist kein ehrlicher Handel mit anderen Ländern, sondern zwingt diese, Verpflichtungen einzugehen; es ist ein Betrug, eine Täuschung, die darauf abzielt, aus der Geldschöpfung auf internationaler Ebene Profit zu schlagen, und letztendlich ist es ein hinterhältiges Mittel, um die Herrschaft über ein anderes Land zu erlangen, das in die Verschuldung getrieben wurde. Die Bankschulden sind per Definition unbezahlbar, es sei denn, man nimmt – vorübergehend – eine neue Schuld auf, die höher ist als die vorherige, um sie zu tilgen. Und das präsentieren die Apostel des Systems als einen Beitrag zum Verständnis zwischen den Völkern! Aber was sehen wir überall? Auf globaler Ebene streiten Regierungen edler Nationen wie Marktfrauen in Vororten um den Besitz von Märkten und schaffen damit kriegsähnliche Spannungen. Und auf nationaler Ebene? Nun, auf nationaler Ebene geschieht in allen Ländern dasselbe. Die Industriellen fordern lautstark eine direkte oder indirekte Senkung der Löhne, um auf den Auslandsmärkten wettbewerbsfähig zu sein. Es kommt zu Streiks. Die Arbeitgeber reagieren, wenn sie können, mit „Aussperrungen". Natürlich ärgern sich die Arbeiter über ihre Arbeitgeber. Die Arbeitgeber wiederum sind wütend auf ihre Arbeiter. Doch beide Seiten sind in den Händen unbekannter Finanziers, die die Geldmenge auf dem Markt kontrollieren. Unter diesen Umständen wird ein großer Teil der Arbeiterbevölkerung arbeitslos werden, es sei denn, die Löhne werden gesenkt, was materiell unmöglich ist. Und wenn sie nicht – direkt oder indirekt – gesenkt werden, werden sehr viele Unternehmen in Konkurs gehen, und die Arbeiter werden ohnehin arbeitslos. Und wenn schließlich ein großer Teil der Gesellschaft – Arbeiter und Arbeitgeber, Landwirte und Tagelöhner – ruiniert ist, dann kann der schreckliche Kreislauf von Aufschwung und Krise von Neuem beginnen. Kann sich unter solch tragischen Umständen jemand über den Hass zwischen den „Klassen" wundern? Oder über den Hass der

Arbeiter gegen die Arbeitgeber? Oder der Arbeitgeber gegen die Arbeiter? Oder der Nationen untereinander?

Niemand sieht den wahren Feind. Niemand sieht den Großen Parasiten. Oder will ihn nicht sehen. Niemand scheint erkennen zu wollen, dass die Wurzel allen wirtschaftlichen Übels in den falschen Zahlungsversprechen liegt, die von den Parasiten gegen Zinsen in Umlauf gebracht werden. Niemand scheint zugeben zu wollen, dass, wenn das Geld weltweit echt und nicht falsch wäre, es keiner Notwendigkeit gäbe, Wechselkurse festzulegen oder die enormen Anstrengungen zu unternehmen, die unternommen werden, um eine Goldnachfrage zu verhindern, die zehn Prozent des ausgeliehenen Goldes übersteigt. So wird die natürliche Wirtschaftsordnung untergraben. Und Völker werden gegeneinander aufgehetzt, Nationen gegen Nationen, Rassen gegen Rassen, damit das monströseste Diebstahlsystem überlebt, das der menschliche Verstand (?) sich ausdenken konnte, um die Tyrannei von jenem Hexensabbat, der die internationale Finanzwelt ist, zu errichten.

DIE SCHULDEN

Unser derzeitiges Finanzsystem zu beschreiben, ohne die Schuld zu erwähnen, wäre ebenso schwierig und absurd, wie das Drama von Romeo und Julia zusammenzufassen und dabei die Rivalität zwischen ihren jeweiligen Familien auszulassen.

Die beste Definition unseres Finanzsystems hat unserer Meinung nach der Schotte Commander Douglas gegeben, wonach es sich um „ein System handelt, das auf die Schaffung unbezahlbarer Schulden abzielt“[90] und wir würden es uns erlauben, dies zu vervollständigen, indem wir hinzufügen: „... und gerade weil sie unbezahlbar sind, bleiben alle Staaten der Welt dauerhaft in den Fängen dieses Systems gefangen“.

Wenn wir von „Schulden“ sprechen, meinen wir natürlich nicht die Schulden, die eine Privatperson oder eine private oder öffentliche Einrichtung gegenüber einer anderen Person oder anderen Einrichtungen machen kann, sondern das gesamte System, nach dem jedes existierende Geld eine Schuld gegenüber dem Bankensystem darstellt. Jeder Mensch in der westlichen Welt, der auf seinem Girokonto beispielsweise eine Million beliebiger Währungseinheiten hat, kann glauben, dass er diese tatsächlich besitzt, wenn ihn das glücklich macht. Tatsächlich verfügt sie jedoch höchstens über ein paar Tausend, denn obwohl diese Million auf ihrem Bankkonto als ihr Guthaben erscheint, wird sie auf dem Konto einer anderen Bank als Verbindlichkeit, als Schuld erscheinen, da dieses Geld als Schuld geschaffen wurde.

Und wenn zu einem bestimmten Zeitpunkt alle Einleger eines Landes zu ihren jeweiligen Banken gingen und in bar die Gesamtheit ihrer Einlagen – also in gesetzlichem Zahlungsmittel –, oder eine notariell beglaubigte Quittung, aus der hervorgeht, dass das Geld, das sie auf ihre Girokonten eingezahlt haben, in dieses oder jenes Unternehmen investiert oder an den Staat selbst verliehen wurde,

[90] Ch. Douglas: „*The Control and Distribution of Production*“.

würden sie die unangenehme Überraschung erleben, dass sie höchstens zehn Prozent ihres Geldes (in bar oder in Form beglaubigter Quittungen) erhalten würden. Und das im besten Fall, denn sobald die Banken bei ihrer Geldschöpfung „über die Stränge geschlagen" hätten, würden sie nur etwa fünf Prozent erhalten. Das heißt, dass in unserem verrückten System menschliche Arbeit, Waren und Dienstleistungen mit dem bezahlt werden, was die Franzosen nennen („Affenwährung"), also mit etwas, das rein nicht existiert. Mit anderen Worten: Sie werden nicht bezahlt oder nur zu fünf oder zehn Prozent ihres tatsächlichen oder vereinbarten Wertes. Was die Menschen unter „Geld" verstehen, also Banknoten und Metallmünzen, ist nichts weiter als „Kleingeld".

Das Geld, das eigentlich ein MASS sein sollte, ist SCHULD. Und zwar eine unbezahlbare Schuld.

Warum unbezahlt? Wegen der Zinsen.

Wie kann die Welt mehr Geld zurückzahlen, als als Kredit geschaffen wurde? Wie soll sie 109 zurückzahlen, wenn es nur 100 gibt? Und diese 100 existieren zudem nur „in abstracto". Die Welt ist kein Wundertäter.

Wie lässt sich dieses Problem also lösen? Wie kann ein System überleben, dessen Ergebnisse zwangsläufig ein solches Problem schaffen?

Die Antwort ist einfach. Das Problem wird nicht gelöst; es wird aufgeschoben, hinausgezögert und durch die Anwendung einer ganzen Reihe von Tricks, Notlösungen und Maßnahmen am Leben erhalten, nämlich:

a) Durch Insolvenzen und Konkurserklärungen von Unternehmen.

b) Durch Zahlungsaufschübe und Verkäufe unter dem Selbstkostenpreis, um an Bargeld zu kommen.

c) Durch das Einlassen auf den wahnsinnigen Wettlauf des Exports, bei dem es unmöglich ist, dass alle gewinnen, es aber sehr wahrscheinlich ist, dass alle Exporteure verlieren, wenn man, um im

Rennen zu bleiben, auf „Dumping“[91] zurückgreifen muss, was zudem den Binnenmarkt der Importeure ruiniert.

d) Durch Sabotage, d. h. die Drosselung der Produktion. Und als logische Konsequenz des gesamten Konstrukts...

e) Durch die Schaffung von neuem Geld-Schulden, d. h. von weiteren unbezahlbaren Schulden.

Durch Konkurs und „Dumping“ werden Elend und Arbeitslosigkeit unter den Arbeitern hervorgebracht. Durch den Export um jeden Preis entstehen nationale Rivalitäten, die Kriege auslösen können. Durch die Sabotage der n Produktion wird der Fortschritt gebremst. Und mit der permanenten Schaffung von Schuldgeld kommt die Tyrannei über Individuen, Völker und Nationen: über die ganze Welt. Die modernen Staaten selbst, die in allem, was die „äußeren Zeichen“ ihrer Souveränität betrifft, gewöhnlich so penibel sind, sind diesem verhängnisvollen System völlig unterworfen und folglich auch dessen Nutznießern, nämlich der internationalen Finanzwelt. Das Prinzip der den Banken missbräuchlich gewährten Fiat-Geldemissionen, auf das wir im Abschnitt „Die Zentralbanken“ Bezug nehmen, führt dazu, dass die Staaten, so mächtig sie auch sein mögen oder zu sein glauben, unweigerlich den Finanziers unterworfen sind: der „Money Power“, wie man sie in Amerika nennt. Wir werden später anhand sehr konkreter und aktueller Fälle sehen, bis zu welchem Grad der erbärmlichen Unterwerfung moderne Staaten durch das Finanzsystem, unter dem wir leiden, getrieben werden können. Die Staatsverschuldung – und wir beziehen uns hier natürlich nicht auf die Schulden, die sie gegenüber einem anderen Staat eingegangen sein mögen, sondern auf diejenige, die aus der Schaffung des Geldes-Schulden-Systemes resultiert – ist so gigantisch, so unglaublich, dass sie selbst dann, wenn sie ihre unglücklichen Untertanen mit brutalen und absurden Steuern auspressen, nicht einmal die jährlich anfallenden Zinsen dieser Schulden bezahlen können.

[91] „Dumping“: Verkauf zu Preisen unterhalb der Produktionskosten.

DIE PROSTITUTION DER WIRTSCHAFT VOR DER FINANZWELT

Wir glauben gezeigt zu haben, dass in unserem Finanzsystem die Wirtschaft – das Ernährungs- und Verdauungssystem einer Kultur – und ihre beiden wichtigsten Hilfsmittel, die Arbeit und die Maschine, gegenüber der Finanzwelt völlig prostituiert sind. Unmittelbar gegenüber der „nationalen" Finanzwelt; mittelbar – aber ebenfalls unvermeidlich – gegenüber der internationalen Finanzwelt.

In diesem verfluchten System ist die Macht, die die Banken durch ihre Funktionen des Erfindens, Entwickelns, Kaufens, Verkaufens, Regulierens, Erhöhens, Verringerns und Vernichtens von Geld erlangen, gewaltig. In einer Zeit, in der zudem der zügelloseste und platteste Materialismus herrscht, ist diese Macht praktisch absolut. Die internationale Finanzwelt besitzt das Gold, und da das Geld darauf basiert, besitzt sie das Geld; da sie das Geld besitzt, besitzt sie die Macht. Die Macht, jede politische Mittelmäßigkeit an die Spitze zu heben, auf ein Podest aus Geld, das ihren Wahlkampf finanziert; die Macht, sie zu Fall zu bringen, indem sie ihre Unterstützung entzieht, wenn es ihr passt. Die Macht, die Linie der großen Medien zu beeinflussen, ja sogar zu bestimmen, die nur dank der Werbung, dieser unehelichen Schwester einer natürlichen und legitimen Wirtschaft, ein Geschäft sind. Mit einem Wort: eine totale und absolute Macht: DIE MACHT, von der Die Macht, kurz gesagt, die für die Gemeinschaft am furchterregendsten und despotischsten ist, da sie – gerade weil ihre Inhaber der großen Mehrheit unbekannt sind – unverantwortlich ist.

Fassen wir zusammen, was in den vorangegangenen Abschnitten gesagt wurde: Wir sehen, dass sich der „Modus Operandi" dessen, was wir den Raub der Jahrhunderte nennen, in den folgenden acht Stufen manifestiert:

1) Die Gewinne der Arbeitgeber und die Vollbeschäftigung der Arbeiter hängen vom Preisniveau ab.
2) Das Preisniveau hängt von der im Umlauf befindlichen Geldmenge ab...
3) Die im Umlauf befindliche Geldmenge hängt von den Krediten

der und der Privatbanken ab.

4) Die Kredite der Privatbanken hängen von den Einlagen bei der „Zentralbank“ ab.

5) Die Einlagen bei der „Zentralbank“ hängen von den Krediten ab, die diese Bank an den Außenhandel vergibt.

6) Die Kredite der „Zentralbank“ an den Außenhandel hängen vom Goldverkehr ab.

7) Der Goldhandel hängt von den Wechselkursen ab.

8) Die Wechselkurse hängen von den Manipulationen der internationalen Finanzwelt ab[92].

Moral:

Der internationale Bankier begann, Importeuren und Exporteuren Zahlungsversprechen zu geben. Seine Zahlungsversprechen führten zu einem Abfluss von Gold. Der Abfluss von Gold veranlasste die „Zentralbank“, ihre Kredite zu kündigen. Die Kündigung der Kredite durch die „Zentralbank“ veranlasste die Privatbanken, ihre Kredite ebenfalls zu kündigen. Die Stornierung der Kredite der Privatbanken führte dazu, dass die Preise einbrachen. Der Preisverfall hatte einen Einbruch der Gewinne zur Folge. Der Einbruch der Gewinne führte zu Lohnkürzungen und in vielen Fällen zu Arbeitslosigkeit unter den Arbeitern. Und dann...

Dann konnte das Land billiger produzieren, und der internationale Bankier musste seine Zahlungsversprechen nicht einhalten und dafür schließlich echtes Geld hergeben. Und so konnte er, als sich die Lage wieder normalisierte, nachdem Millionen seiner Mitbürger ruiniert worden waren, fünfzehn Prozent Zinsen für das Darlehen an neue Zahlungsversprechen in der Republik Monomotapa erheben. Was sehr gut ist, wenn man bedenkt, dass dieser ganze Schachzug mit dem Geld anderer Leute durchgeführt wurde und dass er in einer vernünftigen Welt ein armer Teufel mit leeren Taschen wäre. Stattdessen ist er der Inhaber einer unverantwortlichen Macht; Präsidenten und Herrscher

---

[92] Ein ganz aktuelles Beispiel dafür ist der enorme Einbruch des Goldpreises, der durch einen massiven Verkauf von Goldbarren an der New Yorker Börse herbeigeführt wurde. Automatisch sieht sich Südafrika mit seiner florierenden Wirtschaft faktisch gezwungen, seine Währung abzuwerten. An anderer Stelle sprechen wir über diesen und ähnliche Fälle von Währungsmanipulation durch abgestimmte Maßnahmen der Hochfinanz.

sind Marionetten, die er nach den Plänen einer wahnsinnigen, jahrtausendealten Politik lenkt. Er und seinesgleichen,, haben es geschafft, die Weltwirtschaft zu prostituieren. Diese Prostitution findet im Bordell der Lügen statt:

Die Lüge, dass ein Mann, der versprochen hat, zehnmal mehr Geld zu zahlen, als er besitzt, sein Versprechen einhalten kann.

Die Lüge, dass ein Goldverlust katastrophal sei.

Die Lüge, dass Wechselkurse festgehalten und nur dann geändert werden dürfen, wenn die „Zentralbanken" dies beschließen.

Die Lüge, dass ein Land vor allem von seinem Exporthandel lebt.

Die Lüge, dass eine hohe Kaufkraft auf dem Binnenmarkt verhängnisvoll sei, weil sie die Preise auf dem Exportmarkt beeinträchtigen könne.

Die Lüge, dass hohe Löhne eine Gefahr für diesen Außenmarkt darstellen.

Die Lüge, dass ein Land, das nicht mehr exportiert als es importiert, über seine Verhältnisse lebt.

Die Lüge, dass das Mittel gegen Überproduktion in der Vernichtung von Ernten, der Sabotage der Maschine und dem Arbeiterstreik besteht.

Die Lüge, dass Geld eine Ware und kein Maß- und Tauschmittel sei.

Und an der Spitze dieser Pyramide aus Lügen, als logischer Höhepunkt der falschen Prämissen, auf denen sie ruht, die Lüge, dass ein Mensch, eine Gemeinschaft, ein Land, eine ganze Welt sich ruinieren können, weil sie zu viel gearbeitet haben, während der Hunger erst dann auftritt, wenn die Lagerbestände aller Arten von Waren ihren Höchststand erreicht haben.

Das ist das magische Ergebnis des internationalen Kapitalismus. Allgemeine Demoralisierung; Vernichtung der Ersparnisse;

Proletarisierung der „ n“ Mittelschicht; kollektive Verschuldung; brutaler Steuerdruck; Diskreditierung des Begriffs der Arbeit und weltliche Heiligsprechung der „Schlauen“; anonyme Tyrannei einer Horde von Unerwünschten und schrittweise Aufhebung aller Freiheiten zugunsten einer theoretischen Freiheit ohne jeglichen Inhalt. Dieser Weg der Katastrophen führt unweigerlich zu dem von Satan angebotenen Paradies auf Erden: zum Staatskapitalismus, dem falsch benannten „Kommunismus“, dem falschen Gegenpol des Kapitalismus und in Wirklichkeit dessen leiblichem Sohn.

DAS SYSTEM

DIE VORLÄUFER

Der berühmte englische katholische Schriftsteller Gilbert Keith Chesterton schrieb: „Das Merkmal der modernen Regierung ist, dass man nicht weiß, wer tatsächlich regiert. Wir sehen den Berufspolitiker, aber nicht den, der ihn unterstützt; noch weniger den, der den Unterstützer unterstützt, und – was viel wichtiger ist – den Bankier des Unterstützers... Mit unglaublicher Festigkeit thront er über uns allen, der verborgene Prophet der Finanzen, der das Leben der Menschen regiert und in einer allen unbekannten Sprache Exorzismen vollzieht. Die Presse spricht viel von den Nöten der Russen unter sowjetischer Herrschaft. Die Zeitungen fragen empört, woher das kommunistische Geld kommt. Aber gibt es denn jemanden, der weiß, woher überhaupt Geld kommt?“[93].

Und ein anderer Engländer, der Protestant Brailsford, behauptete: „Die Finanzen sind der wahre Herrscher und Schiedsrichter der modernen Wirtschaft. Sie sind die einzige Autokratie, die in unserer Zeit überlebt. Sie bewirkt die Ebbe und Flut des Handels, so wie der Mond die Gezeiten regiert. Sie reguliert die Geschäfte und rationiert die Arbeitsplätze.“[94].

In der Studie, die wir unter dem übergreifenden Titel „Elend im Überfluss“ über das gegenwärtige weltweite wirtschaftliche Chaos verfasst haben, haben wir wiederholt auf die internationale Finanzwelt Bezug genommen. Wir halten es im Rahmen des von uns entworfenen Plans für notwendig, zumindest die Zusammensetzung, die Mittel, die Vorgehensweisen und die Ziele der Finanzwelt darzulegen – oder, wie man sie in den „eingeweihten“ Kreisen zu nennen beginnt, des Systems. Das System, das Geld schafft, wie Chesterton andeutete, und unser Leben regelt, wie Blailsford klar anprangerte.

---

[93] Gilbert K. Chesterton: „*England's Little History*“.

[94] Hector N. Brailsford: „Finance“

* * *

Zwar waren die Phönizier die Vorläufer des Bankwesens, doch war die Haupttätigkeit dieser erstaunlichen Seefahrer der Antike der reine und einfache Handel. Die Wucherzinsen – darunter versteht man die Geldverleihung gegen Zinsen – tauchen in Griechenland auf und wurden durch die Verfassungen des athenischen Gesetzgebers Solon legalisiert. Platon prangerte jedoch bereits an, dass der Anspruch, Geld durch Geld zu vermehren, eine Abweichung von der Natur sei. Auch Babylon und Rom praktizierten komplexe Bankensysteme, deren üblicher Höhepunkt die Wucherzinsen waren. In der römischen Republik wurde der Wucherer Verres berühmt, der Zielscheibe der Satiren von Cicero.

Es war das Christentum, das die Wucherzinsen, also die Vergabe von Krediten gegen Zinsen, schlicht und einfach verbot, und unter Kaiser Konstantin drohten den Wucherern Strafen, die von zehn Jahren Galeerenstrafe bis hin zur Todesstrafe reichten. Mit dem Untergang des Weströmischen Reiches verschwand das Bankensystem praktisch, obwohl Geldverleiher und Kreditgeber weiterhin existierten, die, wenn sie von den Behörden entdeckt wurden, mit äußerst strengen Strafen belegt wurden. Die römischen Päpste erließen zahlreiche Bullen und Edikte gegen die Wucherer, und infolgedessen wandten sich die Christen in jenen Zeiten des reinen Glaubens vollständig vom Geldhandel ab und machten den Juden den Weg frei. Ab dem 9. Jahrhundert, so Henry Coston[95], sind die Juden die einzigen Wucherer im Westen. „Als Spezialisten für besicherte Kredite sind die Juden fünf Jahrhunderte lang die einzigen, die dies im Westen praktizieren. Sie legen die Regeln dieses Geschäfts fest und lassen sich dabei sowohl von den religiösen Geboten des Talmuds als auch von den durch die Praxis auferlegten Notwendigkeiten leiten“[96]. Dies musste ihnen zwangsläufig zahlreiche Widrigkeiten einbringen. Die Päpste verhängten immer mehr Verurteilungen gegen sie, mit einer Schärfe und Härte der Sprache, die sich Dr. Goebbels zu seiner Zeit niemals erlaubt hätte. Trotz der erlittenen Repressionen kehrten sie stets mit der für ihre Rasse typischen Hartnäckigkeit zurück. Als ein wohlwollender, aber schwacher Monarch wie Karl der Kahlköpfige von Frankreich

---

[95] Henry Coston: „*Les Financiers qui mènent le* monde“, S. 17.

[96] A. Dauphin-Meunier: „*Histoire de la* Banque“, S. 23.

bestimmte Maßnahmen aufhob, die die Aktivitäten der Geldherren behinderten, ließen diese ihrer Natur freien Lauf und erlangten eine privilegierte Stellung; es reicht ihnen nicht mehr, dass man ihnen im damals ultrakatholischen Frankreich die freie Ausübung ihres Kultes duldet, sondern es ist notwendig, dass der Monarch anordnet, dass die französischen Kaufleute am Sabbat nicht arbeiten und dass die Gerichte sie an diesem Tag nicht vorladen. Solch eine Dreistigkeit ruft allgemeine Empörung hervor, doch sie haben das Vertrauen des unglücklichen Karl des Kahlen, der schließlich durch einen Juden, Sedecio, vergiftet wird, vollständig gewonnen. Die Macht der Juden in den wichtigsten Königreichen der Christenheit ist immens, aber unorganisiert. Diese Macht – die Verwandlung von Geld in Macht ist eine Alchemie, die dieses erstaunliche Volk stets mit wunderbarer Geschicklichkeit praktiziert hat – wird individuell und zu ebenso individuellen Zwecken ausgeübt. Man muss bis ins 19. Jahrhundert warten, bis die politisch-finanziellen Aktivitäten des Judentums die individuellen, familiären oder höchstens nationalen Grenzen überschreiten und international werden.

Trotz der Ablehnung durch das Volk gelingt es den Juden, einflussreiche Positionen zu erlangen. Sie sind Steuereintreiber im Auftrag der Monarchen und des „Dénier de Saint Pierre“ (Petrus-Denar) im Auftrag der römischen Päpste. Sie sind, wie Michelet sagt, „der unverzichtbare Vermittler zwischen dem Fiskus und dem Opfer des Fiskus, der den Unteren das Geld wegnimmt, um es den Königen und Mächtigen mit einer widerwärtigen Grimasse zu übergeben“[97]. Doch bei diesem Hin und Her bleibt ihnen immer etwas Geld übrig, bis sie schließlich die reichsten Menschen in jedem Land sind, ohne sich jemals einem produktiven Gewerbe gewidmet zu haben.

Ihre eigene Macht weckte den Neid der Mächtigen, die zudem über die ständigen Klagen ihrer Untertanen verärgert waren. Und so vertrieb Philipp IV. sie im Jahr 1306 aus Frankreich und beschlagnahmte ihren gesamten Besitz. Derselbe Monarch, überzeugt davon, dass der berühmte Templerorden von zahlreichen Juden unterwandert worden sei, löste ihn auf und ließ seinen Großmeister, der der Ketzerei für schuldig befunden worden war, verbrennen. Die Templer waren zu renommierten Geldverleihern geworden, und zwar finanzierten sie zwar mehrere Kreuzzüge, doch halfen sie nicht weniger auch den

[97] Jules Michelet: „*Histoire de France*“.

Muslimen und praktizierten heimlich Dämonenanbetung[98]. Kurz zuvor waren die Juden von König Eduard dem Bekenner aus England vertrieben worden, ebenfalls wegen ihrer Wucherpraktiken. Dasselbe geschah in Neapel, in Ungarn und in zahlreichen deutschen Staaten. Abgesehen von diesen allgemeinen, offiziellen Maßnahmen, die von den christlichen Staaten, angeführt von den Kirchenstaaten selbst, erlassen wurden, kam es überall zu unkontrollierten Volksreaktionen gegen die Geldhändler, von Polen und Russland (der russische Ausdruck „Pogrom" oder Judenmassaker hat Eingang in alle Sprachen gefunden) bis nach Spanien, wo 1491 in Barcelona die Armee eingreifen musste, um den kollektiven Mord an der gesamten jüdischen Kolonie zu verhindern. Ein Jahr später wurden die Juden aus Spanien vertrieben, und obwohl der offizielle Grund ihre Nichtzugehörigkeit zur katholischen Religion war, wäre es naiv zu leugnen, dass die Wucherpraktiken dieser Gemeinschaft viel mit dieser drastischen Maßnahme zu tun hatten.

Doch wenn dieses erstaunliche Volk aus einem Land vertrieben wurde, tauchte es bald in einem anderen auf. Mit unglaublicher Hartnäckigkeit und einer herdenartigen Neigung zum Masochismus ließen sie sich in anderen Ländern nieder, weckten das Mitleid des einfachen Volkes, während sie sich – als Meister der Schmeichelei – mit den Mächtigen anfreundeten. Nach einer gewissen Zeit haben ihre „kaufmännischen" Praktiken ihnen allgemeine Abneigung eingebracht. Fürsten und Herrscher dulden sie noch eine Weile länger, wegen ihrer Nützlichkeit als skrupellose Steuereintreiber, doch schließlich geben sie dem Druck des einfachen Volkes nach, und es kommt erneut zu Verfolgungen und Vertreibungen. Mit dem wucherischen Grund dieser Ereignisse ist der religiöse Grund verbunden. „Im Mittelalter", sagt Michelet[99], „ist der Besitzer des Goldes der Jude, dieser unreine Mensch, der weder eine Frau noch eine Ware berühren kann, ohne dass diese verbrannt werden; der widerwärtige Gottesmörder, den alle anspucken..."

Diese Verfolgungen, diese gegenseitigen Misshandlungen waren in

---

[98] Die Judaisierung des Templerordens steht außer Frage, ebenso wie die Tatsache, dass sie heimlich den Großen Baphomet verehrten, eine halb tierische, halb menschliche Darstellung des Teufels. In der Freimaurerei, in der so viel Jüdisches steckt, findet sich ein Großteil des Templerrituals wieder.

[99] Jules Michelet: „*Histoire de France*".

Wirklichkeit unvermeidlich. Der Jude und der Westler gehören verschiedenen Kulturen an, wobei unter Kultur das höhere organische Wesen zu verstehen ist, das eine Einheit aus Nation-Staat-Rasse-Schicksal in sich vereint[100]. Das territoriale Zusammenleben zweier Kulturen ist radikal unmöglich, und dies umso mehr, wenn es sich um völlig gegensätzliche Kulturen handelt, wie im vorliegenden Fall. „Guter Wille", „Toleranz" und andere humanitäre Floskeln nützen nichts. Das Leben hat seine eigenen Gesetze, und eines davon bezieht sich auf den territorialen Bereich der niederen Tiere, der höheren (manchmal auch nicht so sehr) und der Kulturen. Das territoriale Zusammenleben zweier Kulturen kann nur Krieg zwischen beiden hervorbringen. Und Lebewesen führen Krieg mit ihren eigenen Waffen. Der Westler offen und unverhüllt. Der Große Parasit heimtückisch, aus einem Zwang seiner eigenen Natur heraus.

Der vorangehende Absatz erschien uns absolut unerlässlich, denn von seinem vollständigen Verständnis hängt die Lösung der Probleme des Westens ab; nicht mehr nur der rein wirtschaftlichen, sondern der politischen, das heißt der gesamten Probleme: rassischer, geografischer, kultureller, militärischer und letztendlich – aber auch mit lebenswichtigem, „ em" Charakter – wirtschaftlicher Art.

Es war geradezu ein typisches Merkmal des jüdischen Volkes, immer an die Orte zurückzukehren, von denen es vertrieben worden war. Und wenn es nicht als solches jüdisches Volk zurückkehrte, tat es dies unter Annahme des Volksnamens anderer Völker, die vorübergehend seine Gastgeber waren. So tauchten sie kurz nach ihrer Vertreibung aus Frankreich als solche Juden wieder als „Lombarden" auf. Tatsächlich gab es lombardische Geldverleiher – echte Lombarden – bereits seit dem Jahr 1210 in Frankreich, angezogen von den Grafen der Champagne, und sie fungierten als Schatzbankiers und Steuereintreiber. Nach der offiziellen Vertreibung der Juden leitete ein „Lombarde" – in Wirklichkeit ein Jude – namens Musciatto degli Franzesi die Finanzen Philipps IV., unterstützt von seinem Bruder Biccio. Eine weitere Tarnung, die sie annahmen, war die der „Cahorsins", die sich zwar für aus Cahors in Zentralfrankreich stammend hielten, in Wirklichkeit aber aus Cuorsa im Piemont kamen.

Die „Cahorsiner" Geldverleiher unterstützten im Verlauf des

[100] Francis Parker Yockey: „Imperium", Omnia Veritas Ltd.

Albigenser-Kreuzzugs beide Seiten. Simon de Montfort übertrug dem „Cahorsiner" Raymond de Salvagnac als Zins das Recht auf die Plünderung der Stadt Lavaur. Und dem „Lombarden" Jacques (oder Jacob) Jean wurde die Stadt Provins als Zins überlassen. Im Allgemeinen vergaben sowohl die „Lombarden" als auch die „Cahorsiner" Kredite an Privatpersonen zu Zinsen, die nie unter 23 Prozent pro Jahr lagen. In Nîmes und Beaucaire betrugen die Zinsen 50 Prozent, manchmal sogar 100 Prozent[101]. Die Aktivitäten dieser Geldverleiher machten sie natürlich unbeliebt, doch der Schutz der Päpste, insbesondere von Gregor IX. und Innozenz IV., bewahrte sie vor vielen Problemen. Der päpstliche Schutz beruhte auf der Tatsache, dass die „Lombarden" die Einzieher des „Peterspfennigs" waren, einer Abgabe, die die Kirchenstaaten direkt in allen Staaten der Christenheit erhoben und die bis zu zehn Prozent des Einkommens der Adligen und fünfzehn Prozent des Einkommens der Bauern betragen konnte. Doch auch den Schutz des Vatikans verloren die „Lombarden", als Innozenz IV. bemerkte, dass diese einen weitaus größeren Teil der Einnahmen einbehielten, als vereinbart war. Und so vertrieb Karl VI. erneut die Juden, „Cahorsins", „Lombarden" oder wie auch immer sie sich nannten.

Die „Cahorsins" kehrten nach Italien und nach Nordafrika zurück. Und die „Lombarden" gingen nach England, wie wir bereits unter im Abschnitt „Die Zentralbanken" erwähnt haben. Dort trafen sie auf andere Juden, die fast zeitgleich aus Mailand vertrieben worden waren, ebenfalls wegen ihrer Wucherpraktiken, und die einen wie die anderen ließen sich als Geldverleiher nieder und verliehen Geld zu einem Zinssatz von zehn Prozent.

Allmählich tauchten die ersten „Finanziers" auf, die begannen, sich in die Politik einzumischen. Jacques Coeur, eine geheimnisvolle Persönlichkeit, die zu Beginn des 16. Jahrhunderts in Bordeaux geboren wurde, ist der erste Finanzier, von dem die Geschichte Frankreichs berichtet. Obwohl er wegen Geldfälschung verurteilt worden war, beauftragte ihn Karl VII. mit den Finanzen des Königreichs in dessen Hauptstadt Bourges. Bald häufte er ein kolossales Vermögen und parallel dazu enormen Einfluss an. Er stieg zum Generalrat des Königreichs auf, während sein Bruder zum Bischof von Luçon und sein Sohn zum Erzbischof von Bourges geweiht wurden. Der Papst setzte

[101] Henry Coston: „*Les financiers qui mènent le* monde", S. 29.

ihn für vertrauliche diplomatische Missionen ein. Sein rasanter Aufstieg brachte ihm zahlreiche Feinde ein, und er wurde der Vergiftung von Agnés Sorel, der Favoritin Karls VII., beschuldigt. Im Prozess kamen neue Anklagepunkte gegen ihn ans Licht: ketzerische Praktiken, der Verkauf von Christen als Sklaven im Orient, die Unterstützung „lombardischer" Wucherer usw. Zu einer geringen Geldstrafe verurteilt, zog er es vor, ins Gefängnis zu gehen, anstatt zu zahlen, floh jedoch bald dank seltener Komplizenschaften und verbrachte seine letzten Tage in Rom, wo Papst Calixt III. ihn unter seinen Schutz nahm.

Die Medici aus Florenz, Bankiers der Päpste Johannes XXII. und Martin V., waren in Italien die Entsprechung des räuberischen und genialen Jacques Coeur. Die Medici waren „Übergangsgestalten zwischen den Geldhändlern des Mittelalters und den Bankiers der Neuzeit"[102]. Durch geschickten Umgang mit Geld, mit aller Ehrlichkeit, die das „Handwerk" zulässt, verwalteten sie den gesamten Geldfluss, der für die Abhaltung des Konzils von Konstanz von 1414 bis 1418 und später, im Jahr 1431, des Konzils von Basel verwalteten, erlangten die Medici eine bis dahin beispiellose politisch-finanzielle Bedeutung. Vor allem Lorenzo de' Medici, genannt „der Prächtige", verlieh seiner Bank legendären Glanz, ordnete jedoch den Ablauf seiner Finanzgeschäfte der großen Politik unter und war an fast allen großen internationalen Intrigen seiner Zeit beteiligt. Nach seinem Tod begann trotz des Schutzes von Papst Innozenz VIII. der Niedergang des Hauses. Auch wenn der Name der Medici, der ersten großen christlichen Finanziers, weiterleben wird, verschwand das Haus schnell als finanzielles und politisches Zentrum. Die Medici können als eine Art Vorläufer der Morgan und Cyrus Eaton angesehen werden, „nichtjüdische" Bankiers, die aktiv mit jüdischen Kollegen zusammenarbeiteten und nach und nach von diesen absorbiert oder verdrängt wurden. Diejenigen, die die Medici zu ihrer Zeit in den Schatten stellten, waren die Fugger.

Die Fugger aus Augsburg waren ebenso mächtig wie die Medici, wenn nicht sogar mächtiger, aber viel diskreter. Hans Fugger, ein christlicher Tuchmacher, heiratete eine Jüdin, und der älteste Sohn des Paares, Jakob, der später Vorsteher der Augsburger Tuchmacherzunft wurde, widmete sich dem Geldhandel. Das Ehepaar hatte fünf Söhne, die alle Jüdinnen heirateten, doch nur zwei traten in das väterliche

---

[102] A. Dauphin-Meunier: „*Histoire de la* Banque", S. 67.

Geschäft ein: Mark und Jakob. Die Fugger unterhielten finanzielle Beziehungen zum Papsttum und zur Habsburger-Dynastie. Jakob Fugger II. wurde Bankier des Heiligen Römischen Reiches. Im Jahr 1519 stellte er die notwendigen Mittel für den Kauf der Stimmen der Kurfürsten bereit, die Maximilians Neffen, Karl V. von Deutschland, auf den Kaiserthron hoben, der später auch den Thron Spaniens bestieg. Dieser Fugger schrieb 1523 an Kaiser Karl mit folgenden Worten: „Es ist bekannt und offensichtlich, dass Eure Majestät ohne mich die Kaiserkrone nicht erlangt hätte"[103]. Die Fugger verlangten bei Geschäften mit Privatpersonen äußerst niedrige Zinsen (1 Prozent), doch ihre Geschäftspolitik bestand darin, den öffentlichen Behörden Geld zu günstigen Konditionen zu leihen: Im Gegenzug gewährten diese ihnen das Recht auf den Abbau von Minen sowie Begünstigungen und Privilegien. So erlangten sie die Kontrolle über die Kupfer- und Silberminen in Tirol und Ungarn, über Quecksilberminen in Spanien (Almadén) sowie über riesige Bergbauregionen in Venezuela. Ein Zweig der Fugger ließ sich in Spanien nieder und änderte seinen Nachnamen in die spanisierte Form Fúcar. Antonio Fúcar finanzierte den Krieg Philipps II. von Spanien gegen Frankreich und gegen die Türken. Die Fugger-Fúcar waren bereits Bankiers des Heiligen Stuhls, als ihnen das Recht übertragen wurde, die Münzen der Kirchenstaaten zu prägen, und ohne Rücksicht auf ihr früheres Bündnis mit den Medici entrissen sie diesen nach und nach alle ihre Positionen. Doch das Dekret von Valladolid aus dem Jahr 1557, mit dem Philipp II. die Begleichung aller Schulden aussetzte und den Export von spanischem Gold verbot, führte zum Ruin der Fugger.

Der letzte große „Einzel"-Finanzier, dessen Aktivitäten die der modernen Finanzwelt vorwegnahmen, war Samuel Bernard, der zwar hugenottischen Glaubens war, aber laut Voltaire und Drummont jüdischer Abstammung war. Bernard, der als der Krösus seiner Zeit galt und als Bankier Ludwigs XV. sowie d s von Frankreich fungierte, nutzte seine wirtschaftliche Macht, um dem Monarchen Zugeständnisse zugunsten seiner Glaubensgenossen abzuringen, die sich trotz erneuter Verbote immer wieder in diesem Land niederließen. Sein großes Vermögen, die königliche Gunst und sein Einfluss in der europäischen Gesellschaft veranlassten die adeligen und mächtigen Familien, eine Verbindung mit seinen reichen Nachkommen anzustreben. Die Clermont-Tonnerre, die Cossé-Brissac und die Saint-Chamans konnten

103 A. Dauphin-Meunier: „*Histoire de la* Banque", S. 69.

ihrem Wappen dank des Erbes des Finanziers Samuel Bernard neuen Glanz verleihen. Einer der Nachkommen dieser Verbindung zwischen Geld und Adel, Mathieu-François Molé, wurde 1807 von Napoleon beauftragt, die Beratungen des Großen Sanhedrins zu leiten, was damals zum ersten Mal geschah und den Weg für die offizielle Anerkennung einer jüdischen Nation innerhalb der französischen ebnete – etwas, das der Große Korse schon sehr bald bereuen sollte.

DER NÄHRBODEN

Durch die eigene Dynamik der Ereignisse und aufgrund ihrer gemeinsamen Interessen schlossen sich die Finanzdynastien zusammen und fusionierten in bestimmten Fällen, bis sie das bildeten, was gemeinhin als internationale Finanzwelt bezeichnet wird und von den „Eingeweihten" als das System oder auf Englisch als das Establishment bezeichnet wird.

Doch um das zu verwirklichen, was Treitschke als „große Politik" bezeichnete, reicht Geld allein nicht aus. Geld allein reicht nicht aus, nicht einmal, um eine Finanzpolitik zu betreiben. Selbst für etwas so Konkretes und Materielles wie die Finanzwelt bedarf es eines leitenden Geistes, einer Seele[104]. Wir haben bereits erwähnt, dass der „Modus Operandi" der Vorläufer der Finanzwelt im Geldhandel und damit im Einflusshandel bestand. Doch durch die Umwandlung des einst ehrbaren Bankgeschäfts, das darin bestand, die Ersparnisse der Öffentlichkeit gegen eine Gebühr zu verwahren, in den ungeheuren Betrug, mit dem wir uns bereits ausführlich befasst haben, erreichten die Möglichkeiten der Finanziers Grenzen, die selbst für die Eliten ungeahnt und für die breite Öffentlichkeit natürlich völlig unglaublich waren. Es ging nicht mehr darum, Geld zu verleihen, sondern es zu erfinden, es aus dem Nichts zu erschaffen. Dazu musste der Widerstand der Regierungen überwunden werden, denn kein Monarch, keine gesunde Republik wird jemals zustimmen, dass die Währung und der Geldumlauf eines Landes vom Willkür einzelner Personen oder privater Institutionen abhängen, oder jedenfalls von solchen, die dem nationalen Interesse fremd und abträglich sind. Daher hat das, was man allgemein als „die Revolution" bezeichnet – von der bürgerlichen Französischen Revolution über die „kommunistische" Russische Revolution bis hin zur endlosen Reihe anarchistischer, „sozialistischer", demokratischer und sonstiger Utopien –, stets die entscheidende Unterstützung der Hochfinanz genossen. Der Schriftsteller Anatole France, an dessen Republikanismus rechtmäßig nicht gezweifelt werden kann, erklärte: „Einer der Vorteile unserer Revolution bestand darin, Frankreich gefesselt den Männern des Geldes zu übergeben, die es seit hundert

[104]Mario Alberti: „*El Cuerpo y el Alma de la* Moneda", Rom 1935.

Jahren verschlingen“[105]. Und Pierre Gaxotte, zweifellos der beste auf das Thema der Französischen Revolution spezialisierte Historiker, zögerte nicht zu sagen: „Ohne die massive und unverhohlene Unterstützung der internationalen Geldmächte, die gelegentlich von England angeführt wurden, hätte das Phänomen namens Französische Revolution niemals stattgefunden“ [106].

Die Schlussfolgerung „Finanzen-Revolution“, über die so viel geschrieben wurde, ist so offensichtlich, dass es unmöglich erscheint, dass sie nur von wenigen vollständig verstanden und akzeptiert wird. Die einzige Erklärung, die wir dafür finden, liegt in dem allgemein vergessenen Phänomen der geistigen Trägheit des Menschen. „Manche Menschen“, sagt Bernard Shaw, „würden lieber sterben, als zu denken. Sie sind die Märtyrer der menschlichen Dummheit“[107]. Natürlich muss man den Geschichtslehrbüchern gerecht werden, wonach die Französische und die Russische Revolution – die Revolutionen der Freiheit und der Gleichheit – stattfanden, weil das hungernde und ausgebeutete Volk sich gegen die Tyrannei der wohlhabenden Klassen erhob … während die Realität darin besteht, dass das Frankreich Ludwigs XVI., obwohl es durch das verhängnisvolle Wirken von Law und Necker verschuldet war,, wenn wir in buchhalterischen Begriffen sprechen wollen, über ein Vermögen verfügte, das die Verbindlichkeiten bei weitem überstieg, und seine arbeitenden Schichten genossen den höchsten Lebensstandard im Europa jener Zeit, während das Russland Nikolaus' II., trotz seines Rückstands gegenüber dem Westen, ein bis dahin – und seitdem – unübertroffenes Pro-Kopf-Einkommen erreicht hatte... Diese Komplizenschaft zwischen Kapitalisten und Revolutionären ist nicht nur historisch wahr, sondern notwendig. Um eine „spontane“ Revolution zu organisieren, muss man nämlich:

a) Professionelle Schauspieler und Agitatoren anzuheuern – und zu bezahlen –, die mit ihren flammenden Reden einer Mehrheit von Dummköpfen weismachen, dass sie sehr unglücklich sind und von den etablierten Mächten ausgebeutet werden. Es ist ein psychologisches Axiom, dass auf jeden Mittelmäßigen, der bereit ist, seine eigene

---

105 Anatole France: „*Die rote* Lilie“

106 Pierre Gaxotte: „*Die Französische Revolution*“.

107 G. Bernard Shaw: „*Der Apfelwagen*“.

Mittelmäßigkeit einzugestehen, hundert kommen, die bereit sind, die Schuld „der Gesellschaft", also den anderen, zuzuschieben.

b) Die Mieten für die Säle, in denen die Kundgebungen der betreffenden Agitatoren stattfinden sollen, zu übernehmen – und zu bezahlen.

c) Die „Schläger" anmieten – und bezahlen –, die für die Aufrechterhaltung der Ordnung in diesen Sälen zuständig sind, und die Andersdenkenden mit ihren Fäusten „überzeugen".

d) Die zweitklassigen Schreiberlinge, die Ärzte ohne Patienten, die Anwälte ohne Fälle und ganz allgemein das Gesindel der gescheiterten Berufstätigen zu engagieren – und zu bezahlen –, damit sie die revolutionären Flugblätter verfassen, die gedruckt, verteilt und an die Wände geklebt werden müssen.

e) Die für diese Aufgabe notwendigen Drucker, Schriftsetzer und anwerben – und bezahlen.

f) Anzeigenplätze in den verschiedenen Medien buchen – und bezahlen.

g) Teams von aufopferungsvollen Revolutionären beauftragen – und bezahlen –, deren Aufgabe darin besteht, die öffentliche Ordnung zu stören. Diese Störungen der Ordnung, die meist mit bemerkenswerter Synchronisation auftreten, dürfen keinesfalls aus „spontanen" Aktionen resultieren.

h) Anheuern – und bezahlen – von Teams von Prozesshasen, deren Aufgabe nichts anderes sein wird, als den von der Polizei festgenommenen Revolutionären Rechtsbeistand zu leisten.

i) Lieferungen von Vorräten an Handfeuerwaffen und[108] en, die für die revolutionäre Straßenaktion notwendig sind, in Auftrag geben und bezahlen.

j) Die Dienste von Verrätern in der Armee, der Polizei und der Verwaltung beauftragen – und bezahlen –, ohne die noch nie eine Revolution gesiegt hat.

Um eine Revolution zu organisieren, muss man so viele Dinge beauftragen – und bezahlen –, dass sie nur für überaus wohlhabende Gruppen in Reichweite bleibt. So ist es jetzt; so war es schon immer,

[108] Manchmal nicht ganz so „kurz". Die glorreiche Rote Armee verfügte während der Oktoberrevolution in Russland sogar über Panzer und Kanonen, von denen wir ehrlich gesagt bezweifeln, dass sie mit den Mitgliedsbeiträgen der Parteimitglieder finanziert wurden.

und es wird niemals anders sein können.

Diese notwendige kapitalistisch-revolutionäre Kollusion hat in der Geschichte ihre unvermeidliche Entsprechung gefunden. Denn es ist historisch unbestreitbar, dass die relativ friedliche Englische Revolution, die mit der Hinrichtung von König Karl I. und der Errichtung der Diktatur Cromwells endete, mächtige Unterstützung von den sephardischen Bankiers in Amsterdam und den kürzlich aus Spanien vertriebenen sowie von den in London ansässigen „Lombarden“ erhielt. Das spektakuläre Ergebnis war natürlich die Einrichtung des Unterhauses oder der Commons und – entscheidend für die Finanzwelt und letztlich für die Intra-Geschichte – die Legalisierung der Aktivitäten der Wucherer und die anschließende Gründung der sogenannten Bank of England.[109]

Dasselbe lässt sich über die Französische Revolution sagen. Der Angriff der internationalen Finanzwelt auf die letzten drei Könige der Kapetinger-Dynastie war von einer bis dahin unbekannten Heftigkeit. Ein schottischer Abenteurer, John Law, der laut Gaxotte[110] ein Agent von Fernández Carbajal war – jenem sephardischen Bankier, der den Triumph Cromwells und die Gründung der Bank of England inszeniert hatte –, ließ sich in Paris nieder und bot Ludwig XIV. seine Dienste an, der diese jedoch ablehnte. Daraufhin nahm er Kontakt zum Herzog von Orléans auf, dem Cousin des Monarchen und Anwärter auf die französische Krone. Ludwig XIV. ließ Law aus Paris ausweisen, doch dieser kehrte nach dem Tod des Königs nach Frankreich zurück. Er gründete eine Privatbank und später eine Westindische Handelsgesellschaft, deren Kapital vollständig von der Law-Bank gezeichnet wurde. Diese neue Gesellschaft erhielt das königliche Privileg des Exklusivhandels mit Louisiana, Amerika, Indien, China und Afrika. Eineinhalb Jahre später verwandelte ein königliches Edikt die Law-Bank in die „Königliche Bank“. Diese Bank führte das Kreditsystem ein, handelte dabei jedoch wenig umsichtig, was nach zwei Jahren zu ihrem Bankrott führte. Der Staat musste einen Zahlungsaufschub gewähren und sich selbst verschulden, um den Ruin Tausender Kontoinhaber zu verhindern, während Law nach England

---

[109] Henry Coston behauptet („*La Haute Banque et les* Trusts“), dass Laws (engl. „Law“) richtiger Nachname Lasse war und dass er natürlich weder Schotte noch Engländer war.

[110] Pierre Gaxotte: Ebenda. Id. Op. cit.

floh, um dem gegen ihn erlassenen Haftbefehl zu entgehen.

„Aber", so Henry Coston, „die Geldmanipulatoren nahmen 1789 ihre Revanche. Sie nutzten die Revolution, die den Thron von Saint-Louis hinwegfegte, und errichteten auf den Trümmern des alten Frankreichs eine schändliche Herrschaft, vor allem wenn man bedenkt, dass sie im Namen des französischen Volkes von Männern ausgeübt wurde, die dessen Sitten, Traditionen und Glauben im Allgemeinen fremd waren"[111].

Viel wurde über die Rolle der Enzyklopädisten und Verschwörer bei der Entstehung der Französischen Revolution gesprochen. Weniger Beachtung fand hingegen der Schweizer Finanzier Necker, obwohl seine Bedeutung von entscheidender Natur war. Als Sohn eines in Genf ansässigen preußischen Anwalts trat Necker schon sehr früh in die Dienste der Bank Isaac Vernet ein. Ursprünglich lutherisch, konvertierte er zum Calvinismus und trat der Freimaurerei bei. Isaac Vernet ernannte ihn zum Direktor seiner Pariser Filiale. „Nachdem er einen hohen Beamten des Außenministeriums bestochen hatte, erfuhr Necker von den geheimen Friedensverhandlungen zwischen Frankreich und England. Er kaufte zu einem Spottpreis alle englischen Wertpapiere auf, die er auf dem Markt finden konnte, und verkaufte sie nach dem Vertrag von Paris im Februar 1763 mit einem Gewinn von 1.800.000 Pfund weiter"[112]. Eine ähnliche Transaktion, diesmal auf der Grundlage kanadischer Schulden, machte ihn zum reichsten Mann des Königreichs.

Ludwig XVI. gab dem vielfältigen Druck seines „Umfelds" nach und berief Necker, um ihn zu beauftragen, Ordnung in die Finanzen des Landes zu bringen. Einige Monate lang schien Necker das Allheilmittel zu sein. Um die Staatskasse zu sanieren, tat er nichts anderes, als Anleihen aufzulegen und das Geld zu skandalösen Zinsen zu leihen. Innerhalb von vier Jahren verdreifachte er die Staatsverschuldung; seine Politik, die vor allem von ausländischen Bankiers wie den Genfern Hottinguer, Mallet, Mirabaud, Vernes und vor allem Isaac Vernet getragen wurde, basierte auf der „ad infinitum"-Vermehrung der Schulden. Zudem übte er ständig Druck auf den König aus, damit dieser

---

[111] Henry Coston: „*Les financiers...*", S. 29.

[112] Jacques Bordiot: „*Une main cachée dirige...*", S. 65.

die Gründung einer „Zentralbank“ genehmigte, wie sie bereits in Holland und England existierten. Seine Unterstützung bestimmter Revolutionäre war – zusammen mit seiner verfehlten Wirtschaftspolitik – der Grund für seine Entlassung durch den König. Doch der Druck der „Gesellschaften des Denkens“ zwang den schwachen Ludwig XVI., ihn 1788, also sieben Jahre nach seiner Entlassung, erneut zu berufen. Neckers Rückkehr löste extravagante Begeisterungsbekundungen seitens einer entsprechend manipulierten „öffentlichen Meinung“ aus. Am 27. Dezember 1788 griff Necker in seinem Bericht an den Königlichen Rat ohne jede Zurückhaltung Ludwig XVI. und dessen Premierminister Vergennes an, den „Schreckgespenst“ der Revolutionäre. Sechs Monate später, im Mai 1789, wurden die Generalstände einberufen, der Vorläufer des zukünftigen Parlaments, ein Ziel, für das der millionenschwere Finanzier Necker jahrelang gekämpft hatte. Zwei Monate später entließ der unentschlossene Ludwig XVI. Necker erneut. Es war der 11. Juli. Es kam zu neuen Unruhen des Pariser Pöbels zugunsten Neckers. Straßenkrawalle und die Erstürmung der Bastille am 14., und am nächsten Tag rief der unglückliche Ludwig XVI., gezwungen durch den „Bruder“ General Lafayette, Necker erneut zurück. Im Jahr 1790, als das Land völlig ruiniert und der Monarch praktisch ein Gefangener der Revolutionäre war – die ihn drei Jahre später guillotinieren sollten –, kehrte Necker, völlig diskreditiert von denen, die ihn trotz seiner Leere unterstützt hatten und ihn nun im Stich ließen, als er ihnen nicht mehr nützlich war, zusammen mit seinem Mentor Isaac Vernet nach Genf zurück.

* * *

Wir haben zuvor bereits die „Sociétés de Pensée“ oder Gesellschaften des Denkens erwähnt, bei denen es sich um nichts anderes als Freimaurerlogen handelte, zu denen gelegentlich auch Sympathisanten Zutritt hatten, die nicht Mitglieder der Sekte waren. Der Einfluss dieser „Gesellschaften“ auf den Ausbruch der Französischen Revolution war von größter Bedeutung. Dies ist nicht der richtige Ort, um uns in einer ausführlichen Darstellung des jahrhundertelangen Kampfes der Freimaurerei gegen die Krone von Saint-Louis bis zu deren Sturz in der Französischen Revolution zu verlieren. Autoren vom Rang eines Bernard Fay, Augustin Cochin, Copin-Albancelli, Gustave Bord, Gaston Martin, Henry Coston, Georges Virebeau und der Engländerin Nesta H. Webster haben das Thema eingehend und mit umfassender Dokumentation behandelt. Tatsächlich war und ist die Freimaurerei ein Feind aller Throne, auch wenn sie sich aus taktischen Gründen manchmal auf andere gestützt oder die Existenz einiger weiterer toleriert hat, vor allem wenn es sich um rein symbolische Throne handelt, also solche, die keine tatsächliche Macht ausüben.

Was wir hier jedoch besonders erwähnen möchten, ist, dass die Freimaurerei zusammen mit der Revolution[113] eine der Komponenten des Nährbodens des Systems ist. Die dritte Komponente ist die internationale Finanzwelt. Wir wiederholen: Die internationale Finanzwelt ist, so allmächtig sie auch sein mag, nicht mehr als eine weitere Komponente. Die Finanzwelt ist ein Werkzeug, ebenso wie der Kommunismus, wie es der Anarchismus war, wie es der Trotzkismus beinahe geworden wäre, wie es vielleicht morgen der antirassistische Rassismus der farbigen Völker sein wird.

Aber da ist noch etwas. Das System ist mehr als das. Das System ist der sogenannte Globalismus, verkörpert durch die verhängnisvolle UNO und jene geheimnisvollen Gruppen von Personen, die – höchst undemokratisch – durch Kooptation bestimmt werden, wie etwa die Bilderberg-Gruppe, auf die wir später noch eingehen werden. Das System ist, kurz gesagt, nichts anderes als die Verwirklichung alter messianischer Prophezeiungen; es ist nicht mehr und nicht weniger als eine weitverzweigte Organisation, deren Endziel – ob nun alle oder die Mehrheit ihrer Mitglieder davon wissen oder nicht – die Herrschaft über den Planeten ist.

---

113 Wir beziehen uns auf die Revolution im Sinne der allgemeinen Bedeutung des Wortes und nicht auf den Begriff, der sich aus seiner etymologischen Bedeutung ergibt.

NAPOLEON UND ROTHSCHILD

Hatte Necker die Staatskassen geleert, so verhängte eine Schar von Polit-Kleindarstellern, unter denen sich zahlreiche außerhalb Frankreichs Geborene befanden, wie der preußische Jude Anacharsis Klotz, der sephardische Chocerlos de Laclos, die ebenfalls sephardischen Almereyda (Portugiese) und Guzmán (Spanier) sowie vor allem der blutrünstige Jude Jean Paul Marat den blinden und willkürlichen Terror als Regierungsform durchsetzten und sich dabei auf das Gesindel der Großstädte stützten. Aus diesem Pöbel war das hervorgegangen, was Spengler als „die negative Elite des Abgrunds" bezeichnete, die abgrundtiefe Welt der Unterlegenen, der Neider, der Versager; Berufslose; Träumer, Müßiggänger und Trunkenbolde; Prostituierte, Scharlatane und Demagogen; körperlich und moralisch Verkrüppelte; minderwertige Wesen, die die Gesellschaft und die etablierten Werte gerade wegen ihrer eigenen Minderwertigkeit hassten. Menschen, die sich hinter dem berühmten Trilemma Freiheit-Gleichheit-Brüderlichkeit versteckten und dabei fantastische Geschäfte machten. Letztendlich alle nacheinander Täter und Opfer der Dynamik des Bösen; des Prinzips, wonach das Böse sogar für das Böse selbst böse ist. Kurz gesagt, alle im Dienste antinationaler, kosmopolitischer Kräfte, wie man schon damals sagte. Im Prozess gegen die „Hébertisten" beispielsweise zeigte sich, dass alle ebenso antifranzösisch wie antidemokratisch waren, da sie sich gegenseitig ohne jede Scheu anklagten. Als Komplizen des „Auslands" wurden guillotiniert: der jüdisch-preußische Klotz; Danton, der berühmte Stipendiat Englands – oder genauer gesagt der Bank von England; der sephardische Guzmán; die österreichischen israelitischen Bankiers Emmanuel und Junius Frey; Madame de Haelder, Agentin des Königs von Preußen und Gründerin der freimaurerischen „Bruderschaft der beiden Geschlechter", der auch die abenteuerlustige und als Spionin tätige Niederländerin Etta Palm angehörte, Agentin der Bank von Amsterdam, Geliebte des Abgeordneten Choudieu, Agent der Niederlande[114]. Doch Monate später sollten die „Jakobiner", die Vollstrecker der „Hébertisten", ihrerseits unter die Guillotine kommen.

[114] Jacques Bordiot: „*Une main cachée dirige...*", S. 83.

Die Kriege des Direktoriums – so schreibt Henry Coston[115] – ermöglichten es den Finanziers, die zu Herren des Staates geworden waren, die Eroberungen der Generäle auszubeuten. Im Jahr 1799 erfuhr das ruinierte Direktorium, dass „sein" Bankier Ouvrard sich geweigert hatte, ihm weiteres Geld zur Verfügung zu stellen. Die Regierung kündigte daraufhin Maßnahmen gegen die „spekulativen" Finanziers an. Die Bankiers gerieten in Panik und suchten nach einem Säbel, der in diesem Chaos für Ordnung sorgen sollte. Die Bankiers Perregaux und Marmot erinnerten sich an einen gewissen General Bonaparte, der sich in Ägypten, wie zuvor in Italien, nicht nur als großer Stratege, sondern auch als umsichtiger Verwalter der eroberten Gebiete erwiesen hatte. Perregaux und Marmont schickten ihren Gesandten Bourbaki nach Ägypten, der Bonaparte mitteilte, dass „zwei Millionen Francs im Hinblick auf einen Staatsstreich zu seiner Verfügung stünden"[116]. Napoleon überließ seine Truppen dem Kommando von General Kléber und begab sich eilig nach Paris, wo ihn die Bankiers Le Couteulx, Perregaux und Marmot, der Vater des Adjutanten des Siegers von den Pyramiden, gespannt erwarteten. Tatsächlich hatte die Hochfinanz keinerlei Interesse daran, das Direktorium zu stürzen, und sie konnte auch nicht ahnen, dass zunächst Ouvrard und dann Perregaux, Le Couteulx und Marmont auf eigene Faust handelten, ohne die noch junge, aber immer mächtiger werdende Macht des Geldes zu konsultieren, die in London und Amsterdam ansässig war. Aus diesem Grund wurden die notwendigen Maßnahmen ergriffen, um zu verhindern, dass sich der skandalöse Vorfall wiederholte, dass ein Bankier mehr an sein Vaterland dachte als an die Interessen des internationalen Finanzsystems; und dies sollte sich erst hundertdreißig Jahre später in Deutschland wiederholen.

Aber wir wollen nicht vorgreifen und kehren nach Paris zurück, wo das Geld und der Einfluss von Perregaux, Le Couteulx und Marmont im April 1799 dazu führten, dass Luciano Bonaparte zum Präsidenten der Nationalversammlung gewählt wurde. Le Couteulx ließ sich zum Präsidenten der Verwaltung des Departements Seine wählen. Er kaufte sich die Komplizenschaft von Lemercier, dem Präsidenten des Ältestenrats. General Marmont, eine Schlüsselfigur der Verschwörung, da er Sohn eines Bankiers, Schwiegersohn von Perregaux und Adjutant

[115] Henry Coston: „*Les Financiers...*", S. 51.

[116] A. Dauphin-Meunir: „*La Banque à travers les* Âges", Band II, S. 71.

von Bonaparte war, überzeugte General Jubé, den Chef der Garde des Direktoriums, sich den Verschwörern anzuschließen. Jubé sperrte die Mitglieder des Direktoriums – deren Sicherheit ihm anvertraut war – im Palais du Luxembourg ein, während Napoleon die Mitglieder der beiden Versammlungen gewaltsam zum Schloss Saint-Cloud bringen ließ und dort, unter dem Vorwand, die Republik zu retten, diese erstickte. Am 19. Brumaire (11. November 1799) wurde Napoleon Bonaparte zum Ersten Konsul ernannt[117].

Kann man behaupten, dass Napoleon, weil er seine Macht ihnen verdankte, das Spielball einer kleinen Gruppe von Finanziers war? Ganz und gar nicht. Im Gegenteil: Denn obwohl er sich gegenüber denen dankbar zeigte, die zu seinem Machtantritt beigetragen hatten, zögerte er nie, ihnen mit aller von den Umständen geforderten Strenge Einhalt zu gebieten, wenn dies den Interessen Frankreichs oder seiner Politik diente.

Napoleon, zweifellos die herausragendste Gestalt einer Epoche, in der es von großen Männern nur so wimmelte, wurde von zweitklassigen Historikern auf die unterschiedlichsten Weisen und aus den unterschiedlichsten Blickwinkeln beschrieben, die in ihm bestenfalls einen glücklichen, aufstrebenden Abenteurer sahen, der sich in militärischer Taktik und Strategie auskannte. Doch die wahren Historiker, angefangen bei dem sehr monarchistischen Jacques Bainville, haben den großen Staatsmann, Gesetzgeber und Ökonomen erkannt: das Genie. Napoleon war mitten im Italienfeldzug zu dem Schluss gekommen, dass Frankreich dringend einen König brauchte, um dem Chaos, das zum Vorteil der staatenlosen Finanzwelt organisiert worden war, ein für alle Mal ein Ende zu setzen. Er schlug Sieyès sogar vor, die Bourbonen zurückzuholen. Leider bezog der Bruder und Thronfolger Ludwigs XVI., der sich in seinem Londoner Exil Ludwig XVII. nannte, eine Rente von der britischen Regierung und drohte, englische Hilfe anzufordern, um seine „rebellischen Untertanen" zu unterwerfen. Ein solch unwürdiges Verhalten, das eines echten Monarchen unwürdig war, machte die Restauration unmöglich. „Die französische Nation", sagte Napoleon, „braucht einen erblichen Herrscher … Ich würde sogar die bourbonische Restauration empfehlen, wenn sie (die Bourbonen) heute in Europa einen anderen Titel von Ansehen oder Macht hätten als den, der sich aus den

[117] A. Dauphin-Meunier: „*La Banque à travers les* Âges", Band II, S. 79.

verachtenswerten Gehältern ergibt, die sie von England erhalten, oder von den Finanziers, die auf dieser Insel ihren Willen durchsetzen, und wenn die Franzosen nicht gute Gründe hätten zu befürchten, dass ihre Rückkehr die Verachtung auf ihre Köpfe ziehen würde, die ihre Schwäche verdient, und die Zerstörung unserer gegenwärtigen Institutionen durch unwissende Menschen verursachen würde, die diese hassen“[118].

Napoleon beurteilte die Französische Revolution aus derselben Perspektive wie Mirabeau, nämlich als Mittel und nicht als Zweck. Als Mittel, das Feudalsystem von Missständen zu befreien, das vom Leben selbst überholt worden war.

Napoleon wollte „die Revolution von oben“ durchführen, das heißt die einzig mögliche Revolution. Eine Revolution, die er durch die Wiederherstellung des Throns durchführen wollte – „einen Monarchen“, so sagte er, „kann man nicht bestechen“ –, was in seinen Augen gleichbedeutend war mit der Beherrschung des Finanzsystems, das logischerweise gegen den Thron kämpfen würde, wie es dies bereits zu Zeiten des unentschlossenen Ludwig XVI. getan hatte. Er war sich bewusst, dass es ein vielschichtiger, weitverzweigter Kampf werden würde. Er wusste, dass das Geld niemals offen, von Angesicht zu Angesicht kämpft, sondern durch Agenten, die oft nicht einmal das Ziel kennen, dem sie dienen, und erst recht nicht die Kräfte und Menschen, die dieses Ziel verfolgen. Napoleon wusste, dass hinter jedem seiner Feinde internationales Geld stand; es stand hinter der Marionette Ludwig XVII. und der gesamten monarchistischen Partei; es stand hinter den blutrünstigen Ultra-Revolutionären des Jakobinerklubs; und es stand vor allem in der israelitischen Gemeinschaft Frankreichs. Eine der ersten Maßnahmen des Konvents bestand in der Tat nicht nur darin, die unkontrollierte Einwanderung von Juden zuzulassen, sondern ihnen auch die Ausübung aller Bürgerrechte zu gewähren, selbst wenn sie gerade erst aus einem Ghetto in Siebenbürgen gekommen waren. Die Juden standen, wie immer und überall, einzeln und gemeinsam im Dienst des internationalen Geldes. Sie würden – ebenfalls wie immer und überall – gestützt auf den ehrbaren Patriotismus anderer Nationen oder auf den Verrat der Unzufriedenen im Inneren, die es gewagt hatten, sich den Plänen des Großen Parasiten zu widersetzen, alles zum Einsturz bringen. Der Adler von Austerlitz würde, obwohl er seinen

[118] R. Mc Nair Wilson: „*God and the* Goldsmiths“, S. 94.

Feind von Anfang an erkannt und sowohl interne als auch externe Maßnahmen ergriffen hatte, um sich vor dessen giftigen Bissen zu schützen, letztendlich unterliegen.

Napoleon wollte den Dienstgedanken wiederherstellen, als die Demagogie nur noch von „Rechten" sprach. Er bremste die Aktivitäten der Bankiers; er verkündete, dass „der Kredit der Nation gehört, nicht den Bankiers". Ende des 18. Jahrhunderts ließ der Erste Konsul Bonaparte seinen Blick über eine alte Welt schweifen, in der das System des Dienstes überall in melancholischem Verfall begriffen war. In den untergehenden Monarchien blickte eine privilegierte Klasse misstrauisch auf die Bankiers, die nach ihren Privilegien gierten. In England verblasste die Würde, mit der Georg III. seine Regierungszeit begonnen hatte. Der Monarch wagte es seit seiner Demütigung in Amerika, von der wir später noch sprechen werden, nicht mehr, gegen die Interessen der Londoner City vorzugehen; diese selbe City, die England im Krieg mit den nordamerikanischen Kolonien lautstark verraten hatte, würde sich später zugunsten eben dieses Englands gegen Frankreich wenden – oder, genauer gesagt, gegen die Idee des Dienstes und des europäischen Messianismus, die der Große Korsiker unter den gegebenen Umständen verkörperte. McNair Wilson sagt, dass „die Finanziers Gold exportierten und importierten, ohne sich um das Gesetz oder den Kriegszustand zu scheren; ihre Geschäfte entzogen sich jeglicher Sanktion, denn diejenigen, die ihnen diese hätten auferlegen können, waren an ihren Unternehmungen beteiligt und erzielten gewaltige Gewinne"[119]. Es ist eine unumstößliche historische Tatsache, dass Napoleon sein ganzes Leben lang das Bündnis mit England suchte; er verstand stets, dass das englische Volk eine Sache war und die Männer der City eine andere. Er scheute sich nie, seine lebhafte Bewunderung für England und seine Institutionen zu bekunden. Einmal sagte er zum englischen Botschafter: „Für die Menschheit wäre alles möglich, wenn Frankreich, die führende Landmacht, und England, die führende Seemacht, vereint wären." So schlug er der englischen Regierung einen Friedensvertrag vor, der Ende 1799 in Amiens unterzeichnet wurde und in dem sich Frankreich, ohne andere Gegenleistung als die, London seinen Geist des guten Willens und des Friedens zu zeigen, verpflichtete, dass seine Kriegsflotte in keinem Fall ein Drittel der Tonnage der britischen Flotte überschreiten dürfe. Darüber hinaus erließ Napoleon, der alle seine Feinde besiegt hatte,

[119] R. Mc Nair Wilson: „*The Bankers Conspiracy*".

eine weitreichende Amnestie, rief alle Verbannten zurück und ließ, nachdem die Religion wiederhergestellt war, ein feierliches Te Deum in Notre-Dame singen.

Nachdem er mit seinen äußeren Feinden Frieden geschlossen hatte, wollte Napoleon Ordnung in die inneren Angelegenheiten bringen. Er verbot unter strengsten Strafen, dass Geld aus Frankreich ausgeführt wurde, und ordnete an, dass unter keinem Vorwand und unter keinen Umständen auf Anleihen zurückgegriffen werden dürfe, um die laufenden zivilen oder militärischen Ausgaben zu decken. Diese Maßnahmen sollten verhindern, dass die Bankiers die Regierung in Schwierigkeiten brachten, wie sie es bereits bei Ludwig XV., Ludwig XVI., dem Konvent und dem Direktorium getan hatten. Wenn eine Regierung finanziell von den Banken abhängig ist, sind die Bankiers die wahren Regierenden, denn „die gebende Hand steht über der empfangenden Hand".

Wie Napoleon selbst seinem treuen Las Cases versicherte: „Das Geld hat keine Heimat: Die Finanziers kennen weder Patriotismus noch Anstand; ihr einziges Ziel ist der Profit"[120]. Hundertdreißig Jahre später bekräftigte der Napoleon unserer Zeit etwas Ähnliches und ergänzte dies mit der Feststellung, dass nicht der Profit das Endziel sei, sondern die Macht, die dieser mit sich bringt.

Die Weigerung Napoleons, Darlehen jeglicher Art anzunehmen, hatte in der Londoner City große Unruhe ausgelöst. Man darf nicht vergessen, dass es nicht mehr nur um Frankreich ging, sondern um mehr als die Hälfte des Kontinents – –, wo der Einfluss der siegreichen französischen Truppen eine natürliche Unterwerfung unter die Vorgaben aus Paris erzwang. Eine weitere Maßnahme, die die Gemüter der Hochfinanz erregte, war die Gründung der Banque de France. Man muss anerkennen, dass diese Banque de France von Necker und folglich von den Finanziers, die bei Necker das Sagen hatten, befürwortet worden war. Was diese jedoch wünschten, war eine Banque de France nach dem Vorbild ihrer Pendants in England und Holland, also die klassische „Zentralbank", die die Privatbanken koordinierte und ebenso „privat" war wie diese. Was Napoleon jedoch schuf, war eine echte Banque de France, das heißt, eine Bank, die mit Frankreich verbunden war, Frankreich gehörte und ausschließlich den Interessen Frankreichs

[120] Las Cases: „*Memorial de Santa Helena*".

diente. Diese Institution sollte Geld schaffen, das heißt, sie sollte Geld im Einklang mit den Erfordernissen der landwirtschaftlichen und industriellen Produktion ausgeben; dieses Geld würde ohne das Stigma der Verschuldung entstehen und wäre völlig vom Gold losgelöst. Zudem ließ sich Napoleon zum Präsidenten auf Lebenszeit der Bank ernennen und stand an der Spitze der ersten Liste der Aktienzeichner des Instituts, zusammen mit Personen seines absoluten Vertrauens, wie seinem Bruder Joseph, seinem Schwager Murat, seiner Schwiegertochter Hortense de Beauharnais und seinen treuen Adjutanten Duroc, Clarke und Bourienne sowie seinem Vertrauten Las Cases. Der Bankier Ouvrard, der die Politik der neuen Nationalbank offen kritisierte, wurde auf Befehl Napoleons verhaftet, was die Feindseligkeit der internationalen Finanzwelt noch weiter schürte.

Doch die Maßnahme, die die Feindseligkeit zum Höhepunkt trieb, war die Haltung des Ersten Konsuls gegenüber den Juden. Wenn es Napoleon war, der die Einberufung des Großen Sanhedrins von Frankreich anordnete, so war seine Absicht, wie seine späteren Taten zeigen sollten, „seine Juden zu sehen“, wie es Edouard Drumont formulierte[121]. In dieser Hinsicht täuschte ihn der sichere Instinkt seines wunderbaren Genies nicht, denn, wie Drumont treffend feststellt: „Jeder Jude, den man sieht, jeder aufgedeckte Jude ist relativ ungefährlich und kann sogar nützlich sein, wenn man ihn für unehrenhafte Taten einsetzt, die niemand sonst ausführen würde. Der gefährliche Jude ist der vage Jude, der Sozialist in Worten, der Provokateur, der in der Regel im Dienste des Auslands steht, das er ebenfalls verraten wird, wenn es ihm passt...“[122].

Um seine Juden „zu sehen“, verlangte Napoleon zunächst, dass sie feste Vor- und Nachnamen annahmen, andernfalls drohte ihnen die Ausweisung; er zwang sie, sich registrieren zu lassen; er legte einen „numerus clausus“ fest, der sowohl ihre Wohnorte als auch bestimmte Tätigkeiten betraf: und er verbot ihnen strengstens die Wucherzinsen. Da er zudem der Ansicht war, dass sie im Elsass zu zahlreich seien und Beschwerden der Einwohner dieser Region hervorriefen, ordnete er die Vertreibung von mehr als der Hälfte von ihnen an und schickte sie in die Vendée, „als Strafe für diese Region, die sich der Rebellion

---

[121] E. Drumont: „*La France* Juive“, S. 254.

[122] Ebd. Ebd. Op. cit. S. 256.

zugunsten des sogenannten Ludwig XVII. schuldig gemacht hatte". Doch abgesehen von all diesen Maßnahmen war die Abneigung des Ersten Konsuls offensichtlich. Es wird berichtet, dass Napoleon bei einer Sitzung des Staatsrats sagte: „Niemand beschwert sich über die Katholiken oder die Protestanten so, wie man sich über die Juden beschwert, was beweist, dass es sich nicht um eine Frage der Religion, sondern der Rasse handelt. Das Übel, das die Juden anrichten, geht nicht von einzelnen Personen aus, sondern von der Eigenart dieses fremden Volkes selbst. Es sind Ungeziefer, Parasiten, die mein Frankreich ruinieren wollen"[123].

Und zur Krönung der Empörung der internationalen Finanzwelt, die die Französische Revolution ermöglicht hatte, krönte sich der korsische General Napoleon Bonaparte, der seinen korsischen Akzent nie abgelegt hatte, zum Kaiser. Er bestand darauf, dass die Kirche ihn durch die Hand des Papstes Pius VII. selbst krönte, doch damit nicht einmal der Verdacht aufkommen konnte, die Ernennung durch den Himmel käme indirekt über die Kirche, setzte er sich die Krone Frankreichs selbst auf das Haupt. Napoleon war folglich durch die Gnade Gottes Herrscher Frankreichs, ohne dass ein Unterschied zwischen seiner Herrschaft und der eines anderen Herrschers festgestellt werden konnte. „Die Macht kommt von Gott und vom Volk", bekräftigte Napoleon, „aber die Legitimität leitet sich nicht notwendigerweise aus der Erbfolge ab, insbesondere wenn sich die Erben als unwürdig erwiesen haben."

So organisierte die internationale Finanzwelt von London aus und mit reichlich Komplizen auf dem Kontinent eine Koalition nach der anderen gegen den Großen Korsen. Obwohl er den hysterischen antikatholischen Missbräuchen der Jakobiner den Garaus gemacht hatte, sah sich Napoleon auch der kaum verhüllten Feindseligkeit gegenüber, wenn nicht der Kirche als Institution, so doch zumindest des hohen Klerus, der ihm seine Haltung am Tag seiner Krönung zum Kaiser nie verzieh.

Der Historiker D'Ivernois, der kaum des Bonapartismus verdächtig ist, behauptet, dass die Hochfinanz für das Scheitern der von Napoleon

[123] Ebenda. Dito. Op. cit., S. 259.

gegen England verhängten Kontinentalsperre verantwortlich war[124] und folglich auch für das erzwungene Exil des Adlers auf St. Helena[125].

Der Sturz Napoleons bedeutete die Rückkehr zur „Ordnung", d. h. zur Wiedereinführung der Wucherwirtschaft als wirtschaftlich-politisches System zur Herrschaft über die Völker. Er bedeutete auch einen Rückschlag für die große Idee der Nation Europa, verkörpert durch das Genie des 19. Jahrhunderts, die im hier behandelten wirtschaftlichen Bereich die Schaffung einer autarken, wirtschaftlich selbständigen territorialen Einheit vom Atlantik bis mindestens zu den östlichen Ufern der Ostsee bedeutet hätte. Stattdessen wurde unser Kontinent in eine Vielzahl mehr oder weniger unabhängiger Staaten „balkanisiert", obwohl in der Praxis alle – ob sie es wussten oder nicht – und in immer entscheidenderer Weise von der allmächtigen Macht der internationalen Finanzwelt abhängig waren.

Darüber hinaus fiel der Sturz Napoleons zeitlich mit dem Auftritt des neuen Königs von Europa auf der Bühne der hohen Politik zusammen: Rothschild.

Die Vorfahren von Mayer Amschel Rothschild lebten wie er in Frankfurt, wo sie im Ghetto ein Geschäft mit Geldverleih gegen Sicherheiten betrieben. Da die Juden die Häuser in den Gassen des Ghettos anfangs nicht nummerierten, unterschieden sie sich voneinander durch das Wappen einer bestimmten Farbe, das sie über der Tür anbrachten, oder durch ein anderes besonderes Emblem. Das von den Mitgliedern der Familie Rothschild bewohnte Haus wurde von einem roten Wappen geziert, und „rotes Wappen" bedeutet auf Deutsch eben „Rotes Schild", und daher stammt zweifellos der Name der Familie[126].

Mayer Amschel Rothschild, der eigentliche Gründer der Dynastie, trat in den Dienst des Landgrafen Friedrich von Hessen-Kassel, des reichsten Fürsten des Deutschen Bundes, der den europäischen Herrschern, die sie benötigten, Söldner zur Verfügung stellte. Diese Art

---

[124] R. D'Ivernois: „*Les effets du blocus continental*".

[125] Es ist wahrscheinlich ein Zufall, aber der englische Gouverneur von St. Helena, der den Kaiser so unwürdig behandelte, war ein Jude namens Edmund Lowe.

[126] Graf Cesare Corti: „*La Maison* Rothschild", S. 13.

von Handel war zu jener Zeit weit verbreitet, und Mayer Amschel war dafür zuständig, die Truppen zu rekrutieren, sie einzukleiden, unterzubringen und zu verpflegen, bis sie an ihren neuen Herrscher übergeben wurden. Selbstverständlich erhielt er eine stattliche Provision von Friedrich II. von Hessen-Kassel, der nominell dieses „Kanonenfutter" lieferte. Die Kriege der Französischen Revolution und des Konsulats ermöglichten dem Kurfürsten von Hessen und seinem hohen Beamten Rothschild großartige Geschäfte. Als 1806 eine weitere Koalition gegen Napoleon gebildet wurde, bat der König von Preußen den Kurfürsten von Hessen um Hilfe. Er forderte ihn auf, ihm Soldaten zu schicken, gab jedoch zu, dass er nicht über das nötige Geld verfügte, um diese zu bezahlen. Rothschild streckte die erforderliche Summe vor – zu extrem hohen Zinsen.

Im Jahr 1810, als er merkte, dass er alt wurde, nahm Mayer-Amschel seine fünf Söhne in das Familienunternehmen „Mayer Amschel Rothschild and Sons" auf und verteilte sie wie folgt: Nathan Rothschild wurde nach London geschickt; Salomon nach Paris; James, der die Verbindung zwischen dem „Franzosen" und dem „Engländer" herstellen sollte, würde in Gravelines in Belgien residieren. Sein ältester Sohn, Amschel, und Karl würden vorerst bei ihrem Vater in Frankfurt bleiben, obwohl der zweite bald nach Neapel ziehen würde. Als zudem der große Feind des Hauses, Napoleon, von der Bildfläche verschwand, zog James nach Wien, wo er eine beeindruckende Karriere machte.

Die Rothschilds, die im Kampf gegen Napoleon sagenhafte Gewinne erzielten, rundeten ihr Vermögen schließlich mit dem berühmten „Börsencoup von Waterloo" ab. Tatsächlich erfuhr er von seinen weniger wohlhabenden Glaubensgenossen, die – wie es damals üblich war – nach Ende der Schlacht auf den Schlachtfeldern erschienen, um die Verwundeten zu erledigen und die Leichen zu plündern, dass der Kaiser von den vereinten Streitkräften Wellingtons und Blüchers besiegt worden war. Daraufhin eilte er nach London, wo er einen Tag vor der offiziellen Bekanntgabe der Nachricht eintraf. Er verbreitete das Gerücht, die Alliierten seien von Napoleon besiegt worden, und löste damit einen Einbruch an der Londoner Börse aus, während seine Agenten alle Arten von Wertpapieren zu Spottpreisen aufkauften … die, als die Wahrheit bekannt wurde, sprunghaft in die Höhe schossen. Dieser Schachzug machte aus den Millionären

Rothschild Multimillionäre[127].

Waterloo, das mehr als eine Niederlage Frankreichs die des europäischen Ideals war, besiegelte zugleich den Aufstieg einer neuen Dynastie: der Rothschild-Dynastie. Ab 1815 wurden sie zu Freunden und Finanziers Ludwigs XVIII. sowie der Habsburger des Österreichisch-Ungarischen Reiches. Sogar die britische Regierung beauftragte sie mit der Einziehung der Kriegsentschädigung, die das besiegte Frankreich an den englischen Sieger zahlen musste. Im Jahr 1823 beauftragte Ludwig XVIII. sie mit der Auflegung einer Anleihe in Höhe von 414 Millionen Francs. Als Nächstes wandte sich Preußen an sie, gefolgt von Spanien, Neapel, Österreich-Ungarn, den Kirchenstaaten und Russland. In den Jahren 1830, 1831, 1832 und 1834 handelten sie im Auftrag der französischen Regierung neue Anleihen aus. Im Jahr 1844 kümmerten sie sich um eine weitere Anleihe in Höhe von 200 Millionen, die einen Skandal auslöste, da dem Finanzminister vorgeworfen wurde, sich dem Einfluss der Rothschilds verkauft zu haben. Doch plötzlich diskreditierte die offensichtlich bestochene Presse der französischen Hauptstadt all jene, die sich gegen die Rothschild-Dynastie und ihren Finanzminister gestellt hatten.

Es sind zahlreiche Bände über die Aktivitäten dieser erstaunlichen Familie geschrieben worden, sowohl ablehnende als auch befürwortende; paradoxerweise sind letztere lehrreicher als erstere. Die Unregelmäßigkeiten, die bei der Nutzung der Eisenbahnen Nordfrankreichs und bei der Finanzierung des Viadukts von Barentin festgestellt wurden, das noch vor seiner Fertigstellung einstürzte... Unterdessen wurde Salomon Rothschild in Wien vom Kaiser zum Baron ernannt und wurde ein persönlicher Freund von Kanzler Metternich, an dessen Seite er heimtückisch seinen Agenten namens Gentz, einen Israeliten, platzierte, der ihn über die Hintergründe der hohen Politik des mächtigen österreichisch-ungarischen Staates informierte. Carlos Rothschild aus Neapel wurde seinerseits persönlich vom Papst empfangen: Er war der erste Jude, dem diese Ehre zuteilwurde. Nathan in London war der erste Jude, der in das House of

---

[127] Eugene de Mirecourt: „Rothschild“, S. 64. Graf Corti hingegen behauptet in seinem Werk „*La Maison* Rothschild“, dass Nathan aufgrund des Sturms, der über den Ärmelkanal tobte, nicht persönlich von Ostende nach Dover gereist sei, sondern seinen Agenten Rothworth, einen Parteigenossen, mit konkreten Anweisungen entsandt habe.

Lords aufgenommen wurde[128]. Das Vermögen und parallel dazu die Macht der Dynastie wuchsen unaufhörlich. Die Kriege waren die Ernte dieser Geldhändler. Im Jahr 1835 brachen in Spanien die Thronfolgekriege zwischen Liberalen und Karlisten aus. Österreich-Ungarn unterstützte Letztere, deren Traditionalismus Metternich anzog. England und Frankreich halfen der Regentin und ihren Liberalen. Die Vermittler dieser Hilfe waren die Rothschilds aus Wien, London und Paris; das heißt, sie verliehen beiden Seiten gegen Sicherheiten Geld. Auf diese Weise gingen die Minen von Almadén im Süden der Halbinsel, die – zusammen mit denen von Idria, die der Wiener Rothschild von den Habsburgern gekauft hatte – die einzigen Quecksilberminen auf dem europäischen Kontinent waren, in den Besitz der Dynastie über, die damit de facto ein Monopol auf dieses Metall errichtete. Und nicht nur das: Der Londoner Zweig der Familie, die , errichtete über die Regierung der siegreichen Regentin Maria Christina ein regelrechtes finanzielles Protektorat.

Auf dem Höhepunkt ihrer Macht vergaßen die Rothschilds ihre weniger glücklichen Glaubensgenossen nie. Die Interventionen der Familie beim Heiligen Stuhl, bei der österreichischen Regierung und beim Herzog von Modena, den sie zwangen, bestimmte schikanöse Maßnahmen aufzuheben, die er seinen jüdischen Untertanen auferlegt hatte, denen er vorwarf, einen revolutionären Aufstand anzustiften, erlangten große Bekanntheit. Doch ihr „rotes Tuch" war Russland; die Zaren erregten mit ihren antisemitischen Maßnahmen den Zorn der Herren des Goldes … und zwar nicht nur der Rothschilds, sondern auch anderer einflussreicher Glaubensgenossen wie der Lazards, der Gunzbourgs und der Reinachs. Dies sollte ihnen zum Verhängnis werden, wie wir später sehen werden.

Selbst die israelitischen Revolutionäre, wie der wohlhabende Dichter Heinrich Heine und der sicherlich keineswegs proletarische Karl Marx, genossen den Schutz der Rothschilds; Heine durch den deutschen Rothschild, der ihn vor dem Gefängnis bewahrte, weil er die Revolutionäre unterstützt hatte; Marx, etwas diskreter, durch den

---

[128] Damit Nathan Rothschild in das Oberhaus aufgenommen werden konnte, musste das gesamte Zeremoniell geändert werden. Bis dahin wurde der Amtseid nach der Formel „... On the good faith of a Christian" (auf den guten Glauben eines Christen) abgelegt, was Rothschild jedoch ablehnte. Es entbrannte eine heftige Kontroverse, aus der das Geld, wie fast immer, als Sieger hervorging, und seitdem schwören die englischen Lords nicht mehr als „Christen".

englischen Rothschild. Das Geld, eng verbunden mit der Einflussnahme, war die Grundlage der gesamten Politik der Rothschilds. Als also 1848 das Pariser Volk, das gerade eine „Republik der Arbeit" ausgerufen hatte, die Tuilerien und den Königspalast verwüstete, Kunstwerke zerstörte und die Häuser der Reichen plünderte...... doch das Haus und die Bank der Rothschilds wurden von der Polizei sorgfältig geschützt; Caussidière, der Präfekt, war bestochen worden, damit dem „König der Republik" nichts zustößt. Diese Bezeichnung als „König", die auf Rothschild angewendet wird, führt dazu, dass die Buchstaben R.F., die auf die Trikolore gestickt sind, die über den offiziellen Gebäuden weht, und die die Initialen von „République Française" sind, im Volksmund als „Rothschild Frères" interpretiert werden.

Wenn sich Napoleon III., der den Rothschilds feindlich gesinnt war, auf einen anderen jüdischen Bankier, Péreyre, stützte – den „kleinen Napoleon", wie Victor Hugo ihn nannte –, tat er nichts anderes, als von Skylla nach Charybdis zu gelangen; eine Reise, für die man keine Satteltaschen benötigte. Die französische Regierung stand weiterhin unter dem Einfluss der Finanzwelt. Auf jeden Fall würde die Bank Péreyre, Opfer einer von den Rothschilds angeführten Verschwörung, untergehen, ebenso wie es der „katholischen Bank" Union Générale ergehen sollte, und auch Napoleon III. müsste in den Schoß der Rothschilds zurückkehren. Diese setzten einen ihrer Parteigenossen, Goudchaux, als Finanzminister und einen anderen, Léon Crémieux, als Justizminister ein. Dieser Crémieux „zeichnete" sich durch die absurde Maßnahme aus, der jüdischen Bevölkerung Algeriens pauschal die französische Staatsbürgerschaft zu gewähren, während er sie den Arabern in jenem Gebiet verweigerte. Diese Maßnahme würde eine tiefe Kluft der Feindseligkeit zwischen Franzosen und Arabern aufreißen, da diese die Entscheidung zu Recht als demütigend empfanden.

Die Rothschilds finanzierten den Kauf der Anteile am Suezkanal für England. Der Khedive von Ägypten hatte diese Frankreich angeboten, der Heimat von Ferdinand de Lesseps, dem Vater des Kanals. Doch die Hochfinanz, deren eine der tragenden Säulen die Rothschilds bildeten, entschied, dass es zweckmäßig sei, den Kanal politisch von England und nicht von Frankreich kontrollieren zu lassen; während also der Rothschild aus Paris die französische Regierung mit Verzögerungen unter verschiedenen Vorwänden hinhielt, teilte er seinem Verwandten in London mit, dass der Khedive in Schwierigkeiten stecke und seine

Anteile verkaufen müsse. Der britische Premierminister Disraeli[129] trat vor Königin Victoria und legte ihr das Angebot des Rothschilds aus der City vor, nämlich die Summe von vier Millionen Pfund Sterling zu einem moderaten Zinssatz für den Kauf der Anteile am Suezkanal, die rasch erworben werden sollten[130]. Dies schlug in Frankreich wie ein Schlag ins Gesicht ein, doch erneut floss das Geld in Strömen unter den „Jungs von der Presse", und die Angelegenheit wurde schnell unter den Teppich gekehrt.

Wenn Rothschild in der „Affäre" um den Suezkanal vorübergehend den Interessen Englands zum Nachteil Frankreichs diente, so diente er den Interessen Deutschlands – erneut zum Nachteil Frankreichs –, als nach dem Krieg von 1870 der „deutsche" Bankier Bleichroeder und dem „französischen" Bankier Rothschild den armen Jules Favre, den Bevollmächtigten der französischen Regierung, regelrecht an der Nase herumführten, indem sie ihn dazu brachten, die Anerkennung einer Kriegsentschädigung in Höhe von 5,2 Milliarden Francs zu unterzeichnen, was sie ihm als diplomatischen Erfolg präsentierten[131]. Dagegen stellten sich die Rothschilds und ihre Kollegen aus der Finanzwelt in allen Ländern nach dem Ende des Ersten Weltkriegs entschlossen gegen Deutschland, wobei der „Franzose" Simon Klotz ihre Haltung mit den Worten zusammenfasste: „Le boche payera tout"

---

[129] Benjamin Disraeli, Lord Beaconsfield, stammte von den Sepharden ab, die von den Katholischen Königen aus Spanien vertrieben worden waren.

[130] Cesare Corti: „*La Maison* Rothschild", S. 241.

[131] Alphonse de Rothschild, der „Franzose", sprach fließend Deutsch, gab jedoch gegenüber Favre vor, nur Französisch zu beherrschen, während Bismarck darauf bestand, sich ausschließlich auf Deutsch zu äußern. Es folgte eine sehr gut inszenierte Szene, die es Rothschild ermöglichte, sich als großer französischer Patriot zu präsentieren. Bismarck war ein kluger Mann, der es verstand, die Finanziers zu nutzen. Er war nicht unvorsichtig, wie es Metternich gegenüber Salomon de Rothschild gewesen war. Er bediente sich sowohl Bleichroeders als auch Rothschilds, erklärte jedoch: „Man darf sich nicht von den Juden beeinflussen lassen oder sich unter ihre finanzielle Vormundschaft begeben, wie es leider in vielen Ländern geschieht. Jedes Mal, wenn ich mit der Hochfinanz zu tun habe, die in der Regel aus Juden besteht, bin ich niemals derjenige, der sich für etwas bedanken muss." Und er fügte hinzu: „Im Umgang mit den Juden muss man sehr wohl bedenken, dass sie einen Moralkodex haben, der keinerlei Bezug zu unserem hat. Die jüdische Werteskala, insbesondere die der Juden, die sich der Finanzwelt widmen, steht im krassen Gegensatz zur Werteskala der Europäer. Wer dies nicht vollständig versteht, ist verloren." (Hermann Hoffmann: „*Fürst Bismarck*". Band I, S. 149–151).

(Der Deutsche wird alles bezahlen).

Gerade einer der Fälle, in denen am deutlichsten zutage trat, dass die Hochfinanz nicht nur zur Entstehung der Vorkriegssituationen beitrug, sondern anschließend auch unter völliger Missachtung der Interessen der Konfliktparteien handelte, ereignete sich anlässlich des Ersten Weltkriegs. Im Jahr 1917 beschuldigte ein französischer Senator die Rothschilds, das Nickel aus Neukaledonien, einer französischen Kolonie in Ozeanien, über die „America Metal Cy" an Deutschland zu verkaufen; diese Gesellschaft vertrat in den Vereinigten Staaten die „Metallgesellschaft" aus Frankfurt, ein Unternehmen, das

von den deutschen Rothschilds kontrolliert wurde. Und im Reichstag wurden die deutschen Rothschilds beschuldigt, deutschen und österreichisch-ungarischen Weizen über Dreiecksgeschäfte durch neutrale Länder an Frankreich und England zu verkaufen.

Die Rothschilds mischten sich auch in den amerikanischen Bürgerkrieg ein, indem sie die Staaten der Konföderierten direkt unterstützten, während sie die Nordstaaten über ihre Agenten, die Bankiers Belmont, die ihre Parteigenossen waren, unterstützten. Doch genau zu diesem Zeitpunkt begann ihr Stern zu verblassen. Tatsächlich ist dies sehr relativ, denn die Rothschilds standen weiterhin an vorderster Front der internationalen Supermacht, zu der sich die Hochfinanz entwickelte; doch der Aufstieg der neuen politischen Macht, der Vereinigten Staaten von Amerika, führte dazu, dass sich der Schwerpunkt der Großpolitik allmählich von Europa auf den Neuen Kontinent verlagerte, was dazu führte, dass die dort ansässigen Bankdynastien in den Vordergrund traten.

Eine weitere spektakuläre Intervention der Rothschilds in die Politik ereignete sich anlässlich des Falles Herzen, der von der wenig verdächtigen Feder des jüdischen Revolutionärs Rappoport geschildert wurde[132]: „Der Aktivist, der Bolschewik Alexander Herzen, sah sich gezwungen, Russland zu verlassen, da er von der zaristischen Polizei verfolgt wurde, und zog nach London, wo er begann, die revolutionäre Broschüre „The Bell" zu veröffentlichen. Doch bevor er ging, wandelte der reiche Bolschewik sein Vermögen in Staatsanleihen um. Die

[132] Angelo S. Rappoport: „*Pioneers of the Russian Revolution*".

kaiserliche Regierung identifizierte die Nummern von Herzens Anleihen, und als diese nach Herzens Ankunft in London zur Einlösung vorgelegt wurden, gab der Zar in der Hoffnung, seinen Feind auszuschalten, der Staatsbank von Sankt Petersburg den Befehl, nicht zu zahlen. Die Bank gehorchte, doch der Zar sah sich einem unerwarteten Feind gegenüber, dem Erstgeborenen der Rothschilds, der ihm zu verstehen gab, dass er, da Herzens Anleihen ebenso gültig seien wie die jedes anderen Russen, gezwungen sei, über die Zahlungsunfähigkeit der kaiserlichen Regierung zu entscheiden. Würden die Schuldverschreibungen nicht sofort beglichen, würde er (Rothschild) den Zaren für bankrott erklären, insbesondere hinsichtlich seiner Währung an den europäischen Börsen. Nikolaus II., fassungslos, steckte seinen Stolz in die Tasche und zahlte: Die Juden selbst machten diesem Vorfall, der einen gewaltigen moralischen Schlag für den Zarismus darstellte, große Publicity.

Heute stehen die Rothschilds weiterhin an vorderster Front der Hochfinanz, hinter den Warburgs, den Rockefellers und den Lehmanns, die es aufgrund ihrer geografischen Lage (Amerika) geschafft haben, sich aus der Spitzengruppe der Finanzdynastien hervorzuheben. Die Bedeutung der Rothschilds liegt jedoch in ihrer teuflisch klugen Politik der Heiratsallianzen, die es ihnen ermöglicht hat, in allen Familien des Systems einen Fuß zu haben. Und wenn die Rothschilds nicht in Erscheinung treten, treten ihre Treuhänder in Erscheinung. So kontrolliert beispielsweise die Familie Aschberg seit 1917 die Sowjetische Staatsbank. Die Aschbergs von der „Nya Banken" in Stockholm gelten als Vertreter der Familie Rothschild in Nordeuropa[133]. Ein weiteres Beispiel: In Frankreich trat nach der sogenannten „Befreiung" General Charles De Gaulle als führende politische Persönlichkeit der Vierten Französischen Republik hervor. De Gaulle war von Spears, einem Agenten der Rothschilds aus London, von seinem Amt als General ad interim aus gefördert worden und folgte sein ganzes Leben lang den politischen Richtlinien der Bankiers der Rue Laffitte. Doch eines Tages – eines schlechten Tages für ihn – kam er auf die Idee, „dieses aggressive, stolze und herrschsüchtige Volk" anzugreifen, womit er den Staat Israel meinte. Sofort wandte sich die käufliche französische Presse, die offensichtlich mit Subventionen von Rothschild und Lazard „gespült" worden war, gegen ihn, und er wurde bei den Wahlen besiegt. An seine Stelle trat jedoch Pompidou, der,

[133] J. Bochaba: „*La Finanza y el* Poder", Omnia Veritas Ltd.

bevor er sich der Politik widmete, Generaldirektor der Rothschild Frères in Paris gewesen war...

AMERIKA, DAS NEUE VERSPROCHENE LAND

Die immensen Möglichkeiten, die der Neue Kontinent bot, waren der Grund dafür, dass sich das Interesse der Finanzwelt auf ihn richtete.[134] Der amerikanische Unabhängigkeitskrieg wurde, wenn nicht gerade angezettelt, so doch zumindest von der Macht des Geldes angefeuert, die zutreffend ahnte, dass es viel einfacher sein würde, eine Kolonie der „[135] “ zu kontrollieren als ein Mitglied der ersten Reihe der westlichen Kultur wie England. Daher stellte dieser Krieg chronologisch gesehen die erste Ausnahme von der Regel des traditionellen Bündnisses zwischen dem britischen Imperialismus und der internationalen Finanzwelt dar; eine Regel, die ein Jahrhundert lang in vollem Umfang gelten sollte, um dann allmählich in Vergessenheit zu geraten, bis zu dem Punkt, dass sie – ob die englischen Regierungskreise dies nun wahrnehmen oder nicht – heute in einem Sinne funktioniert, der dem ursprünglichen völlig entgegensteht.

Jorge III. musste buchstäblich um das Geld betteln, das zur Finanzierung des Krieges gegen die Aufständischen der dreizehn amerikanischen Kolonien notwendig war – Geld, das ihm vom Unterhaus wiederholt vorenthalten wurde, in dem Abgeordnete dominierten, die ihrerseits Agenten oder Strohmänner der Geldmächte waren. Die Freimaurerei, die stets an der Seite der Finanzwelt stand, stellte sich auch diesmal bedingungslos auf die Seite der Amerikaner[136]. Wie es nur natürlich ist, forderte Shylock, sobald die Unabhängigkeit der Vereinigten Staaten anerkannt war, von seinem „Schützling“ die Zahlung seines Pfunds Fleisch. Weder die Warnungen von Benjamin

---

[134] Kulturell gesehen ist Amerika eine Kolonie Europas, der Mutter der westlichen Zivilisation, wie Spengler, Treitschke und Yockey sowie andere namhafte Philosophen belegen. Eine Kolonie verfügt nicht über genügend Abwehrkräfte, um moralischen und physischen Krankheiten wie der Wucherzinsen und ihrem treibenden Prinzip, ihrer „Seele“, dem Materialismus, zu begegnen.

[135] Louis Madelin: „*The Revolutionaries*“.

[136] Arnold S. Leese: „*Gentile Folly*“.

Franklin[137] noch die rechtlichen Vorsichtsmaßnahmen der Gründerväter halfen etwas, denn 1791 wurde unter der Schirmherrschaft der Rothschilds aus London die erste Bank der Vereinigten Staaten gegründet.

Diese Bank sollte nach denselben Funktionsmechanismen arbeiten wie die Bank von England. Gegen ihre Einführung sprachen sich so bedeutende Persönlichkeiten wie Edmund Randolph, Generalstaatsanwalt der Vereinigten Staaten, und Thomas Jefferson, Außenminister, aus. Dagegen unterstützte sie leidenschaftlich Alexander Hamilton, einer der Gründerväter und berühmter Staatsmann, dem die Zulassung der Bank gelang. Hamilton war der Sohn von Rachel Faucett Levine, die wahrscheinlich Jüdin war und mit einem dänischen Juden verheiratet war. Da Juden damals kein Recht hatten, die amerikanische Staatsbürgerschaft zu erwerben – auch wenn sie sich frei in Amerika niederlassen konnten –, ließ seine Mutter ihn im Standesamt als Alexander Hamilton eintragen und gab vor, ein schottischer Seemann dieses Namens sei der leibliche Vater ihres Sohnes. Hamilton war somit der erste Jude, der die amerikanische Staatsbürgerschaft erhielt[138].

Nach einigen Jahren des Bestehens dieser Bank sagte Thomas Jefferson: „Ich glaube, dass die Bankinstitute für unsere Freiheiten gefährlicher sind als feindliche Armeen. Sie haben bereits eine Bankenaristokratie gebildet, die der Regierung trotzt. Die Macht, Geld zu prägen, sollte den Banken entzogen und der Regierung sowie dem Volk, dem diese dient, zurückgegeben werden.“ Doch die „Bank der Vereinigten Staaten“ lief weiterhin auf Hochtouren, unter der scheinbaren Schirmherrschaft unbestreitbar angelsächsischer Amerikaner und unter dem „guten Einfluss“ der israelitischen Bankiers Belmont, der Vertreter der Londoner Rothschilds in der Neuen Welt[139]. Tatsächlich beschlossen die Vereinigten Staaten von Amerika im Jahr 1783, den Juden die gleichen Bürgerrechte zu gewähren wie der angelsächsisch-keltischen Bevölkerung, die den Kern der Bevölkerung

---

[137] „Wenn wir die Juden nicht aus diesem Land vertreiben, werden unsere Nachkommen in weniger als zwei Jahrhunderten für sie arbeiten.“ Franklin war zu optimistisch; es waren keine zwei Jahrhunderte nötig; es reichten kaum 125 Jahre.

[138] R.E. Search: „*Lincoln Money* Martired“, S. 38.

[139] Henry Ford: „*Der internationale Jude*“.

des Landes bildete.

Die Ansiedlung der Juden in Nordamerika ist eines der Beispiele, die am besten die Hartnäckigkeit und die Anpassungsfähigkeit an feindliche Umgebungen veranschaulichen, die zu den wesentlichen Merkmalen dieses erstaunlichen Volkes gehören. Die ersten Juden kamen trotz des Verbots des Gouverneurs von New Amsterdam, Peter Stuyvesant, nach Amerika. Bekanntlich wurde das Gebiet, auf dem das heutige New York entstehen sollte, ursprünglich von den Niederländern kolonisiert, die die Bewirtschaftung dieser Ländereien der „Niederländischen Ostindien-Kompanie“ überließen. Da mehrere der Führungskräfte dieses mächtigen Unternehmens gerade Juden waren, wurde das Verbot des Gouverneurs auf tausend verschiedene Weisen umgangen, bis es zu einer toten Buchstabe wurde. Stuyvesant musste die Tatsache als vollendeten Fakt kzeptieren, dass diese neue Gemeinschaft vorhanden war, die sich dem Handel mit den Indianern widmete, an die sie sogar Waffen verkaufte – trotz des bestehenden strengen Verbots –, die sich aber vor allem damit beschäftigte, den niederländischen Kolonisten Geld zu leihen. Da der Gouverneur jedoch bestrebt war, die Aktivitäten der Neuankömmlinge so weit wie möglich zu kontrollieren, zwang er sie, getrennt von den Kolonisten und den Indianern zu leben, und beschränkte ihre Wohnorte auf die Insel Manhattan. Um sicherzustellen, dass diese Trennung auch tatsächlich funktionierte, ließ Stuyvesant zudem eine Mauer vor den Häusern der Juden errichten; die so entstandene Straße wurde „Straße der Mauer“ genannt, auf Englisch WALL STREET, und so heißt sie bis heute.

Als aus New Amsterdam New York wurde, das heißt, als die Holländer das Gebiet zugunsten der Engländer räumen mussten, verbesserte sich die Lage der Juden, obwohl sie weiterhin ausgegrenzt waren. Während des Unabhängigkeitskrieges flohen die Juden massenhaft nach Philadelphia, da die Engländer ihnen vorwarfen, die amerikanischen Rebellen zu unterstützen; doch sobald der Krieg beendet war, kehrten fast alle nach New York zurück, da sie mit ihrem wunderbaren Instinkt ahnten, dass diese Stadt zum Handels- und Finanzzentrum der Welt werden würde. Heute ist New York die führende jüdische Stadt der Welt.

Während des Sezessionskrieges stellten sich die Juden einstimmig auf die Seite der Nordstaaten, doch ihre politische Entscheidung ließ sie ihren Geschäftssinn nicht vergessen; so erhielten beispielsweise Lincoln und sein Finanzminister, als sie die Geldverleiher aufsuchten, die sich in ihrer immer blühenderen „Wall Street“ niedergelassen hatten, und um deren finanzielle Hilfe baten, um den Krieg gegen die abtrünnigen Südstaaten zu führen, folgende Antwort: „Krieg ist eine heikle und riskante Angelegenheit, aber wir können Ihnen Geld leihen, gegen Sicherheiten in Form von Grundstücken oder Ernten, zu 36 Prozent Zinsen“[140]. Und da Lincoln ihr Verhalten kritisierte, musste er diese zynische Antwort hören: „Wenn die Regierung das Geld nicht zu diesem Preis kaufen will, können wir es der Konföderation des Südens verkaufen“[141]. Lincoln weigerte sich, den Forderungen der Geldherren nachzugeben, und traf sich mit einem Freund von ihm, einem Anwalt aus Chicago, Colonel Dick Taylor, der als Experte für Wirtschaftsfragen galt. Dieser sagte Lincoln, sein Problem sei ein Scheinproblem, und er müsse sich ke r Sorgen machen, wenn die Finanziers ihm kein Geld leihen wollten. Alles, was Lincoln tun müsse, sei, den Kongress dazu zu bringen, ein Gesetz zu verabschieden, das die Ausgabe von Banknoten der Vereinigten Staaten genehmige, welche dieselbe Zahlungskraft hätten wie die von den Bankiers der privaten Institution namens „Bank der Vereinigten Staaten“ ausgegebene Währung. Anscheinend fragte Lincoln seinen Freund zögernd: „Glaubst du, dass die Leute diese Banknoten akzeptieren werden?“, worauf Taylor antwortete: „Sie werden keine andere Wahl haben, wenn du sie zu gesetzlichem Zahlungsmittel machst. Sie werden die gesetzliche Anerkennung der Regierung genießen und so gut und akzeptabel sein wie jede andere Währung.“[142]. So kamen die sogenannten „Greenbacks“, die grünen Lincoln-Banknoten, in Umlauf, die, da sie frei von der dem Bankgeld innewohnenden Schuldenlast waren, Amerika trotz des Bürgerkriegs eine Zeit großen Wohlstands bescheren sollten.

---

[140] Appleton’s Encyclopedia, 1861, S. 296. Zitiert von Alexander Del Mar in „*Science of Money*“.

[141] R. E. Search: Ebenda. Id. Op. Cit. S. 44.

[142] Briefwechsel zwischen Abraham Lincoln und Oberst Taylor, 1891. Zitiert von Wycliffe B. Vennard in „*Conquest or Consent*“.

DIE ERMORDUNG LINCOLNS

Auch wenn einige europäische Finanziers die Konföderation des Südens unterstützten, darunter die Rothschilds aus Paris und London, finanzierten andere, wie die Lazards und die Hambros, den Verkauf von Waffen aus bestimmten europäischen Staaten an die „Unionisten" des Nordens. Was jedoch außer Zweifel steht, ist, dass die internationale Finanzwelt als solche den Sieg der Nordstaaten wünschte. Die Haltung der Wall-Street-Magnaten gegenüber Lincoln, die 36 Prozent Zinsen verlangten, oder die Unterstützung zweier Zweige der Rothschilds für die Südstaatler stand nicht im Widerspruch – konnte nicht im Widerspruch stehen, auch wenn sie es sich gewünscht hätten – zu den Absichten der Hochfinanz, denn wenn die Rothschilds den Südstaatlern direkt halfen, so halfen sie den Nordstaatlern indirekt ebenso oder sogar noch mehr. Was die Hochfinanz jedoch tatsächlich nicht zulassen konnte, war die politische Vorherrschaft oder die Unabhängigkeit der Südstaaten, deren Wirtschaft auf der Landwirtschaft – Baumwolle, Zuckerrohr, Getreide – beruhte und die, um zu überleben, auf das Schuldgeld der Finanziers verzichten konnten. Politisch stand zudem die Ideologie der Südstaaten im krassen Gegensatz zum nebulösen Liberalismus des Systems. Die Hilfe einiger Finanziers für den Süden – eine Hilfe, die ohnehin zurückhaltend, an Bedingungen geknüpft und wucherisch war – war nichts anderes als eine kluge und umsichtige Maßnahme des Systems, um sich für den Fall eines Sieges der Südstaaten abzusichern. Mit zwei Kartenspielen zu spielen, ist ein Trick, den die Falschspieler des Systems häufig anwenden.

Doch während die Finanzwelt Lincoln einerseits unterstützte, griff sie ihn andererseits an. Sie half ihm mit massiven Lieferungen von Kriegsmaterial, griff ihn jedoch heimtückisch an, indem sie politische Verleumdungskampagnen gegen ihn organisierte. Diese Kampagnen erreichten ihren Höhepunkt, als Lincoln beschloss, die sogenannte „Bank der Vereinigten Staaten" zu schließen.

Die Londoner Tageszeitung „The Times", damals Sprachrohr der Finanzwelt, veröffentlichte unter dem Titel „Lincolns Greenbacks" folgenden Leitartikel: „Wenn diese verhängnisvolle Finanzpolitik, die in der Geldschöpfung durch den Staat besteht und derzeit in der Nordamerikanischen Republik betrieben wird, weiterbesteht, wird sie schließlich ihr eigenes Geld ausgeben können, ohne dass es sie etwas kostet. Sie wird über das gesamte Geld verfügen, das sie für ihren Handel benötigt. Sie wird alle ihre Schulden begleichen und nie wieder welche machen. Nordamerika wird zum wohlhabendsten Land der Welt werden; mehr noch, sein Wohlstand wird mit nichts zu vergleichen sein, was wir bisher gesehen haben. „Diese (Lincolns) , '-Regierung muss zerstört werden, oder sie wird uns zerstören“[143]. Wie man sieht, könnte die Politik der Machthaber des Systems nicht deutlicher zum Ausdruck gebracht werden. Dieser Zynismus sollte nicht überraschen, da den „Göttern“ der Finanzwelt bewusst ist, dass die Unwissenheit der breiten Öffentlichkeit und sogar eines Großteils der Elite in Finanzangelegenheiten unüberwindbar groß ist.

Zehn Tage, nachdem der Kongress das Gesetz verabschiedet hatte, das die Ausgabe der „Greenbacks“ genehmigte, trafen sich in Washington achtzehn Bankiers aus New York, Boston und Philadelphia und verfassten nach zwei Tagen der Beratung und Beratung ein Rundschreiben, das an alle Mitglieder der amerikanischen „Bankbruderschaft“ verschickt wurde. Dieses Dokument, bekannt unter dem Namen „Circular Hazard“, da dies der Name eines der Unterzeichner war, lautete unter anderem:

„Die Sklaverei wird nach diesem Krieg wahrscheinlich abgeschafft werden; wir beziehen uns auf die persönliche Sklaverei. Sowohl wir als auch unsere europäischen Freunde befürworten dies, da die Sklaverei zwar das Eigentum an der Arbeit darstellt, aber auch die Fürsorge für die Arbeiter beinhaltet, während der Plan unserer Kollegen in Europa, angeführt von England, darin besteht, dass das Kapital die Arbeit durch die Kontrolle der Löhne beherrscht.“

„Die enorme Verschuldung, die wir Kapitalisten aus diesem Bürgerkrieg herausholen, muss dazu genutzt werden, den Geldwert zu kontrollieren. Um dies zu erreichen, müssen Staatsanleihen als Grundlage oder Stütze des Geldes dienen. Wir können derzeit den freien Umlauf der „Greenbacks“ nicht verhindern, aber wir können die Staatsanleihen kontrollieren und durch sie die Banknotenausgabe.“[144].

---

143 Zitiert von C.K. Howe in „*Who Rules America?*“, S. 77.

144 Dokument zitiert von R. E. Search in „*Lincoln Money* Martired“, S. 47–48, und von

Dieses sensationelle Dokument, insbesondere aber die hier wiedergegebenen Absätze, sollte in Stein gemeißelt und am Eingang aller Bankgebäude der Welt angebracht werden. Es verdient es, zehnmal hintereinander gelesen zu werden, denn jeder Satz, jedes Wort strotzt vor tiefster Bedeutung. Bewundern wir zum Beispiel den humanitären Geist der Bankiers, die sich über die Abschaffung der Sklaverei freuen, nicht weil sie unmoralisch ist, sondern weil die Sklavenhalter nach dem geltenden Gesetz, sich ihr Leben lang um sie und ihre Familien kümmern[145], während unter dem neuen System, das von „unseren Kollegen in Europa" (den Rothschilds) befürwortet wird, das Kapital „die Arbeit" durch die Kontrolle der Löhne kontrollieren wird. Beachten wir, wie die Unterzeichner des Hazard-Rundschreibens anerkennen, dass sie selbst dafür sorgen, dass aus dem Bürgerkrieg zwischen den Amerikanern eine große Staatsverschuldung resultiert, und dass diese Verschuldung dazu genutzt wird, den Wert des Geldes zu kontrollieren. Um dies zu erreichen, werden sie, da sie „vorerst" den freien Umlauf des Regierungsgeldes (der Greenbacks) nicht verhindern können, Anleihen als Geldbasis nutzen und dadurch die Ausgabe von Banknoten kontrollieren.[146]

Bald würde das Geld unter den „Vätern des Vaterlandes" zirkulieren, bis zu dem Punkt, dass ein käuflicher Kongress zwei Monate nach dem Treffen der achtzehn Bankiers, die das Hazard-Rundschreiben verfasst hatten, einen „Exception Clause Act" (Gesetz über die Ausnahmeklausel), das festlegte, dass die nächste Ausgabe von

---

Ferdinand Lundberg in „America's Sixty Families", S. 60.

[145] Es war nicht nur das Gesetz, das die Sklavenhalter dazu verpflichtete, sich um ihre Sklaven und deren Familien zu kümmern, sondern auch der gesunde Menschenverstand. Damals mussten die Sklavenhändler die Sklaven von den Stammesführern am Golf von Guinea kaufen; sie mussten ein Schiff chartern und die Atlantiküberquerung unter Ausweichen vor Piraten und Freibeutern bewältigen. Eine menschliche Ladung wurde zudem im Laufe der Reise aufgrund von Krankheiten und den Reisebedingungen im Durchschnitt um zwanzig Prozent dezimiert. Kurz gesagt, ein Sklave musste zwangsläufig ziemlich viel Geld kosten, vor allem, wenn er unter der Bedingung verkauft wurde, dass auch seine Familie erworben werden musste. Und niemand behandelt das, was ihn viel gekostet hat, schlecht, es sei denn natürlich, es handelt sich um einen Geistesgestörten oder einen Sadisten. Mit der Emanzipation hingegen wurden die Sklaven zu Arbeitern des kapitalistischen Systems, das heißt zu freien Bürgern, die auf die Straße gesetzt werden können, wenn es dem Unternehmen passt. Wir verteidigen nicht die Sklaverei, sondern die Wahrheit.

[146] R.E. Search: Op. cit. Ebenda. S. 49.

„Greenbacks“ genehmigt sei und dass diese Banknoten wie immer „zur Begleichung aller Arten von Schulden, sowohl öffentlicher als auch privater, mit Ausnahme der Zölle auf Importe und der Zinsen auf die Schulden der Regierung“ gültig seien. Wie leicht nachvollziehbar ist, zwang diese Klausel die Regierung dazu, zu akzeptieren, dass ihr eigenes Geld bei der Zahlung von Zöllen abgelehnt wurde – und das gerade in einer Situation, in der aufgrund des Krieges ständig Waffen und Lebensmittel aus Europa importiert werden mussten. Zudem lieferte die Klausel den Bankiers den lang ersehnten Vorwand, das Geld der Regierung abzulehnen, indem sie versicherten, ihre Kunden würden es nicht annehmen, da es kein „solides Geld“ sei. So sah sich Lincoln gezwungen, sich dem Druck der Banken zu beugen, und erklärte, er könne nicht „zwei Kriege gleichzeitig führen, gegen die Konföderierten an der Front und gegen die Bankiers im Hinterland, zumal sich zeigte, dass von beiden die Konföderierten bei weitem die ehrenhafteren waren“. Und indem er 36 Prozent Zinsen zahlte, erhielt er daraufhin so viel „Geld“, wie er wollte. Gleichzeitig begannen sich die Kredite des Finanzsystems an die Konföderierten Staaten zu verringern[147].

R.E. Search, Lundberg, Del Mar, die wiederholt zitiert werden, und Vincent C. Vickers[148] geben einen Brief der Londoner Bank „Rothschild Brothers“ an die Wall-Street-Bankiers Moses Ikleshiemer, Randolph Morton und Jacob Vandergould, in dem ihnen die notwendigen Anweisungen zur Gründung einer neuen „Zentralbank“ gegeben wurden, die die unter der Schirmherrschaft von Alexander Hamilton geschaffene und von Abraham Lincoln abgeschaffte Bank nicht nur ersetzen, sondern verbessern sollte. In dem Brief wird empfohlen, den vorherigen „Fehler“ nicht zu wiederholen; das heißt, es reicht nicht aus, dass die „Zentralbank“ von der Regierung anerkannt wird, sondern es ist zudem erforderlich, dass diese sie legalisiert und durch ein Gesetz des Kongresses vorschreibt. Ebenfalls empfohlen wird die Abschaffung der „Greenbacks“, des von der Regierung ausgegebenen Geldes. Und tatsächlich verabschiedete ein Kongress, der zur Hälfte in Finanzfragen unwissend und zur Hälfte mit dem Geld des Systems „gesättigt“ war, kurz darauf einen „Contraction Act“ (Kontraktionsgesetz), durch den der Finanzminister ermächtigt wurde, 5-Prozent-Anleihen auszugeben, um so innerhalb von zwanzig Jahren

---

[147] Alexander Del Mar: Op. cit. Ebenda. S. 86.

[148] Vicent C. Vickers: „*Economic* Tribulation“, S. 142.

das gesamte Geld der Vereinigten Staaten aus dem Verkehr zu ziehen, das verbrannt werden sollte. Auf diese Weise sollte die Landeswährung des Landes vernichtet und durch die Schuldwährung ersetzt werden, ganz im Sinne der Pläne des Systems. Doch dem System genügte es nicht, das Werk seines Gegners Lincoln zunichte gemacht zu haben, sondern es musste ihm eine Lektion erteilen.

Am 14. April 1865 wurde Präsident Lincoln, während er eine Theateraufführung in Washington besuchte, von einem gewissen John Wilkes Booth erschossen. Kurz darauf wurde Booths Leiche in einem Heuhaufen gefunden. Natürlich wurde das Verbrechen den im Bürgerkrieg besiegten Südstaatlern angelastet, denn nachdem Booth das Magazin seines Revolvers auf Lincolns Leiche entleert hatte, rief er: „Es lebe der Süden!". Tatsächlich war Lincoln jedoch ein Befürworter eines ritterlichen Umgangs mit den Besiegten, und sein Tod war für die Konföderierten eine Katastrophe, die fast so groß war wie ihre militärische Niederlage. Ebenfalls sicher ist, dass Booth nie in den Armeen der Südstaaten gekämpft hat; er lebte gewöhnlich in Kanada, wo er von einem gewissen Rothberg, einem Agenten der Rothschilds in Ottawa, angesprochen wurde, der ihm Geld gab und ihm die Ansiedlung in den Vereinigten Staaten ermöglichte. Booth war ein labiler und unausgeglichener Charakter, ein zweitklassiger Schauspieler, der hoch verschuldet war. Plötzlich lebt er in Luxus, ermordet den Präsidenten, begibt sich in das Versteck, wo ihm Straffreiheit und die Rückkehr nach Kanada zugesichert wurden, und dort wird er hingerichtet und seine Lippen werden für immer versiegelt. Rothberg, der Drahtzieher des Plans, kehrt nach Ottawa zurück: Mission erfüllt. Wer war Booth? Es ist bekannt, dass seine Familie methodistisch war, obwohl die Baptisten ihn auf einem Friedhof beerdigten, der den Freimaurern vorbehalten war. Aber „unter seinen Vorfahren gab es Juden. Die Rabbiner von Washington waren überzeugt, dass er ein Jude war, und wiesen darauf hin, dass er sich ihnen bei den Gottesdiensten in der Synagoge anschloss und fließend Hebräisch sprach"[149].

[149] Lloyd Lewis: „*Myths ofter* Lincoln", S. 62.

DIE „FEDERAL RESERVE“

Am 22. November 1910 traf sich eine Gruppe von Finanziers auf der Insel Jakyl im Bundesstaat New Jersey. Unter ihnen befanden sich Senator Nelson Aldrich vom Kautschuk- und Tabak-Trust; Abraham Piatt Andrew, Ökonom und Assistent des US-Finanzministers; Frank Vanderlip, Präsident der National City Bank von New York; Henry P. Davison, ein prominenter Mitarbeiter der Bank „John Pierpont Morgan“; Charles D. Norton, Präsident der „First National City Bank“ des Morgan-Kartells; Benjamin Strong, Morgans Stellvertreter; Paul Moritz Warburg, Partner der immer mächtiger werdenden New Yorker Bank „Kuhn, Loeb and Co.“. Diese mächtigen Herren entwarfen den Entwurf einer „Federal Reserve Bank“, deren offizieller Anstrich in den Augen der Öffentlichkeit ihre wahre Natur verbergen sollte[150].

Am 21. Dezember 1913, als die meisten Kongressabgeordneten ihre Weihnachtsferien zu Hause verbrachten, wurde das Gesetz namens „Federal Reserve Act“ auf geradezu heimliche Weise zur Abstimmung gebracht, das nichts anderes war als der von den neun oben genannten Persönlichkeiten verfasste Entwurf. Grob gesagt ermächtigte dieses Gesetz die Gründung einer Federal Reserve Corporation, einer privaten Einrichtung mit privatem Startkapital, die von einem Verwaltungsrat, dem sogenannten „Federal Reserve Board“ (Federal Reserve Board), geleitet wurde. Dieses Gesetz entzog dem Kongress das Recht auf die Schaffung und Kontrolle des Geldes und übertrug es der „Federal Reserve Corporation“. Als Vorwand für die Verabschiedung dieses ungewöhnlichen Gesetzes diente die „Trennung von Politik und Geld“, doch in Wirklichkeit wurde in einer großen „Demokratie“, die gewöhnlich als idealer Prototyp dieser Regierungsform dargestellt wird, die Macht zur Schaffung und Kontrolle des Geldes den „Vertretern“ des Volkes entzogen, um sie einem privaten Unternehmen zu übertragen. Und wir glauben nicht, dass es voreilig wäre anzunehmen, dass ein privates Unternehmen per Definition dazu neigt, seinen eigenen Vorteil zu suchen, unabhängig davon, ob dieser mit dem

---

150 Eustace Mullins: „*A Study of the Federal* Reserve“, Omnia Veritas Ltd, www.omnia-veritas.com

allgemeinen Interesse der Nation übereinstimmt oder nicht[151]. Aus rechtlicher Sicht war die getroffene Vereinbarung zudem illegal, da bei der Abstimmung im Kongress das erforderliche „Quorum“ nicht gegeben war und die Mehrheit der anwesenden Abgeordneten bestochen worden war[152].

Aber wie agiert das „Federal Reserve Board“? Wie sieht seine Vorgehensweise aus? Die Bundesregierung, die mehr Geld ausgegeben hat, als sie von ihren Mitbürgern über Steuern einnimmt, benötigt, nehmen wir an, eine Milliarde Dollar. Die Regierung wendet sich an die „Federal Reserve“ und bittet um die Milliarde. Die „Federal Reserve“ stimmt dem Darlehen gegen Zinsen zu. Daraufhin ermächtigt der Kongress das Finanzministerium, eine Milliarde Dollar in Form von US-Staatsanleihen zu drucken, die dann an die Bankiers der Federal Reserve übergeben werden. Anschließend übernimmt die Federal Reserve die Kosten für die Ausgabe der Milliarde – vielleicht etwa 500 Dollar für Tinte und Papier – und nimmt den Umtausch vor. Und die Regierung verwendet die eine Milliarde, um ihren Verpflichtungen nachzukommen. Was sind die Folgen dieser fantastischen Transaktion? Ganz einfach: Die Regierung der Vereinigten Staaten hat das Volk gegenüber dem Federal Reserve Board mit einer Milliarde Dollar verschuldet, zuzüglich der aufgelaufenen Zinsen, bis diese beglichen sind. Da sich Transaktionen wie diese oder ähnliche seit 1913 bis heute entwickelt haben, stellen wir fest, dass nun, nach 63 Jahren, das „souveräne“ Volk der Vereinigten Staaten bei „seiner“ Federal Reserve mit mehr als 400 Billionen Dollar verschuldet ist, auf die Zinsen in Höhe von fast zwei Billionen Dollar pro Monat anfallen[153]. Wie wir an anderer Stelle[154] erwähnen, sind 195 Millionen Amerikaner unwiderruflich bei etwa 8.000 anderen Amerikanern verschuldet. Und wir sagen „unwiderruflich“, weil es nicht möglich ist, auch nur die Zinsen für die Schulden zu bezahlen, und deren Gesamtbetrag sogar den tatsächlichen Wert des gesamten Vermögens des Landes übersteigt.

Wir haben gesagt, dass die Nutznießer der Federal Reserve etwa achttausend Personen sind. Zu dieser Zahl zählen wir natürlich auch die

---

[151] J. Bochaca: „*La Finanza y el Poder*“, Omnia Veritas Ltd.

[152] Sheldon Emry: „*Billions for the Bankers: Debts for the People*“.

[153] Sheldon Emry: Op. Cit. und James C. Oliver: „*A Treatise on Money*“.

[154] J. Bochaca: Op. cit., S. 17.

hohen Bankbeamten in den gesamten Vereinigten Staaten. Letztendlich sind jedoch die wahren „Götter“ der amerikanischen Finanzwelt, die Hand in Hand mit der internationalen Finanzwelt arbeitet, das „Establishment“, wie es in Amerika genannt wird, oder das System, wie es in Europa bezeichnet wird, höchstens ein paar Dutzend Personen, die wir später nennen werden.

Daraus folgt, dass die Macht dieser Männer – nicht nur die finanzielle, sondern auch die politische – immens ist. Da Geld Macht ist, und das umso mehr in einer so materialistischen Zeit wie der heutigen, kann der Federal Reserve Board die zu verfolgende Politik bestimmen, ohne dass die Werbekämpfe, die man Wahlen nennt, irgendeine Bedeutung hätten. Beide Präsidentschaftskandidaten mussten sich an die Herren des Geldes wenden, um vor „dem Volk“ zu erscheinen. Und niemand gibt etwas umsonst, schon gar nicht ein Finanzier. Der zudem Garantien verlangt. Doch in jedem Fall und in zunehmendem Maße werden die Entscheidungen in Amerika, dem Vorbild der Demokratien, letztendlich von Männern getroffen, die niemals vom Volk gewählt wurden. Wer hat zum Beispiel Kissinger gewählt? Wer Rockefeller? Wer Bernard Mannes Baruch, den sogenannten „Prokonsul von Judäa in Amerika“ und Mentor von Wilson, Hoover, Roosevelt, Truman und Eisenhower?[155].

---

[155] Ein ganz aktuelles Beispiel dafür ist der sogenannte „Watergate-Skandal“. Unter dem Vorwand, Präsident Nixon habe gelogen, als er behauptete, er wisse nichts davon, dass seine Handlanger Wähler der Demokratischen Partei ausspionierten, wurde eine bombastische Verleumdungskampagne entfesselt, die schließlich zum erzwungenen Rücktritt des Präsidenten führte. Die Drahtzieher der Kampagne waren zwei Journalisten: der eine, Bernstein, ein Jude. Der andere, Woodward, ein Angelsachse, obwohl er bei der pro-zionistischen „*New York* Times“ angestellt war, die einem russischen Juden namens Sulzberger gehört, der sich Harrison nennt. Was waren die wahren Motive für die politische Hinrichtung Nixons? Dass er Israel im letzten Krieg gegen Ägypten nicht wie erwartet unterstützt hatte? Denn wenn er zurücktreten musste, weil er bei Lügen „erwischt“ worden war, hätte man alle seine Vorgänger, vor allem Roosevelt, erschießen müssen, und stattdessen wurden sie gewählt und wiedergewählt. Aber das „Wunder“ ist, dass aus dieser ganzen Angelegenheit der einzige, der „sauber“ davongekommen ist, Kissinger ist. Kissinger! Der Mann, der alles weiß, wusste nichts von Watergate. Oh, Geister der demokratischen Idiotie!

EIN JAHRHUNDERT DER HOCHPOLITISCHEN FINANZPOLITIK

Von 1917 bis heute, im Laufe der letzten fünfzig Jahre, war die Einmischung des Systems in die internationale Politik so unverhohlen, dass es eines wahren Wunders der kollektiven Hypnose auf weltweiter Ebene bedurfte, um sie vor den Augen der sogenannten öffentlichen Meinung verborgen zu halten. Nicht einmal ein Gustave Le Bon, der sich gerade keine allzu großen Illusionen über den gesunden Menschenverstand des in der Masse aufgegangenen Menschen machte, hätte glauben können, was wir heute sehen: Natürlich konnte sich Le Bon auch nicht das gigantische Wachstum der „Massenmedien" (Journalismus, Radio, Kino, Fernsehen) und deren rationale Nutzung zu politischen Zwecken vorstellen. Denn Tatsache ist, dass die sogenannte öffentliche Meinung nichts von der vorherrschenden – ja, sogar entscheidenden – Rolle weiß, die das System in den letzten fünfzig Jahren gespielt hat.

Während einerseits die Kontrolle der Finanzwelt über die Wirtschaft immer größer wurde, bis sie diese vollständig prostituierte, hat ihr Einfluss auf die hohe Politik ebenfalls immer mehr zugenommen, bis hin zu einer regelrechten Versklavung im Falle der Vereinigten Staaten von Amerika, einem Land, das der erbärmlichsten Herrschaft durch die Mitglieder des Systems unterworfen ist. Zwei absurde Weltkriege, an deren Auslösung und Ausgang das System maßgeblich beteiligt war, haben die Vereinigten Staaten zum mächtigsten Land der Welt gemacht. Doch ihre Macht wird nur gegen die Interessen Europas und zugunsten des Staatskapitalismus – oder der Sklaverei, die als Kommunismus bezeichnet wird – eingesetzt, der in Russland vom System selbst eingeführt wurde.

Dies ist nicht der Ort, um ausführlich auf die Motive, die tatsächlichen und verborgenen Ursachen sowie den Ausgang des Ersten Weltkriegs einzugehen. Um den Schleier über dieser schrecklichen Tragödie zu lüften, genügt es, die Worte wiederzugeben, die Alfred Moritz – der später seinen Namen in Mond änderte, als er sich in England niederließ, und den Titel Lord Melchett erhielt – vor dem Zionistischen Kongress sprach, der am 14. Juni 1928 in New York tagte:

> „Hätte ich euch 1913 gesagt, dass der österreichische Erzherzog ermordet werden würde und dass sich aus all dem, was aus diesem Verbrechen hervorgehen würde, die Gelegenheit, die Möglichkeit und der Anlass ergeben würden, für uns in Palästina eine nationale Heimstätte zu schaffen … hättet ihr mich für einen müßigen Träumer gehalten. Aber … Ist euch schon einmal in den Sinn gekommen, wie außergewöhnlich es ist, dass aus all jenem Chaos und all jenem Blut unsere Chance entstanden ist? Glaubt ihr wirklich, dass all das, was uns wieder nach Israel geführt hat, nur Zufall ist?..“[156].

Die Tatsache, dass der eigentliche Täter des Verbrechens, ein Nihilist namens Gavrilo Princip, sowie vier der sechs am Attentat beteiligten Komplizen Parteigenossen des edlen Lords waren, des Vorsitzenden des gigantischen Konzerns „Imperial Chemical Industries“, ist aufschlussreich, wenn auch nicht entscheidend beweiskräftig. Ausschlaggebend war, dass das Ergebnis jener stupiden Katastrophe, die der Erste Weltkrieg war, die rechtliche Anerkennung einer „jüdischen nationalen Heimstätte“ in Palästina und die Einführung des Staatskapitalismus oder Kommunismus in Russland war.

Viel ist über die Beteiligung des internationalen jüdischen Großkapitals an der Vorbereitung, Durchführung und Konsolidierung der sowjetischen Revolution in Russland geschrieben worden. Es gehört nicht zum Gegenstand dieser Studie, hier Zeugnisse zur Stützung dieser These zu wiederholen. An anderer Stelle[157] führen wir fünfunddreißig solcher Zeugnisse an, fünfzehn davon von Juden, die übrigen zwanzig von Institutionen und Persönlichkeiten, die selbst die wildeste Fantasie nicht als antikapitalistisch oder antisemitisch bezeichnen würde, wonach die „russische“ Revolution in Wirklichkeit das Werk des Systems war. Wir möchten hier lediglich „pour mémoire“ einen Bericht des amerikanischen Geheimdienstes erwähnen, der vom Generalstab der französischen Armee weitergeleitet wurde[158], in dem

---

[156] Nesta H. Webster: „*Secret Societies and Subversive Movements*“. Zitiert von J. Bochaca in „*La Historia de los* Vencidos“, Omnia Veritas Ltd.

[157] J. Bochaca: „*La Historia de los* Vencidos“, Kap. II. Omnia Veritas Ltd.

[158] Dieses Dokument ist unter der Referenz 7-618-6 np 912. S.R. II. archiviert. Übermittelt vom Generalstab der Armee. Deuxième Bureau. Es befindet sich auch in

nicht nur erwähnt wird, dass von den vierunddreißig führenden Persönlichkeiten des in der UdSSR eingesetzten Ersten Sowjets einunddreißig Juden waren, sondern auch die Namen der Bankiers genannt werden, die die Revolution in der zukünftigen UdSSR finanzierten: Jacob Schiff, Max Breitung, Felix Warburg, Otto H. Kahn, Mortimer Schiff, Jerome H. Hanauer sowie die Bankhäuser Kuhn, Loeb and Co., das Federal Reserve Board, die Rheinisch-Westfälische Bankvereinigung, Lazard Frères, Gunzbourg, Speyer und Nya Banken, Korrespondenzbank der Rothschilds in Nordeuropa. All diese Bankhäuser sind jüdische und werden als solche in diesem offiziellen Dokument erwähnt.

* * *

Auf den Ersten Weltkrieg folgten Jahre fieberhafter Wiederaufbau, mit der – im kapitalistischen System – unvermeidlichen Folge der Kreditinflation, die wiederum eine monetäre Deflation nach sich ziehen würde. Das Ergebnis all dessen war die „Wirtschaftskrise" von 1929, die am „Schwarzen Freitag" an der New Yorker Börse begann und sich weltweit über mindestens fünf Jahre hinziehen sollte.

In Deutschland herrschte nach der erzwungenen Abdankung des Kaisers die sogenannte Weimarer Republik. Ein demokratischeres Regime als dieses ist kaum vorstellbar; es ist unmöglich, dass es jemals wieder – abgesehen vom heutigen demokratischen Amerika – ein Regime geben wird, das sich den Vorgaben des Systems noch unterwürfiger unterwirft: absolute Vorherrschaft der Hochfinanz; galoppierende Inflation; Arbeitslosigkeit unter den Arbeitern, die den Rekordwert von sechs Millionen Arbeitslosen erreichte; eine Vielzahl von Parteien; künstlerischer und sozialer Verfall; eine jüdische Gemeinschaft, die weniger als 0,9 % der Bevölkerung ausmachte, aber das Bankwesen, die Schlüsselpositionen in Regierung und Verwaltung kontrollierte und allein mehr als ein Drittel des Nationaleinkommens an sich riss. Unter diesen Umständen trat die junge Nationalsozialistische Deutsche Arbeiterpartei unter der Führung von Adolf Hitler mit einem klar definierten Programm zur Wahl an: Beseitigung der Folgen des schändlichen Versailler Diktats; die Abschaffung der marxistischen

der Bibliothek des Kongresses der Vereinigten Staaten und wurde von der Londoner „*The* Times" (9.2.1918) sowie der New Yorker „*The* Times" (1.5.1922 und 31.12.1923) abgedruckt.

Parteien; der Kampf gegen den Verfall in all seinen Formen; die Verherrlichung der Rasse; die Bekräftigung des Prinzips der Nationalitäten und die daraus folgende Bildung eines Großdeutschlands sowie die Beseitigung der Arbeitslosigkeit, wofür er die Abkehr vom kapitalistischen System und seinem Instrument, dem Goldstandard, für unabdingbar hielt, um diesen durch den Arbeitsstandard zu ersetzen. Hitlers Wirtschaftstheorien stellten die Rückkehr zur natürlichen Wirtschaftsordnung und zugleich die Zerschlagung des Systems in Deutschland dar. Der Führer stellte in seinem Programm die Theorien des Ökonomen Gottfried Feder vor, dessen Hauptwerke „Kampf gegen die Hochfinanz" und „Der Deutsche Staat auf nationaler und sozialer Grundlage" in dieser Zeit der demokratischen Freiheit praktisch aus den öffentlichen Bibliotheken verbannt wurden.

Nach seinem überaus demokratischen Wahlsieg setzte Hitler seine wirtschaftlichen Prinzipien jedoch mit großer Umsicht um. Sein politischer Instinkt sagte ihm, dass eine radikale Umsetzung der Prinzipien Feders eine brutale Reaktion des Systems und der ihm unterworfenen Regierungen hervorrufen würde. Infolgedessen entfernte er Feder aus den Führungspositionen und holte stattdessen Schacht, das perfekte Abbild des „gepflegten" Kapitalisten, Monokel inklusive, und beschloss, schrittweise vorzugehen.

Zunächst wurde die Befugnis der Banken, Kredite nach eigenem Ermessen zu gewähren oder zu beschränken, eingeschränkt, und es wurden sehr niedrige Obergrenzen für die Zinssätze festgelegt. Die Geldausgabe durch die Reichsbank erfolgte auf der Grundlage der Produktion und nicht auf der Grundlage von Goldreserven, die es nicht gab. Die klassische Wirtschaftswissenschaft hätte unter solchen Umständen eine Goldanleihe bei einer ausländischen Bank oder Regierung verlangt; Hitler handelte nicht so, was die amüsierte Neugier der „Ökonomen" in Deutschland und außerhalb Deutschlands weckte. „Deutschlands Gold ist die Arbeitskraft seines Volkes", lautete ein Satz Hitlers, der von den Ökonomen als demagogisch bezeichnet wurde, obwohl er in den Kreisen des Systems, die dank dieses Glaubens gedeihen, natürliche Besorgnis auslöste.

Als dringende Maßnahme wurde die korporative Neuordnung der deutschen Landwirtschaft beschlossen, da man der Ansicht war, dass die nationale Wiederherstellung die Existenz einer starken

Bauernklasse als unabdingbare Voraussetzung habe[159]. Innerhalb weniger Monate wurde die Masse der sechs Millionen Arbeitslosen absorbiert, und es mussten sogar Arbeitskräfte aus den demokratischen Ländern Frankreich und Belgien importiert werden. In sechs Jahren Nationalsozialismus gelangte Deutschland vom Schlusslicht an die Spitze der Industrieländer der Welt … all dies ohne Gold, ohne Kolonien … und ohne die billigen Arbeitskräfte, die diese bereitstellten.

In Italien hingegen gelang es dem faschistischen Regime von Benito Mussolini, obwohl es seine Regierungsarbeit bereits zehn Jahre zuvor, im Jahr 1923, aufgenommen hatte, nicht, im wirtschaftlichen Bereich so erstaunliche Erfolge zu erzielen, auch wenn es diese in beachtlichem Umfang ebenfalls erreichte. Der Faschismus legte mehr Gewicht auf korporatistische Doktrinen als der Nationalsozialismus – ebenso wie Dr. Salazar in Portugal –, griff jedoch den Goldstandard nicht an. Die faschistischen Führer erkannten, dass dieser Standard irrational und veraltet war, und wollten ihn durch den Silberstandard ersetzen, gestützt auf die größere Verfügbarkeit dieses Metalls und die Tatsache, dass es sich daher schwerer in den Händen einiger weniger horten ließ. Es genügte jedoch, dass der Faschismus eine strenge Kontrolle über die Kreditpolitik der Banken ausübte, die Banco d' -Italia verstaatlichte, die marxistischen Parteien verbot, die Geheimgesellschaften auflöste, den Großmeister der italienischen Freimaurer ins Exil auf die Liparischen Inseln schickte und alle Arten von Verbrechen, einschließlich der wirtschaftlichen, streng bestrafte, damit Italien eine bis dahin – und seitdem – beispiellose Blütezeit erleben konnte.

Die Gefahr ging jedoch nicht von Italien aus, sondern von Deutschland; und zwar nicht nur wegen dessen größerer Bedeutung und seines in jeder Hinsicht größeren Gewichts, sondern auch wegen seiner Wirtschafts- und Finanzdoktrinen, die, sollten sie sich als gefährlich erweisen, tödlich zu sein schienen … sobald sie in der gewünschten Reinheit umgesetzt werden könnten. Aus diesem Grund entfesselte das System, sobald Hitler an die Macht gekommen war, einen regelrechten wirtschaftlichen und diplomatischen Krieg gegen Deutschland. Man konnte nicht zulassen, dass sein Beispiel auf die Nachbarländer übergriff. In Belgien, Norwegen, Ungarn, Rumänien, Jugoslawien und Bulgarien tauchten Bewegungen auf, die sich als antikapitalistisch, antikommunistisch und antisemitisch bekundeten und ihren Wunsch

[159] Vicente Gay: „*La Revolución* Nacional-Socialista", S. 269.

verkündeten, ihre Heimatländer vom schädlichen Einfluss des Systems zu befreien. Dies war der Grund, der einzige Grund für den Zweiten Weltkrieg. Deutschland musste dringend besiegt werden, denn die Festigung des Hitler-Regimes bedeutete die endgültige Zerstörung des Goldstandards, des großen Herrschaftsinstruments des Systems[160].

Es lässt sich eine merkwürdige Parallele zwischen Napoleon und Hitler ziehen. Beide stießen auf das System, obwohl der Große Korser das Glück hatte, dass es zu seiner Zeit noch nicht zu einer so gewaltigen Macht geworden war, wie es in unserem Jahrhundert gelang. Beide strebten zudem trotz allem vor allem das Bündnis mit England an, wurden jedoch diplomatisch vom System besiegt, dem es gelang, das mächtige Albion in seinen Dienst zu stellen. Während Napoleon England im Frieden von Amiens vorschlug, seine Seemacht auf ein Drittel der britischen zu beschränken, tat Hitler im Deutsch-Britischen Flottenvertrag genau dasselbe. Hitler tat, wie Napoleon, dies ohne jegliche Gegenleistung seitens Englands, als Zeichen des guten Willens und seiner friedlichen Absichten. Und während Napoleon den ersehnten Frieden mit England allein dadurch erlangen konnte, dass er die Rückkehr zum Goldstandard und das freie Wirken der Banque de France als privates Institut akzeptierte, wurde Hitler mitten im Krieg die Einstellung der Feindseligkeiten auf der Grundlage eines (Paz-Empate) unter nur zwei Bedingungen angeboten. Was waren diese Bedingungen? Die englische Regierung verlangte, dass das Reich auf seine wirtschaftliche Autarkie verzichte und den Goldstandard einführe, um zum Freihandelssystem zurückzukehren. Außerdem musste Deutschland die Wiedereröffnung der von Hitler geschlossenen Freimaurerlogen genehmigen. Im Gegenzug erkannten die Alliierten die Wiedereingliederung Danzigs an das Reich an. Hitlers Weigerung, diese Bedingungen zu akzeptieren, vereitelte den Frieden[161].

---

[160] Manchen mag dies als eine voreilige Behauptung erscheinen, die zu sehr im Widerspruch zu dem steht, was uns als Ursachen des Zweiten Weltkriegs vermittelt wurde; da ich mich hier jedoch nicht ausführlich mit diesem Aspekt befassen kann, verweise ich den Leser auf mein Buch „*La Historia de los* Vencidos“, wo er die entsprechenden Unterlagen finden wird, um sich selbst ein Urteil darüber zu bilden.

[161] Oberst J. Creagh-Scott vom Intelligence Service, der persönlich an den Friedensverhandlungen mit deutschen Bevollmächtigten teilgenommen hatte, erwähnte diese Tatsachen im sehr maßgeblichen Bulletin der „National Industrial Development Association of Eire“ und später in einem Vortrag im Rathaus von Chelsea. Die französische Zeitschrift „*Défense de* l'Occident“ vom Mai 1953, S. 31, erinnert an diese

Wir wollen uns hier nicht ausführlich mit den Errungenschaften, den fantastischen Leistungen des Nationalsozialismus befassen. Andere haben dies bereits in zahlreichen Werken getan; auch der Autor in dem zitierten Buch „Die Geschichte der Besiegten". Es genügt hier zu sagen, dass Hitlers Nationalsozialismus der bislang letzte Versuch war, ein Land von den Fesseln des Goldes zu befreien. Und dass ihm der Krieg erklärt wurde, weil er sich ideologisch und praktisch gegen das System stellte und weil er auf Kosten des kommunistischen Sklaventums – oder des Staatskapitalismus, einer Schöpfung desselben territorial expandieren wollte.

Nach dem „Sieg" der Demokratien – in Wirklichkeit ein Sieg des Systems und eine allgemeine Niederlage – wurden die Mechanismen zur Schaffung einer Welt-Superregierung, der Organisation der Vereinten Nationen und ihrer zahlreichen Unterorganisationen, in Gang gesetzt. Wie wir bereits im Abschnitt „Der Nährboden" erwähnt haben, ist der Globalismus eine der Komponenten des Systems, dessen letztendliches Ziel weder die Industrie noch der Handel, noch die Finanzwelt, noch das Geldverdienen ist … noch der Kapitalismus, noch der Kommunismus, noch der Zionismus, sondern schlicht und einfach die Weltherrschaft über eine verdummte, massifizierte, demokratisierte Menschenschar …

Ereignisse und bestätigt, dass es auf ausdrücklichen Druck des jüdischen Bankiers Sir Montagu Norman, des ehemaligen Gouverneurs der Bank of England, geschah, dass Churchill Roosevelt die Verbindlichkeit des Goldstandards vorschlug und diese in die Atlantik-Charta aufnahm.

WER SIND SIE...?

„Und der Herr sprach: Ich werde die Heiden dazu bringen, sich meinem Volk zu unterwerfen, und sie werden ihre Söhne in ihren Armen und ihre Töchter auf ihren Schultern tragen. Die Könige, o Israel, werden deine Ammen sein, und die Königinnen werden die Mütter sein, die dich stillen: Alle werden sich vor dir niederwerfen, das Gesicht zur Erde gewandt, und den Staub deiner Füße lecken..."

„... und die Völker und Königreiche, die sich dir nicht unterwerfen, werden untergehen; wahrlich, diese Völker werden völlig vernichtet werden... und du, Israel, wirst die Milch der Heiden und die Brüste der Könige saugen..."

(Jesaja, XLIX, 22, 23 – LX, 10, 12, 16)

Bisher haben wir über das System oder das „Establishment" gesprochen, über einige seiner Vorgehensweisen und seine Ziele. Wir werden nun eine Liste der natürlichen und juristischen Personen aufstellen, aus denen es besteht.

Über den Männern mit echter Macht, die die Präsidenten lenken und diese politisch überdauern, wie der US-Außenminister Kissinger und der Präsident der Staatsbank der Sowjetunion, Viktor Aschberg, sowie andere weniger bedeutende Persönlichkeiten, funktioniert eine Art Welt-Superregierung, parallel zur offiziellen Weltregierung, der verhängnisvollen Organisation der Vereinten Nationen, die aufgrund ihres Gründungsortes, Bilderberg in den Niederlanden, den Namen „Bilderberg-Gruppe" trägt.

Dieser Zusammenschluss äußerst mächtiger Männer nimmt auf kaum verhüllte Weise Einfluss auf die Regierungen der ganzen Welt. Sein Ziel ist es, die UNO bei der Verwirklichung eines Welt-Superstaates zu unterstützen. Dieser Superstaat wird zudem superkapitalistisch, also kommunistisch sein, denn es gibt keine Initiative der „Bilderberger", die nicht direkt oder indirekt darauf abzielt, dem sogenannten kommunistischen Block zu nützen.

Hier sind die Namen der prominentesten Mitglieder dieser mächtigen Bilderberg-Gruppe:

-Prinz Bernhard von Niederlande.

-Eugene Black, Präsident der Internationalen Bank[162].

-Robert McNamara, derzeitiger Präsident der Weltbank und ehemaliger Mitarbeiter des Rockefeller-Clans.

-Paul G. Hoffman, US-Botschafter bei der UNO. Hochrangiger Mitarbeiter der Bank Goldman, Sachs and Co.; ehemaliger Verwalter des Marshall-Plans und Präsident von „Studebaker".

-Per Jacobson, Präsident des Internationalen Währungsfonds[163].

-Henry Kissinger, Außenminister der Vereinigten Staaten. Ehemaliger Mitarbeiter der Familie Rockefeller seit seinem 23. Lebensjahr.

-Imbriani Longo, Direktor der Banca d'Italia.

-Gabriel Hauge, Wirtschaftsberater der Präsidenten Eisenhower, Kennedy, Nixon und Ford.

-Michael Heilperin, Wirtschafts- und Finanzberater von Präsident Johnson. Leitender Angestellter der Bank Dillon and Co. der Finanziers Dillon (Lapowski).

-Walter J. Levy. Von Rockefellers „Standard Oil of New Jersey".

-Sydney Weinberg. Bankier. Mitglied des „inneren Kreises" der höchsten Macht des Systems.

-Lewis L. Strauss, Vorsitzender der Atomenergiebehörde der

---

[162] Die Weltbank ist eine Art Zentralbank der Zentralbanken auf globaler Ebene.

[163] Der Internationale Währungsfonds finanziert die neu entkolonialisierten Länder und die kommunistischen Staaten.

Vereinigten Staaten. Mitglied des „Council on Foreign Relations“ der Familie Rockefeller.

-Chas. E. Salzman, Direktor der Bank „Kuhn, Loeb and Co.“.

-Eric M. Warburg. Bankier.

-Alexander Sachs. Bankier.

-Gerard Swope. Bankier.

-Isadore Lupin, Ökonom, Mitglied des Privaten Rates von Nixon.

-Herbert Bayard Swope, Bankier.

-David Rockefeller, Bankier.

-Nelson Aldrich Rockefeller, Bankier.

-Dean Rusk, ehemaliger Außenminister der Vereinigten Staaten.

-Paul Van Zeeland, ehemaliger Premierminister von Belgien. Ehemaliger Angestellter der „Banque Lambert“, Treuhandbank der Rothschilds in Brüssel.

-Thomas S. Lamont, Bankier.

-William S. Paley (Palinski) und

-David Sarnoff, die beiden führenden Köpfe des amerikanischen Fernsehens.

-Arthur Harrison Hays (Sulzberger), Herausgeber der Zeitung „New York Times“

-General Lyman L. Lemnitzer, vom Generalstab der Vereinigten Staaten.

-Harry Guggenheim, Bankier.

-Harold K. Ginsberg, Mitarbeiter des „C.F.R." der Familie Rockefeller.

-Hermann Baruch, Bruder des ehemaligen „Mentors der Präsidenten", Bernard Mannes Baruch. Bankier.

-Henry Morgenthay Jr. von der „Modern Industrial Bank".

Natürlich ist diese Liste unvollständig. Aber die wichtigsten Namen sind darin enthalten. Wir haben oben auf einen inneren Kreis des Systems angespielt. Tatsächlich funktioniert die Finanzwelt nach freimaurerischem Vorbild. Man geht stufenweise vor. Letztendlich gibt es zweifellos einen „inneren Kreis", von dem vielleicht niemand etwas weiß – oder vielleicht doch, denn die Perfektion der Vorgehensweise des Systems hat Geheimhaltung praktisch überflüssig gemacht. Wie dem auch sei, hier sind im Folgenden die Mitglieder des – soweit wir wissen – innersten Kreises.

– Das Federal Reserve Board, bestehend aus den fünf Notenbanken der Vereinigten Staaten. Diese Gruppe wird von den Familien Warburg, Kuhn, Loeb und Kahn kontrolliert.

– Die Lehman-Brüder-Bank. Das größte Bankinstitut der Welt, hinter Kuhn, Loeb and Co. der Federal Reserve.

– Das Rockefeller-Imperium, das den Ölkonzern „Standard Oil of New Jersey", die „Chase National Bank" und die chilenischen Kupferminen der „Anaconda Copper Co." umfasst. Es ist ein vorherrschender Faktor in der National City Bank und steht dank einer klugen Politik der Heiratsallianzen in Verbindung mit den Dodges (Automobile), den Stillmans (Stahl), den Aldrichs (Hochfinanz) usw.[164]

- Das Rothschild-Imperium in London, Paris, Wien und Frankfurt. Meister der Rockefellers in ihrer Politik der Heiratsallianzen. Die Nya Banken in Stockholm gilt als ihr Vertreter in Nordeuropa. Die Aschbergs, Vertreter der Rothschilds, sind seit der Gründung der

[164] Das stark judaisierte Rockefeller-Haus mit 50.000 Bankfilialen weltweit, die direkt oder indirekt von der „Chase National Bank" abstammen, soll angeblich zwei Millionen Dollar pro Minute verdienen. (Nach Dr. Oren Fenton Potito in „*National Christian* News", Nr. 7, 1975.

Sowjetischen Staatsbank im Jahr 1917 von Generation zu Generation deren Präsidenten. Die Familie kontrolliert die Nickelproduktion in Neukaledonien. Sie besitzt auch die Quecksilberminen von Almadén (Spanien).

-Die Bank Lazard, deren Bedeutung derzeit der der Rothschilds gleichkommt. Sehr einflussreich in der Europäischen Wirtschaftsgemeinschaft und im ehemaligen Britischen Empire.

-Das Imperium der „United Fruit" von Samuel Zemurray, allmächtig in Mittelamerika und der Karibik.

-Die Familie Melchett, die den britischen Chemiekonzern I.C.I. sowie die Nickelproduktion Kanadas kontrolliert.

-Die Bank Goldman, Sachs and Co. Die stärkste der amerikanischen Banken nach „Kuhn, Loeb" und „Lehman".

- Der Oppenheimer-Konzern, ein südafrikanischer Finanzkonzern. Er besitzt Goldminen und kontrolliert die südafrikanische Diamantenproduktion. In seinem Besitz befinden sich die „hispanischen" Minen von Rio Tinto.

- Der Guggenheim-Trust, Bankiers, der zusammen mit den Speyers das Zink in Bolivien und zusammen mit den Morgans das Kupfer und das Kaliumnitrat in Chile kontrolliert.

-Die Speyers, Bankiers. Sie kontrollieren zusammen mit den Rockefellers das Öl in Mexiko.

-Die Familie Seligman, die zusammen mit den Goldschmidt die Kupferminen Perus ausbeutet.

- Das Konsortium „Ford Motor Company", das an der Spitze der weltweiten Automobilindustrie steht. Die Erben, Söhne und Enkel des Gründers dieses Industrieimperiums haben sich durch familiäre und geschäftliche Verbindungen mit anderen „Clans" des Systems verbündet. (Wenn der alte „Antisemit" Henry Ford das sehen könnte!).

-Die Bank „Dillon-Read", deren Präsident Douglas Dillon (Samuel Lapowski) ist.

- Stanley H. Ruttenberg, der gewerkschaftliche „Buddha“ der A.F.L.-C.I.O., der mächtigsten amerikanischen Gewerkschaften.

-Charles B. Shuman, Präsident der American Farm Bureau Federation, wahrer Diktator der amerikanischen Landwirtschaft.

- Donald K. David, Präsident des „Komitees für wirtschaftliche Entwicklung“, einer allmächtigen, steuerbefreiten Stiftung, die von der „Ford Motor Company“ gesponsert wird.

-Die Hambros Bank aus London, das größte „englische“ Bankhaus nach N.M. Rothschild und Lazard Bros. Auf unserem Kontinent ist sie mit der „französischen“ Schneider-Bankengruppe verbunden, die ihrerseits den Rüstungs- und Stahlkonzern Le Creusot kontrolliert.

-Die Bank S. Japhet and Co., 1880 in Deutschland gegründet und 1896 nach London verlegt, die enorme Interessen in der arabischen Welt besitzt. Durch die Heirat einer Tochter von Samuel Japhet mit Lord Mountbatten of Burma ist diese Familie mit dem britischen Königshaus verwandt.

-Israel Moses Sieff von „Political and Economical Planning“, einer Talentschmiede für Sozialisten, und der riesigen Kaufhauskette „Marks and Spencer“.

-Sydney Bernstein, Leiter des britischen Fernsehens (I.T.A.).

-Salomon Zuckerman, „südafrikanischer“ Multimillionär, privater Berater der Premierminister Wilson und Callaghan.

- Der Clan Vanderbilt-Whitney, amerikanische Bankiers, die in den weltweiten Kupfer- und Stahlsektoren eine beherrschende Stellung einnehmen.

-Die Gunzbourg-Bank, das führende Bankhaus Japans.

- Die „französische“ Familie Dreyfus. Sie werden als „die Weizenkönige“ bezeichnet.

- Paul Getty, der reichste Mann Englands.

-Der „Vickers and Maxim"-Trust, gegründet von einem Abenteurer aus Odessa, Sir Basil Zaharoff, der größte Rüstungskonzern der Welt.

-Die Morgan-Bank, die unter den amerikanischen Banken den fünften und weltweit den neunten Platz einnimmt.

- Der anglo-niederländische Trust „Unilever", gegründet von den Brüdern Lever und Simon Van den Bergh, der auf dem Weltmarkt für Margarine, Öl und Seife den ersten Platz einnimmt.

-Der niederländische Konzern Philips, der führende europäische Elektronikkonzern, der eng mit der Rotterdamsche Bank und dem Konzern „Unilever" sowie mit dem Ölkonzern „Royal Dutch", einer Gründung von Henry Detterding und, und der „Hell Petroleum" von Marcus Samuel verbunden ist.

-Die Familie Lambert, belgische jüdische Bankiers, die eng mit den Rothschilds verbunden sind.

Mit Ausnahme der Morgans, der Rockefellers und der Fords sind die übrigen genannten Supermächte ausschließlich jüdisch. Was die Rockefellers betrifft, so sind sie seit der ehelichen und finanziellen Verbindung des Vaters des heutigen Nelson Rockefeller mit einer Tochter der israelitischen Bankiers Aldrich teilweise jüdisch.

Die vorstehende Liste dessen, was man als „Super-Weltregierung" bezeichnen könnte, müsste wahrscheinlich durch die Namen von Sidney Weinberg und Eugene Blanck, bereits erwähnte Finanziers, sowie durch die unbekannten Führer der „Anti-Defamation League" (Anti-Diffamierungsliga), einer Art jüdischer Freimaurerei mit enormer okkulter Macht, ergänzt werden.

Diese Gelddynastien sind, wie bereits erwähnt, zudem durch familiäre Bande oder gemeinsame Interessen miteinander verbunden, oft sogar durch beides zugleich. Zusammengefasst handelt es sich um höchstens etwa dreihundert Personen, die durch Kooptation ihre Nachfolger aus ihrem Umfeld auswählen.

Das sind die „Götter" des Systems. Ihre Existenz wurde bereits von Rathenau aufgedeckt, der selbst dem System angehörte, mit seinem berühmten Satz: „Dreihundert Männer, die sich untereinander kennen, lenken die Geschicke des europäischen Kontinents und wählen ihre Nachfolger aus ihrem Umfeld aus.“ (Wiener Freie Presse, 24. Dezember 1912). Die Tatsache, dass die Mitglieder dieser Art von Weltregierung in überwältigendem Verhältnis einer bestimmten ethnischen Gruppe angehören, bedeutet natürlich keine pauschale Anschuldigung gegen alle Angehörigen dieser Gruppe. Aber es besteht auch kein Zweifel daran, dass, falls viele oder eine Mehrheit von ihnen die Aktivitäten dieser Minderheit von „Göttern“ und ihrer Handlanger des Systems kennen und diese nicht anzeigen oder sich ihnen widersetzen, sie zu Komplizen desselben werden.

Was ist das Ziel, das Endziel dieser Götter des Systems? Die Geschichte und die täglichen Ereignisse bestätigen es uns. Die weltweite Durchsetzung des Kommunismus. Sie halfen in den Anfängen Marx, Engels, Boerne, Lafargue und anderen prominenten kommunistischen Aposteln. Sie finanzierten die Sowjetrevolution in Russland. Sie unterstützten die kommunistischen Bewegungen in den anderen Ländern und tun dies weiterhin. Sie ermöglichten die Bolschewisierung Chinas, indem sie Amerika zwangen, die Hilfe für Chiang Kai-shek einzustellen, während Mao Zedong sie aus Russland in vollen Zügen erhielt[165]. Sie finanzieren, wann immer es nötig ist, die kommunistischen Staaten, wenn das unnatürliche marxistische System kurz vor dem wirtschaftlichen Bankrott steht. Das „trotzkistische“ Jugoslawien überlebt nur dank amerikanischer Subventionen. RUSSLAND LEIDET DANK DER AMERIKANISCHEN HILFE KEINEN HUNGER. Die Preise für Weizen und andere amerikanische Getreidesorten schossen Mitte 1973 in die Höhe, weil die Regierung Nixon es den Getreidespekulanten gestattete, diese zu extrem niedrigen Preisen und auf Raten an die Sowjetunion und das rote China zu verkaufen. Die amerikanische Regierung zahlte die Differenz zwischen den politischen und den tatsächlichen Preisen. Das heißt, der leidende amerikanische Steuerzahler zahlte dafür, dass seine potenziellen Feinde nicht verhungerten. Diese unglaubwürdige Transaktion wurde von Kissinger anlässlich seiner Reisen nach Peking und Moskau

165 Rockefellers Organisation „Amerasia“ brachte die amerikanische Regierung mit ihren falschen Berichten über die Lage in China zu einer Kehrtwende um 180 Grad. Owen Lattimore, der später wegen kommunistischer Aktivitäten angeklagt wurde, und General Marshall, einer der Organisatoren des Fiaskos von Pearl Harbor, waren die obersten (sichtbaren) Verantwortlichen für die Auslieferung Chinas an den Kommunismus.

„arrangiert“[166]. Es war auch Kissinger, der den Verkauf von Düngemitteln an die UdSSR ermöglichte – praktisch ein finanzielles Geschenk der Steuerzahler durch die amerikanische Regierung[167].

Die Hilfe des Systems für die UdSSR beginnt, wie wir gesehen haben, mit der Errichtung des Sowjetstaates in Russland und setzt sich mit dem Rockefeller-Stalin-Pakt fort, der es den Kommunisten ermöglichte, ihre Ölvorkommen auszubeuten und diese sogar in der freien Welt zu vermarkten. Ein weiterer Finanzier, Averell Harriman, der unter Roosevelt großen politischen Einfluss erlangte, baute das Eisenbahnnetz in Russland aus. Der „deutsche“ Finanzier Rathenau vereinbarte mit Stalin die technische Hilfe des Reichs für die UdSSR ohne jegliche Gegenleistung, um die sowjetische Chemieindustrie in Gang zu bringen.

Das System hat, kurz gesagt, den Kommunismus schon immer unterstützt. Wäre der Eiserne Vorhang in beide Richtungen Realität und bliebe der kommunistische Block isoliert, würde er nicht einmal ein paar Jahre überleben. Nur die Unterstützung und die Kredite aus dem Westen halten ihn am Leben. Der Kapitalismus ist ein kriminelles System, doch indem er – mit immer größeren Hindernissen – die Existenz freier und produktiver Unternehmen zulässt, bleibt er auf halbem Weg zu seinen Zielen stehen, die nichts anderes sind als die Versklavung der Menschheit mit der schrecklichsten Waffe: dem Geld. Deshalb ist der Kommunismus unabdingbar notwendig, wie der keineswegs „proletarische“ Karl Marx mit gewaltiger und unwiderlegbarer Logik innerhalb des Systems feststellte.

Das System, dessen Mission über den Kapitalismus hinausgeht, strebt die Vereinigung der Welt durch die Mongolisierung von Völkern, Rassen und Nationen an[168]. Deshalb sind seine Schöpfer

---

166 Der Jude Michel Fribourg, genannt „der Getreidekaiser“ und reichster Mann Amerikas, war der einzige „Amerikaner“, der von diesem unglaublichen „Geschäft“ profitierte.

167 Auch bei diesem „Geschäft“ erwies sich ein Jude als der große Nutznießer, Armand Hammer (laut „*The* Thunderbolt“, August 1973).

168 Allein im neuen Stammes-Afrika, mit seinen als Präsidenten der Republik bezeichneten Zauberern, gibt es heute 350 große amerikanische und etwa 200 europäische multinationale Unternehmen. Es erscheint seltsam, dass das Großkapital in lächerliche afrikanische „Länder“ investieren will. Dennoch tut es dies. Warum? Weil es nichts zu verlieren hat. In New York gibt es die O.P.I.C. (Overseas Private

„Antirassisten", allerdings nur, wenn es um die weiße Rasse geht, die Trägerin der Zivilisation und der Kultur. Sie befürworten beispielsweise die Vermischung von Weißen und Schwarzen, doch im künstlichen Staat Israel haben sie Rassengesetze zu ihren Gunsten eingeführt, die weitaus drastischer sind als Hitlers „Rassenschutzgesetze". Denn dies ist das Endziel... Dies ist die Lösung des Rätsels des Kapitalismus, der stets mit seinen vermeintlichen Gegnern paktiert... Letztendlich gibt es, wenn man biblische Prophezeiungen interpretiert, nichts anderes als das Auserwählte Volk, das über eine menschliche Herde herrscht, gemischtrassig und mongoloid, geschoren und einheitlich blökend.

Investment Corporation), die kapitalistische Investitionen gegen die Enteignung durch die besagten Zauberer absichert. Diese Organisation wird ihrerseits auf Initiative von Kissinger von der Regierung der Vereinigten Staaten garantiert. So garantiert das amerikanische Volk den multinationalen Konzernen Schutz vor Enteignung durch die Stammesführer und finanziert gleichzeitig die wirtschaftliche Entwicklung dieser Stämme mit westlicher Technologie („*South African* Observer", August 1976).

DIE LÖSUNG

Nachdem wir in den unter dem Titel „Elend im Überfluss" zusammengefassten Abschnitten die Gründe dargelegt haben, die das scheinbare Paradoxon der aktuellen wirtschaftlichen Lage des Westens erklären – mit seinen überquellenden Lagerbeständen, die aus Geldmangel nicht konsumiert werden können –, und anschließend so kurz wie möglich die Handlungen und die Identität der Akteure dieses Dramas erläutert haben, wollen wir nun die Lösung vorschlagen. Das heißt, nachdem wir die Fragen „Was geschieht?", „Warum geschieht es?", „Wer tut es?" und „Warum tut er es?" beantwortet haben, halten wir es nun für unsere Pflicht, die Lösung für das Problem zu liefern, das dieser weltweite Albtraum aufwirft. Nicht irgendeine Lösung. DIE LÖSUNG.

Es ist wahrscheinlich – wir sind kurz davor, dies zu bestätigen –, dass die größte Schwierigkeit beim Verständnis der Wirtschaft in ihrer überwältigenden Einfachheit liegt. In einer absurden Zeit wie der heutigen, dem Endzyklus des Übergangs von der Kultur zur Zivilisation, einer Zeit der Umwandlung aller Werte, in der die Worte ihre alte Bedeutung verlieren, konnte sich die Wirtschaft der allgemeinen Regel des Organismus, zu dem sie gehört, nicht entziehen[169]. Der Westen, geplagt von einem gewaltigen kulturellen Parasitismus[170], leidet in seinem Gehirn an der Krankheit des Liberalismus, und von dort strahlen alle anderen Übel aus, unter denen die anderen Organe leiden: die Demokratie im Nervensystem, der mehr oder weniger getarnte Atheismus im Herz-Kreislauf-System und der Kapitalismus im Verdauungssystem. Wenn das Gehirn, die Nerven und das Herz – obwohl schwer beeinträchtigt – noch Widerstand leisten,

---

[169] Ein aufschlussreiches Beispiel für die aktuelle Wirtschaftspolitik ist die Tatsache, dass sich offenbar niemand über die jüngsten Wirtschaftsprogramme der Regierungen zweier alter europäischer Länder, England und Spanien, gewundert hat. Einerseits behaupten sie, man müsse die Arbeitslosigkeit bekämpfen, andererseits, man müsse sparen, und um die Menschen zum Sparen zu bewegen, erhöhen sie die Steuern. Aber die Bekämpfung der Arbeitslosigkeit bedeutet eine Steigerung der Produktion. Man muss also die Produktion steigern und den Konsum senken. Die Verfasser dieses Programms wurden in keiner Irrenanstalt untergebracht.

[170] Francis Parker Yockey: „Imperium", Omnia Veritas Ltd.

steht der Magen, der schwächste Teil und derjenige, der – im Interesse des Feindes und weil dieser ahnt, dass dies die Art von Angriff ist, die am besten zu seiner Eigenart passt – die bösartigsten Angriffe des Großen Parasiten abbekommt, kurz vor dem Zusammenbruch. Ein Zusammenbruch, der den Tod des Organismus zur Folge hätte.

Wir verabscheuen feigen Optimismus mindestens ebenso sehr wie unverantwortlichen, „ n" Pessimismus, aber wir können uns dem kategorischen moralischen Imperativ unseres Realismus nicht entziehen, der uns unmissverständlich verkünden lässt: Wenn die Maßnahmen DER LÖSUNG nicht bald, ja nicht schon jetzt ergriffen werden, wird der Westen untergehen, bevor er sein historisches Schicksal erfüllt hat, und im Pantheon der Geschichte den großen Kulturen folgen, die ihm vorausgingen, sobald deren Lebenszyklen vollendet sind.

Die Lösung lässt sich in Wirklichkeit unbestreitbar aus allem bisher Gesagten ableiten, nämlich dass die Übel der westlichen Wirtschaft ihren Ursprung haben in:

a) der privaten Kontrolle des Geldes
b) aus der Befugnis privater Einrichtungen, Geld zu emittieren.
c) darauf, dass es auf einer Ware mit praktisch null innerem Wert basiert, wie es bei Gold der Fall ist, und
d) dem abergläubischen Glauben, dass die Maschine dem Menschen Arbeit verschaffen muss dann besteht die Lösung in der gleichzeitigen Anwendung der den genannten Übeln entgegengesetzten Prinzipien, nämlich:

a) der öffentlichen (staatlichen) Kontrolle des Geldes.
b) die staatliche Ausgabe von Geld.
c) die Verankerung des Geldes im Arbeitsstandard, den wir auch als Wohlstandsstandard bezeichnen können.
d) Anerkennung des Prinzips, dass die Maschine dem Menschen Arbeit abnehmen muss, indem sie diese auf die bestmögliche, schnellste und kostengünstigste Weise verrichtet.

* * *

Wir halten es für sinnvoll, den Leser auf den Abschnitt „Geltungsbereich" am Anfang dieses Werkes zu verweisen und ihn daran zu erinnern, dass wir uns auf den Westen beziehen, genauer gesagt, zumindest vorläufig, auf Europa, dessen Kern. Wir sind uns bewusst, dass wir uns politisch vorerst nur auf das „verbleibende" Europa westlich des Eisernen Vorhangs beziehen können, mit seinen 320 Millionen Einwohnern, den Erben einer jahrtausendealten Kultur und Trägern der Zivilisation in alle Ecken des Planeten; ein partiell s Europa, dessen erstes politisches Ziel notwendigerweise die Ergreifung aller Maßnahmen sein muss, die auf die Wiedergewinnung des Dutzends Länder im Osten unseres Kontinents abzielen, mit ihren 150 Millionen Menschen, die vom sowjetischen Staatskapitalismus abhängig sind, der in Russland dank der Hilfe des im Westen ansässigen Privatkapitalismus eingeführt wurde. Mit anderen Worten: Die Lösung kann nur von einem europäischen Staat umgesetzt werden, der sich auf die Strukturen des derzeitigen Gemeinsamen Marktes stützt – der trotz all seiner gewaltigen Mängel zumindest den Verdienst hat, zu existieren –, der seinen Aktionsradius schrittweise erweitert und die positiven politischen Grundsätze des Vertrags von Rom[171] bis in ihre letzten Konsequenzen aktualisiert, um den Traum so weit zurückliegender und unterschiedlicher Menschen, in Raum und Zeit so weit voneinander entfernt, so unterschiedlich in ihren Werten und ihrer Einordnung, wie Karl der Große, die Staufer des Heiligen Römischen Reiches, Karl von Spanien und Deutschland, Ludwig XIV., Napoleon, Hitler und Adenauer: die Nation Europa.

Die ewigen Kurzsichtigen mögen einwenden, dass dies eine Utopie sei (und in Wahrheit ist alles eine Utopie, bis es in die Praxis umgesetzt wird), dass die Nation Europa am politischen Horizont nicht zu erkennen sei und dass die Maßnahmen – sowohl politische auf der übergeordneten Ebene als auch die wirtschaftlichen auf der Ebene des Verdauungssystems einer Gemeinschaft –, die jetzt von Interesse sind, sich auf die alten Mini-Nationen beziehen müssen, die noch immer im westeuropäischen Raum existieren, noch immer vor sich hin vegetieren, Überbleibsel alter dynastischer Bündnisse oder „diplomatischer Zufälle", und an deren aktive Existenz die Nostalgiker des Hyper-Nationalismus des Großvaters gerne glauben. Diesen hartnäckigen Anhängern des Nationalatomismus müssen wir kurz und bündig zwei Dinge in Erinnerung rufen, nämlich:

---

[171]... Und dabei vergessen sie natürlich die negativen Aspekte, wie etwa die lächerliche Forderung, dass die Gemeinschaft das System der anorganischen Demokratie mit allgemeinem Wahlrecht und einer Vielzahl von „Parteien" praktizieren müsse.

a) dass die conditio sine qua non für die Existenz einer Nation die Souveränität, also die Unabhängigkeit, ist; und diese ist, politisch gesehen, nicht bloß die Auswirkung eines Willensakts, sondern die Folge des kollektiven Willens, der durch die Macht gestützt wird. Es reicht nicht aus, unabhängig sein zu wollen; man muss es auch können. Und heutzutage, ob es den Geistern des 19. Jahrhunderts gefällt oder nicht, kann nur eine politische Gemeinschaft mit einer Bevölkerung von mindestens zweihundert Millionen Einwohnern, die über eigene oder importierte Spitzentechnologie verfügt, unabhängig sein, also nur eine freie Nation. s gibt heute weltweit tatsächlich nur drei echte Nationen: die UdSSR, die USA und China[172]. Und Europa kann es sein, muss es sein. Die übrigen, die sogenannte Dritte Welt, oder auch „unterentwickelte Länder“ (wenn man freundlich sein will), „unfähige“ (wenn man es nicht sein will) oder „erpresserische Bettler“ (wenn man die reine Wahrheit sagen will), sind bloße Statisten mit einer ausschließlich zentripetalen Macht, die sie über ihre Untertanen ausüben, jedoch ohne zentrifugale Macht, da sie – offiziell oder inoffiziell – von einer der drei genannten Nationen abhängig sind. So würde jede alte europäische „Nation“, die den Wunsch nach wirtschaftlicher Unabhängigkeit hegte, automatisch von der Macht, in deren Einflussbereich sie sich befände, zerschlagen[173].

b) dass die Alternative zur Schaffung der Nation Europa das Verschwinden unseres verbleibenden Kontinents als politische Einheit in kürzester Zeit ist. Und nicht nur als politische Einheit, sondern sogar als ethnische Einheit. Europa ist vom Verschwinden bedroht; die Europäer sind in Gefahr, physisch zu verschwinden. Wenn die Nation Europa nicht geschaffen wird, wird das Verschwinden Europas eintreten – wirtschaftlich, politisch und physisch. Das ist unvermeidlich. Das Problem besteht nicht darin, ob dies geschehen

---

[172] Der Kapitalismus, ein Werkzeug des Zionismus, ist trotz all seiner allumfassenden Macht keine Nation. Er strebt nach Weltherrschaft, indem er die Völker gegeneinander aufhetzt, doch um eine wahre Nation zu sein, fehlt ihm, dass seine Seele (die Finanzwelt) durch einen Körper (ein Territorium und eine zahlenmäßig bedeutende Bevölkerung) ergänzt wird. Israel ist keine Nation, sondern ein zionistischer Stützpunkt am Schnittpunkt dreier Kontinente, neben dem Suezkanal und den Ölpipelines.

[173] Unter jedem „demokratischen“ Vorwand, indem es eine interne Revolte schürt, wie es die USA vor zwei Jahren in Griechenland taten, oder indem es mit seinem propagandistischen und finanziellen Druck eine Wahlniederlage herbeiführt, wie es De Gaulle 1968 widerfuhr. Oder ohne Vorwände, brutal, wie es Russland 1956 mit Ungarn oder 1970 mit der Tschechoslowakei tat.

wird, sondern wann. Und alles deutet darauf hin, dass es bald geschehen wird, sofern es nicht zu unvorhersehbaren außereuropäischen politischen Veränderungen kommt oder zu einem brutalen Erwachen des amerikanischen Volkes gegen den Parasiten, der seine Existenz untergräbt. Oder glauben die naiven Liberal-Demokraten etwa, dass die Europäer die zweihundert Millionen Russen aufhalten werden, indem sie eine Milliarde unterernährter Menschen anderer Hautfarbe, die vor unseren Toren stehen, mit einer Barriere aus Haushaltsgeräten und PKWs in Schach halten? Glauben sie wirklich, dass die UNO sie aufhalten wird? Aber die UNO, das sind doch sie selbst! Der amerikanische Schutzschirm? Ich bitte Sie! Es genügte, dass der Kennedy-Regierung bestimmte Aspekte des Gemeinsamen Marktes missfielen und Nixons „Entourage" bestimmte wirtschaftliche Maßnahmen Pompidous sowie die fantastische Wirtschaftsmacht der Bundesrepublik Deutschland, damit – abgesehen von gewaltigen wirtschaftlichen Vergeltungsmaßnahmen wie der „Kennedy-Runde" und der Abwertung des Dollars – mit unverschämtem Zynismus mit dem Abzug der US-Truppen gedroht wurde, die Europa im Rahmen der NATO schützen. Was für ein seltsamer Schutz! Den kindischen Gemütern, die sich die USA als einen fürsorglichen und gutmütigen Weihnachtsmann vorstellen, der stets bereit ist, Kreuzzüge zur Verteidigung von Demokratie und Recht zu organisieren, genügt es, sie nicht etwa auf ein Geschichtsbuch, sondern auf die Zeitungen unserer Zeit zu verweisen. Die Türkei, Verbündete der USA und Mitglied der NATO, wurde 1962 der amerikanischen Militärunterstützung beraubt, auf die man gezählt hatte, im Gegenzug für den Abzug der sowjetischen „Raketen" aus dem Castro-Kuba; sofort musste die Türkei, unbewaffnet gegenüber dem riesigen Nachbarn, der UdSSR enorme politische Zugeständnisse machen. Um die Gunst der Türken zurückzugewinnen, mussten die USA ihren griechischen „Verbündeten" auf erbärmliche Weise verraten und sich im Fall Zyperns auf die Seite der türkischen Minderheit stellen (sie, die doch so demokratisch sind!). Was das amerikanische Bündnis bedeutet, weiß man sehr gut in Südvietnam, das dem Kommunismus überlassen wurde, im Austausch für die Lockerung des sowjetischen Drucks im Nahen Osten; man weiß es auch im Libanon, der Syrien überlassen wurde, unter der Bedingung, dass dieses die Palästinenser beseitigt, die für Israel störend sind, den einzigen bedingungslosen Verbündeten, den der Zionismus den Gästen im Weißen Haus erlaubt – ja, sogar aufzwingt. Der amerikanische Schutzschirm! Seien wir doch mal ernst!... Das System, das in Washington durch aufgezwungene Strohmänner regiert wird, interessiert sich für Europa nur als Spielkarte in dem Spiel, das es mit den Herren im Kreml führt, das auf die Errichtung eines Welt-Superstaates abzielt, also auf die Verwirklichung seiner negativen Ideale. An dem Tag, an dem es Washington passt; wenn es dem System – das Europa, abgesehen von seinen politisch-wirtschaftlichen Interessen, aus tiefstem Herzen hasst – passt oder es gezwungen ist, einen bestimmten Preis zu zahlen, zum Beispiel im Austausch für die Neutralisierung der kommunistischen Unruhestifter in Mittel- und Südamerika, Castro eingeschlossen, wird dieser Preis wahrscheinlich Europa sein. Der „Schutzschirm" wird zurückgezogen – oh ja! Das ist klar! Mit hundert unterzeichneten Dokumenten, die unsere Freiheit „garantieren"... Wie könnte es auch anders sein! – und die „Jungs" vom Pentagon werden nach Hause gehen, auf Geheiß irgendeines europäischen sozialistischen Trottels, irgendeines Brandt, Callaghan oder Mitterrand, dessen Kopf als erster rollen wird, wenn seine sowjetischen Freunde eintreffen, als grotesker Epilog eines beispiellosen historischen Dramas.

Wir entschuldigen uns für diesen langen Exkurs, den wir jedoch für unerlässlich hielten, da wir die Kurzsichtigkeit erkennen, die in Bezug auf dieses Problem der Nation Europa herrscht. Heutzutage gibt es auf unserem Kontinent keine wirtschaftlich autarken Länder mehr. Nur Hitlers „ s" Deutschland konnte dies vor vierzig Jahren sein, doch die Bedingungen waren nicht dieselben wie heute, und auf jeden Fall – wie wir in der Rubrik mit dem Titel „DAS SYSTEM" gesehen haben – wurde gegen das Reich eine internationale Kampagne von beispielloser Gewalt entfesselt, mit wirtschaftlichen, psychologischen und politischen Maßnahmen, die im letzten Weltkrieg gipfelten, einem wahren Selbstmord Europas und des Westens[174]. Seien wir nicht

[174] „Die Großbankiers waren alarmiert über die Erfolge der Finanzpolitik Hitlers in Deutschland, genauso wie ihre Familien vor mehreren Generationen Angst vor den Erfolgen der natürlichen Wirtschaftspolitik Lincolns und Napoleons hatten. Was für Deutschland und andere Länder, die sich daran ein Beispiel nahmen, ein lobenswerter Fortschritt gewesen wäre, war in Wirklichkeit die Hauptursache für den Zweiten Weltkrieg. Der Kampf zwischen rivalisierenden Geldpolitiken war unvermeidlich" (Carnelius Carl Veith, „*Citadel of* Chaos", S. 286). „Marriner Eccles vom Federal Reserve Board und Montague Norman, Präsident der Bank of England, einigten sich 1935 auf die Politik, Hitlers finanzielle Experimente mit allen Mitteln, notfalls auch mit Krieg, zu zerschlagen" („*The* Word" aus Glasgow, 3.8.1949. Zitiert von Thomas Porter: „*The Green Magicians*". „Die beiden Hauptursachen für den Zweiten Weltkrieg waren: Erstens. Der Erfolg des deutschen Tauschhandelssystems. Zweitens. Hitlers Entschlossenheit, keine ausländischen Kredite anzunehmen. Seine Erklärung, dass die Geschäfte Deutschlands auf die gleiche Weise geführt würden wie die eines ehrbaren Kaufmanns, löste in Finanzkreisen echte Panik aus" (Francis Neilson: „*The Churchill*

pessimistisch und denken wir daran, dass, wenn Deutschland, praktisch allein, kurz vor dem Sieg stand, heute, flankiert von allen europäischen Völkern und unter sorgfältiger Vermeidung der Fehler der Vergangenheit – insbesondere des deutschen, englischen, französischen und sonstigen Hypernationalismus –, der Sieg errungen werden müsste. Mehr noch: Angesichts eines vereinten Europas würden die Kriegslust der außereuropäischen Mächte zweifellos an Schärfe verlieren. Der Große Parasit, seiner Lieblingswaffe beraubt – der einzigen, die er einsetzen kann –, nämlich des Kapitalismus, wäre wie ein Skorpion ohne Gift. Europa, die Europäische Nation, ist möglich. Es muss möglich sein, denn es ist notwendig. Diejenigen, die das bestreiten, brauchen nicht weiterzulesen, und ich bedaure für sie, dass sie bis hierher gekommen sind. Ohne die Nation Europa, ohne ein politisch vereintes Europa gibt es keine brauchbare wirtschaftliche Lösung. Nur den kollektiven Ruin. Und auch hier muss wiederholt werden, dass das Problem nicht darin besteht, ob ein solcher Ruin eintreten wird, sondern wann. Und das nicht nur, weil die kapitalistischen Widersprüche und die ihres falschen Gegenteils, des hyper n marxistischen Bürokratismus, diesen Ruin zwangsläufig unvermeidbar machen, sondern auch, weil selbst wenn dem nicht so wäre, selbst wenn unsere armen Reaktionäre und Konservativen – ob rechts oder links – es schaffen würden, eine Scheinlösung für ihre wirtschaftlichen Probleme zu finden, eine solche Lösung zwangsläufig die Zustimmung, die Genehmigung des Systems benötigen würde. Und diesem fällt es sehr leicht, die widerspenstigen Europäer auf den richtigen Weg zu bringen, wenn sich einer von ihnen zum Handeln entschließt. Aber sie könnten es nicht mit einem vereinten Europa aufnehmen, das von einer Elite echter Staatsmänner regiert wird. Die Hauptstärke des Feindes liegt in unserer Schwäche, die sich aus dem Liberalismus ergibt, der Schizophrenie des Geistes einer Kultur. Solange der Mini-Nationalismus des Großvaters und der Liberalismus des „Dorftrottels" vorherrschen, wird die Aufgabe des

---

Legend", S. 296). Schließlich sagte Bernard Baruch, der sogenannte „Prokonsul von Judäa" in Amerika, in einem Gespräch mit Roosevelt elf Tage nach Ausbruch der Feindseligkeiten in Polen zu diesem: „Wir müssen unsere Preise niedrig halten, auch wenn wir dabei Geld verlieren, denn so gewinnen wir die Kunden der nicht kriegführenden Nationen. Das wird der einzige Weg sein, das deutsche Tauschhandelssystem zu zerstören" (*New York Times*, 14.9.1939). Doch bereits ein Jahr vor Kriegsbeginn erklärte derselbe Baruch öffentlich im Rahmen einer Ehrung für George C. Marshall: „Wir werden nicht zulassen, dass dieser Kerl, Hitler, seinen Willen bekommt. Seine Währungspolitik ist eine Gefahr für alle." (Francis Neilson: „*The Tragedy of* Europe", S. 302).

Feindes sehr leicht sein.

* * *

Kehren wir also zum Thema dieser Studie zurück und analysieren wir die empfohlenen Maßnahmen zur Errichtung einer national-europäischen oder, wenn man so will, nationalsozialistischen oder nationalrevolutionären Wirtschaft; die Bezeichnungen sind uns völlig gleichgültig.

Wir beginnen mit der staatlichen Intervention in Bezug auf die Kontrolle und die Ausgabe des Geldes. Wenn wir von staatlicher Kontrolle sprechen, möchten wir klarstellen, dass wir nicht die Verstaatlichung des Bankwesens meinen, sondern, wie gesagt, lediglich dessen Kontrolle. Oder, genauer gesagt, die Kontrolle des Geldes. Wir glauben, dass bereits hinreichend klar geworden ist: Wenn Geld ein Instrument zur Messung und zum Tausch der von einer Gemeinschaft erzeugten Reichtümer ist, muss es entsprechend der Menge dieser Reichtümer, die dem Markt zur Verfügung gestellt werden, ausgegeben werden. Wie wir bereits an anderer Stelle angedeutet haben, ermöglichen die Fortschritte in der Informatik, dass die Geldausgabe, d. h. deren Umfang, mit absoluter Präzision berechnet werden kann. Es ist selbstverständlich, dass je größer der von einer Gemeinschaft geschaffene Reichtum ist, desto größer auch die Geldmenge sein muss, die für die Verteilung dieses Reichtums erforderlich ist. Um jedoch die genaue Geldmenge zu ermitteln, die zur Ausübung ihrer Verteilungsfunktion notwendig ist, muss man den Umfang des nationalen Reichtums genau kennen, d. h. das, was tatsächlich das Nationaleinkommen ausmacht.

Als Erstes muss also die Volkswirtschaftliche Gesamtrechnung erstellt werden. Mit anderen Worten: Es gilt, das reale Vermögen der Nation Europa zu erfassen. Dies mag auf den ersten Blick aufgrund seines schieren Ausmaßes undurchführbar erscheinen. Doch dem ist nicht so. In einer Zeit wie der unseren, in der die europäischen Kleinstaaten eine absurde Überkontrolle über alles untergeordnete ausüben und jederzeit die Zahl der Analphabeten, Taubstummen, Albinos, Beidhänder, Homosexuellen, Fußgänger, Alterssichtigen oder Zeugen Jehovas kennen, die innerhalb ihrer kleinen Grenzen leben, kann es kein gigantisches Unterfangen sein, ein nationales Inventar zu erstellen, indem man die Erhebungen bereits bestehender Körperschaften wie des Katasters, des Grundbuchs, der Staatskasse, der

Handelskammern, der lokalen und kommunalen Schätzungsstellen und natürlich auch der Buchhalter aller Unternehmen des Landes nutzt. Es ist ganz einfach: Lasst uns unter Nutzung der bereits bestehenden Institutionen – es geht nicht darum, mehr Bürokratie zu schaffen, sondern sie so weit wie möglich abzubauen – den Wert des Vermögens dessen ermitteln, was wir als „Europa, Kommanditgesellschaft" bezeichnen könnten, mit seinen Ackerflächen, seinen Wäldern, seinen Fabriken, seinen Werkstätten, seinen Gebäuden, seinem Vieh, seinen Minen, seinen Schiffen, seinen Rohstoffen; seine öffentlichen Versorgungsleistungen wie Wasser- und Ölpipelines; Brücken und Straßen; Eisenbahnen, Stauseen, Häfen und Befestigungsanlagen; seine Rohstoffe, seine Fertigwaren. Fügen wir dem noch das uns zur Verfügung stehende Humankapital hinzu. Denn auch die Bevölkerung eines Landes hat einen monetären Wert, da es eine überwältigende Tatsache ist, dass eine Fabrik, so perfekt sie auch sein mag, keinerlei Wert hat, wenn es keine Menschen gibt, die sie betreiben, und keine anderen Menschen, die ihre Produkte konsumieren. Ein Mensch – natürlich abgesehen von seinen anderen menschlichen Dimensionen – ist ein Element des realen Reichtums für das Land, sowohl als Verbraucher als auch als Produzent. Früher konnte man sagen, dass ein Mensch rein mechanisch gesehen ein Zehntel einer Pferdestärke wert war. Doch heute sind wir dank der Versicherungsgesellschaften zu einer Zahl gelangt, die den Kapitalwert einer bestimmten Bevölkerung widerspiegelt. So lässt sich sagen, dass nach Studien und Durchschnittswerten der bedeutendsten Versicherungsgesellschaften der Marktwert eines etwa 25- bis 30-jährigen europäischen Bürgers, der gesund ist, über eine mittlere Bildung und einen normalen gesunden Menschenverstand verfügt, auf etwa fünf Millionen Peseten geschätzt werden kann. Die Höhe dieser Zahl, bezogen auf die gesamte Bevölkerung der Nation Europa, sollte uns nicht beunruhigen. Wir haben weder die Notwendigkeit noch die Verpflichtung, diese Zahl in Geld umzuwandeln, wenn wir es nicht wollen. Es handelt sich lediglich um eine Frage der Buchhaltung, aber der echten Buchhaltung, denn eine Buchhaltung muss Tatsachen und Realitäten widerspiegeln. Addiert man beide Zahlen, den menschlichen Wert und den materiellen Wert, so erhält man einen Betrag, der in einer beliebigen Währungseinheit – dem Eurofranken oder der Euromarke zum Beispiel – das reale Kreditvermögen, das Kapital, den realen Reichtum oder das Vermögen – wie auch immer man es nennen mag – der Firma Europa, Gesellschaft in Kommanditform, misst.

Doch das Vermögen ist nichts weiter als ein Symbol; eine Zahl, zwar eine beeindruckende, aber letztlich doch nur eine Zahl. Wie diese Zahl, die das Kapital einer Firma, der Europa S. en C., darstellt, ausgegeben oder verwendet werden soll, ist eine Frage, die nicht von den Leitungsgremien der Europäischen Wirtschaft abhängt. Diese beschränkt sich darauf, dem Gesamtorganismus, zu dem sie gehört, die wirtschaftlichen Ressourcen zur Verfügung zu stellen und so ein reibungsloses Funktionieren des Verdauungssystems zu gewährleisten. Und nichts weiter. Aber auch nichts weniger.

Natürlich gibt es zwei Möglichkeiten. Man kann das gesamte Vermögen unseres europäischen Vaterlandes „monetarisieren" – also die entsprechende Währung ausgeben – oder nur einen Teil davon „monetarisieren". Welchen Weg man auch einschlägt – und das wird eher von politischen als von wirtschaftlichen Gründen abhängen –, eines ist per Definition offensichtlich: Die Nation wird nicht „über ihre Verhältnisse" leben, wie es die Ökonomen unserer unglücklichen Zeit gerne wie Papageien und mit beispielloser Dummheit wiederholen. Das heißt: Solange kein Vermögen monetarisiert und verteilt wird, ja, solange nicht mehr ausgegeben wird, als der Gesamtbetrag der Aktiva in der Volkswirtschaftlichen Gesamtrechnung ausmacht, würde die Nation nicht über ihre Verhältnisse leben; sie würde sich nicht mehr zumuten, als sie sich leisten kann. Es wäre unmöglich, dass dies geschähe, denn die einfache und ehrliche Arithmetik würde dies verhindern. Und wenn sich mit der unschätzbaren Hilfe der Informatik herausstellen würde, dass die „Reserven" oder die Aktiva der Nation zu sinken beginnen, wäre es an der Zeit, Maßnahmen zu ergreifen, um das Gleichgewicht wiederherzustellen, da der Reichtum, den Europa ohne das Korsett der Finanzwelt hervorbringen kann, so immens ist, dass es unglaublich erscheint. Wir sollten uns vor Augen halten, dass trotz der beiden letzten dummen Bruderkriege innerhalb Europas, trotz des Verlusts der riesigen Kolonialreiche, trotz des menschlichen und wirtschaftlichen Aderlasses, den dies bedeutete, der politisch-wirtschaftlichen Abhängigkeit vom Joch des Systems und der permanenten Sabotage unserer Technologie, begangen von der gewerkschaftlichen „Mafia" aller Couleur, hat der wirtschaftliche Fortschritt in Europa bemerkenswerte Höhen erreicht. Wenn wir über eine industrielle Leistungsfähigkeit verfügen – die sich ebenso auf die Landwirtschaft anwenden lässt –, die fast fünfzigmal größer ist als zu Beginn des Jahrhunderts (wie es die Zahl der Pferdestärken ausdrückt, die die Maschine dem europäischen Menschen heute liefert), ist es unbestreitbar, dass wir fünfzigmal besser leben müssten. Ich weiß nicht, ob sich viele voll und ganz bewusst sind, was „fünfzigmal besser" oder

„fünfzigmal mehr" bedeutet. Ich fürchte, die Übertreibungen der Volkssprache haben dazu geführt, dass die meisten den Sinn für Zahlen verloren haben. Doch diese Zahlen, nüchtern und nüchtern, zeigen uns, dass der Europäer, der Westler, sobald er sich vom Joch des Kapitalismus[175] befreit hat, sofort einen Grad an wirtschaftlichem Wohlstand erreichen wird, den die Kurzsichtigen im Dienste des Systems sich nicht einmal vorstellen können. Erinnern wir uns noch einmal an das, was Deutschland zwischen 1933 und 1939 vollbracht hat, als aus politischen Gründen nur ein Viertel (oder vielleicht noch weniger) der wirtschaftlichen Maßnahmen umgesetzt wurde, die den Regierenden vorschwebten; man bedenke, dass dieser gewaltige Sprung nach vorne trotz der fast allgemeinen Feindseligkeit und des Boykotts durch das System mit seinen enormen Ressourcen gelang, und man bedenke, dass in den siebenunddreißig Jahren, die seit 1939 bis heute vergangen sind, Wissenschaft und Technik entscheidende Fortschritte gemacht haben. Was würde heute nicht gelingen, nicht nur einem einzelnen Deutschland, sondern einem vereinten Europa?

Wir wollen dieses Thema der staatlichen Kontrolle und Ausgabe von Geld nicht verlassen, ohne zuvor klarzustellen, dass man logischerweise auf das „Falschgeld" oder das vom Bankensystem erfundene Kreditgeld verzichten muss. Das heißt, dass bei der Erstellung der Staatsbilanz das vorhandene Kreditgeld berücksichtigt werden muss, dessen Gesamtbetrag von dem vom Staat auszugebenden Geld abgezogen werden muss, um es schrittweise abzubauen, entsprechend der Tilgung der Bankkredite. Auf diese Weise wird in kurzer Zeit – deren Dauer nicht mehr die Wirtschaftskommission, sondern die Gesamt- oder Politikkommission betrifft – eine gesunde, d. h. STABILE Währung erreicht. Da das Geld nicht mehr die Last tragen muss, mit der es geschaffen wurde – seinen Geburtsfehler, die Verschuldung, den Hauptgrund[176] für Preissteigerungen und folglich für die Wertminderung aller Währungen –, wird es wahrhaftig zum Maßstab und damit zum Tauschmittel mit unveränderlichem Wert. Wenn überhaupt, liegt die einzige Möglichkeit, dass das Geld an Wert

[175] Und natürlich auch für sein falsches Gegenteil, den Marxismus oder Staatskapitalismus.

[176] Möglicherweise kann der Preis eines Artikels steigen, ebenso wie er sinken kann, aufgrund von Geschmacksänderungen oder weil neue Ersatzartikel entstanden sind, die andere ersetzen, aber die Veränderungen – die sogar gesund sein können, da sie fairen Wettbewerb fördern – werden minimal sein.

verliert und an Wert zu verlieren, – abgesehen natürlich von einem unvorstellbaren nationalen Debakel, einem apokalyptischen Erdbeben, einer großen Dürre usw. – in einem allmählichen Verfall der Produktionskapazität eines Volkes liegen, und in einem solchen Fall obliegt es nicht mehr dem Wirtschaftsorgan, die entsprechenden Maßnahmen zu ergreifen, sondern dem Ganzen oder dem Politischen. Im national-revolutionären System des zukünftigen Europas wird die kurz-, mittel- und sogar langfristige Veränderung des Wertes unserer Währung aus rein logischer und arithmetisch- r Sicht ebenso unmöglich sein wie die Veränderung des Wertes des Meters – der immer hundert Zentimeter betragen wird – oder des Kilos – das immer tausend Gramm betragen wird. Sollte sich ihr Wert überhaupt ändern, dann nur im Verhältnis zu den außereuropäischen oder außerwestlichen Mächten, die, wenn sie sich – wie anzunehmen ist – langsamer entwickeln als wir, eine Abwertung ihrer jeweiligen Währungen gegenüber unserer erleben werden[177]. Aber in jedem Fall wird dies ihr Problem sein, nicht unseres.

Eine unmittelbare Auswirkung der Abschaffung dieses Monstrums der kapitalistischen Wirtschaft, nämlich des Schuldgeldes, wird eine radikale Senkung der Steuern sein. Vergessen wir nicht, dass der Staat in unserem derzeitigen verrückten System, da er wie ein Privatmann handelt, – genau wie jeder Privatmann – auf das Bankensystem zurückgreifen muss, damit dieses ihm Geld leiht oder Kredite gewährt. Um diese Kredite zuzüglich Zinsen zurückzuzahlen, bleibt ihm nichts anderes übrig, als sich ausnahmslos an seine Untertanen zu wenden. Darüber hinaus werden seine Kreditforderungen mit der schrittweisen staatlichen Invasion privater Bereiche immer dringlicher. Der Marxismus – von den Lakaien des Systems sympathisch als „Sozialismus" bezeichnet – kümmert sich um seine immer mehr verknöcherten Untertanen vom Mutterleib bis zum Sarg, womit ein doppeltes Ziel erreicht wird: Einerseits schränkt er die private Initiative ein, lässt den Anreiz verschwinden und bremst letztendlich den Fortschritt, und andererseits macht er seine Untertanen in allem und jedem vom allmächtigen Staat abhängig. Nun gut: Wer alles gibt, kann auch alles wieder wegnehmen. Dieser Marxismus etabliert sich im verbleibenden Europa; offen, wenn die Sozialisten durch Wahlen an die Macht gelangen; heimlich, wenn sich sogenannte „konservative" Regierungen von der Macht aus an die demagogischen Wahlversprechen halten müssen. Marx plädierte für eine schrittweise

[177] Auf jeden Fall wird das ehrliche Tauschhandelssystem den Exportmarkt sanieren.

Erhöhung der Steuern, sowohl auf Gewinne als auch auf Erbschaften, als Mittel zur Errichtung der Diktatur des Proletariats. Dass alle Regierungen Westeuropas das Programm von Marx umsetzen, ist so offensichtlich, dass es sich nicht lohnt, darüber zu diskutieren.

Gottfried Feder sagte, dass „das Endziel unseres Staates die Errichtung einer steuerfreien Gesellschaft ist“[178] und führte als Beispiel den Freistaat Bayern an – der sicherlich nicht zu den reichsten in Deutschland gehörte –, dessen Staatshaushalt ohne einen einzigen Steuerpfennig aufgebaut wurde[179]. Das heißt, was Bayern aus der Nutzung der öffentlichen Wälder und Gärten, der Eisenbahnen, der Post-, Rundfunk-, Telefon- und Telegrafendienste einnahm, deckte seine Ausgaben für Kultur und Bildung, seine öffentlichen Dienstleistungen und seine Rechtspflege. Wenn vor vierzig Jahren eine der am wenigsten begünstigten Regionen wie Bayern ihre Ausgaben deckte und sogar noch Geld übrig hatte, um zur Tilgung der Staatsschulden beizutragen, und dies bei der Umsetzung von kaum einem Viertel seines ideologischen Programms, das zwangsläufig den politischen Erfordernissen der Zeit untergeordnet war, dann lässt es einen erschauern, wenn man bedenkt, was in einem zukünftigen Europa eine Lombardei, ein Elsass, ein Rheinland, ein Kent, ein Schottland, eine Normandie, ein Preußen, ein Holland leisten könnten...

Die national-europäische Wirtschaft basiert ausschließlich auf Realitäten. Sie erkennt an, dass der Staat – ganz gleich welcher politischen Couleur – ein schlechter Geschäftsmann ist. Daher rührt das wiederholte und eklatante Scheitern aller falsch benannten „Sozialismen“. Wenn sich der Staat seinen Aufgaben widmet, die nicht darin bestehen, zu verhandeln, Handel zu treiben oder „Märkte zu öffnen“, sondern die öffentliche Ordnung aufrechtzuerhalten, für Gerechtigkeit zu sorgen, zur Entwicklung des Wohlstands beizutragen, die ökologische Umwelt zu bewahren und Missbräuche jeglicher Art zu verhindern, können der Staat selbst und die gesamte Nation ihre ganze Energie ihren eigentlichen Aufgaben widmen, die nichts anderes sind als die Verwirklichung und Umsetzung der Nationalen Idee „[180] “ im Bereich der Außenpolitik und die Ausstrahlung von Kultur und Kunst

---

[178] Zitiert von Juan Beneyto in „*Nationalsozialismus*“. Verlag Labor.

[179] Siehe „*La Finanza y el* Poder“ von J. Bochaca.

[180] Francis Parker Yockey: „Imperium“, Omnia Veritas Ltd.

im Bereich der Innenpolitik.

Wir ahnen bereits, dass diese Perspektive einer schrittweisen Senkung der Steuern bis hin zu ihrer idealen Abschaffung die meisten skeptisch schmunzeln lassen wird. Wir beschränken uns darauf, an den Fall Deutschlands zu erinnern, das – wie wir wiederholen – durch die Umsetzung eines minimalen Teils seines Programms zwischen 1933 und 1939 das einzige Land in der gesamten Weltgeschichte war, das seine Steuern erheblich senkte, während es gleichzeitig seine öffentlichen Dienstleistungen verbesserte und das Nationaleinkommen rasant steigerte. Der Hauptgrund für Steuern liegt in der Staatsverschuldung gegenüber dem nationalen oder internationalen Bankensystem. Andererseits ist es offensichtlich, dass die verschwenderischen modernen demokratischen Staaten übermäßige Ausgaben für ihre teuren und ineffizienten „Sozialprogramme" tätigen, die besser von privaten Einrichtungen – allerdings vom Staat zugelassen – übernommen würden, die vielleicht weniger „soziale" Ziele verfolgen, aber über die Effizienz und Leistungsfähigkeit verfügen, die der individuellen und ge n Initiative der Menschen in unserem Europa innewohnt.

Der Staat muss sich von niemandem Geld leihen. Wenn er die Ausrüstung der Streitkräfte erneuern muss, muss er lediglich die entsprechenden Aufträge an seine Rüstungsfabriken vergeben und mit von der Münzanstalt ausgegebenen Banknoten bezahlen. Denjenigen, die empört behaupten, dies sei Inflation, antworten wir lediglich, dass es inflationärer ist, das derzeitige System beizubehalten, das darin besteht, diese Schulden durch einen Bankkredit zu begleichen, der mit saftigen Zinsen zurückgezahlt werden muss. Andererseits ist es ebenso absurd, die Erneuerung der Armeeausrüstung oder die Einrichtung eines Museums als „inflationsfördernde" oder, was auf dasselbe hinausläuft, „unproduktive" Ausgaben zu bezeichnen, wie zu behaupten, dass jemand sein Geld verschwendet, wenn er sich ein paar Hanteln für das Fitnesstraining kauft oder ein paar Bücher erwirbt.

* * *

Wir haben gesagt – und glauben, dies bewiesen zu haben –, dass die staatliche Ausgabe und die öffentliche (d. h. ebenfalls staatliche) Kontrolle des Geldes für die Steuerung einer gesunden Wirtschaft unerlässlich sind; der Wirtschaft des zukünftigen Europas. Der dritte Punkt besteht in der Verankerung des Geldes im Arbeitsstandard, den wir auch als Wohlstandsstandard bezeichnen können, als Ersatz für das derzeitige System des Goldstandards. Im Verlauf der vorliegenden Studie haben wir bereits ausreichend auf diesen Punkt hingewiesen, um es als überflüssig anzusehen, noch einmal darauf zu bestehen, dass Geld, dieses Instrument des Messens und des Tauschens, auf dem Subjekt basieren muss, auf das es einwirkt, nämlich auf der Arbeit und dem durch sie geschaffenen Reichtum, und nicht auf einer Ware ohne jeglichen objektiven Wert, wie es das Gold ist.

Nur eine Epoche wie die heutige, in der die Umkehrung aller Werte, moralischer wie materieller, vorherrscht, kann das Prinzip des Goldstandards fast ohne Diskussion akzeptieren. Wenn man bedenkt, dass Picasso weltberühmt ist und Anglada Camarassa ein illustre Unbekannter; dass alle von Marx und Freud sprechen, während sie die Existenz von Feder und Rosenberg gar nicht kennen; wenn ein Dieb als Kleptoman bezeichnet wird, ein Sodomit als Mitglied der „Gay Power" und ein Kommunist als „Sozialist", dann kann es nicht allzu sehr überraschen, dass man der Ansicht ist, der Reichtum einer Nation hänge nicht von ihrer Arbeit, ihren Ressourcen und dem von ihren Einwohnern erzeugten Reichtum ab, sondern von den Goldreserven, die im Tresor ihrer Zentralbank aufbewahrt werden. Der große Erfolg der „Botafumeiros" des Systems bestand darin, den einfachen, un n Menschen und sogar denen, die als Mitglieder der Eliten gelten, weiszumachen, dass die Wirtschaft eine abstruse Wissenschaft sei, die nur den privilegierten Köpfen ihrer Exegeten zugänglich sei, die vom System selbst patentiert und zugelassen wurden. Die Wirtschaft kann sicherlich Aspekte aufweisen, die für den sogenannten „Mann auf der Straße" nicht leicht verständlich sind, aber was für ihn verständlich sein sollte, wenn es ihm gelänge, der kollektiven Gehirnwäsche zu entkommen, die das System weltweit durchgesetzt hat, ist, dass es unmöglich ist, dass Reichtum von Gold abhängt. dass Elend eine Folge des Überflusses ist und dass die Menschen „folglich" den Gürtel enger schnallen müssen, weil sie zu viel gearbeitet und produziert haben.

Und der vierte und letzte Punkt bezieht sich auf die vorbehaltlose Akzeptanz des Prinzips, dass die Maschine ein Segen für den Menschen ist und kein Fluch. Und dass ihr Zweck nicht darin besteht, dem Menschen Arbeit zu geben, sondern sie ihm abzunehmen und die Arbeit besser, schneller und billiger zu erledigen.

Damit die Maschine ihre Funktion als Helfer des Menschen angemessen erfüllen kann, muss die natürliche Funktion des Geldes genau verstanden werden; denn wenn die Maschine die Produktion und den Ertrag steigert, die Menschen aber gleichzeitig nicht über das notwendige Geld verfügen, um das Produzierte zu konsumieren, dann ist, anstatt ein Problem zu lösen, ein anderes von enormem Ausmaß geschaffen worden. Wenn Geld dazu dient, die produzierten Güter und Dienstleistungen zu tauschen, und diese an Umfang zugenommen haben, muss die im Umlauf befindliche Geldmenge proportional zunehmen. Viele glauben – weil sie durch die nebulösen Theorien unserer unbeschreiblichen Ökonomen dazu verleitet wurden –, dass bei einem hohen Geldumlauf der Wert des Geldes sinkt und eine unkontrollierte Inflation entsteht. Aber vergessen wir nicht, dass Geld ein Tauschmittel ist. Ein Dollarschein, eine Peseta oder eine Mark ist ein Wertpapier mit einem definierten Wert. Er repräsentiert eine Menge an produziertem Reichtum oder an vorhandenem potenziellem Reichtum (im Falle der Bewertung des menschlichen Reichtums in der Volkswirtschaftlichen Gesamtrechnung). Solange er eine definierte Menge an Reichtum oder geleisteter Arbeit repräsentiert, kann sich sein Wert natürlich niemals ändern, und sowohl Inflation als auch Deflation sind unmöglich.

Es gilt, alle Bereiche der Gesellschaft dafür zu sensibilisieren, dass die Wirtschaft letztlich aus Produzenten und Konsumenten besteht und dass die Wirtschaft niemals angemessen funktionieren wird, wenn diese nicht über eine Kaufkraft verfügen, die der Produktion entspricht. Wir müssen die Tatsache akzeptieren, dass unsere Wirtschaft – oder besser gesagt: unsere wirtschaftlichen Vorstellungen – der Steinzeit angehören. Tatsächlich: Die prekären Bedingungen, unter denen sich die Welt bis zur Erfindung von Watt entwickelte, zwangen die Menschen dazu, bestimmte soziale Gesetze zu erlassen, die das Überleben der Völker sichern sollten; und von diesen Gesetzen ist das bekannteste dasjenige, das die Müßiggang verbietet. Alle müssen arbeiten. Niemandem wird es geduldet, etwas umsonst zu erhalten. Wer dies tut, wird bestraft und als Dieb bezeichnet. Tatsächlich konnte die antike Gesellschaft gar nicht anders handeln, da sie durch die Knappheit der Zeit vor dem Aufkommen der Maschine dazu gezwungen war. Dieses Grundgesetz musste mit göttlicher Autorität umgeben werden. Den Juden wurde im Alten Testament gelehrt, dass Gott zu Adam gesagt habe: „Du sollst dein Brot im Schweiße deines Angesichts verdienen." Die christliche Version dieses Gesetzes lieferte der heilige Paulus, als er erklärte: „Wer nicht arbeitet, soll auch nicht essen." Der heilige Paulus hatte in seinem Brief Recht; Jehova, der Adam wegen der Sache mit dem Apfel zurechtwies, hatte ebenfalls Recht. Alle klugen Denker, die das Grundgesetz der menschlichen Zwangsarbeit verteidigten, hatten Recht – bis 1765. An diesem Tag erschien die Maschine, und sie hatten nicht mehr Recht. Oder zumindest hatten sie es nicht mehr in absoluter Weise. Oder schauen wir uns doch einmal an, was um uns herum geschieht.

Was ist los? Nun, dieses Gesetz wird jeden Tag millionenfach verletzt. Es wird verletzt, wenn der Staat Arbeitslosenunterstützung zahlt; es wird verletzt, wenn er sie an Kriegsversehrte zahlt und wenn er sie an deren Witwen und Waisen zahlt; es wird verletzt, wenn Aktionäre ihre Dividenden erhalten; es wird verletzt, wenn Mitglieder von Genossenschaften einen Teil des Geldes zurückerhalten, das sie in einem der Geschäfte ihrer Genossenschaft ausgegeben haben; es wird jedes Mal verletzt, wenn eine Person Geld erbt. Es wird verletzt, wenn Rentner ihre Renten beziehen. In keinem der genannten Fälle wurde das Geld durch menschliche Arbeit verdient. Wenn überhaupt, dann wurde die Arbeit, die für die Produktion von Waren notwendig war – die Ursache für die Arbeitslosigkeit der Arbeiter und auch die, die die Dividenden der Aktionäre ermöglicht hat –, zweifellos verrichtet, aber sie wurde von der Maschine verrichtet. Wäre sie nicht verrichtet worden, hätten wir das Recht, die Empfänger unverdienter Einkünfte anzuzeigen und sie als Faulenzer zu bestrafen, indem wir sie hungern lassen, wie es der heilige Paulus empfahl. Aber Tatsache ist, dass die Arbeit verrichtet wurde; und zwar schneller, effizienter, rationeller und leichter als zuvor. Mehr noch: Wir sehen, dass die Zahl der Arbeitslosen mit dem Fortschritt der Maschine zunimmt. Das Gesetz der menschlichen Zwangsarbeit ist zerschmettert worden!... Hätte der heilige Paulus doch wenigstens die Vorsicht gehabt zu sagen: „Wenn der Mensch nicht arbeitet oder die Maschine nicht für ihn arbeitet, wird der Mensch nichts zu essen haben..."

Denn, kurz gesagt, was nennen wir Arbeit? Die entfremdende Tätigkeit von Millionen von Proletariern und Angestellten, die acht oder mehr Stunden lang leibhaftig in Werkstätten und Büros verbringen und dann weitere zwei oder drei Stunden damit, in ihre Vorstadthäuser zurückzukehren, unter völliger – erzwungener – Vergessenheit der Verwirklichung ihrer eigenen Persönlichkeit? Nennen wir Arbeit etwas, das aufgrund einer von Jehova dem ersten Menschen auferlegten Strafe getan werden muss? Und könnten wir nicht vielmehr das schöpferische Talent des Menschen, das durch die Maschine auf die Natur einwirkt, als Arbeit bezeichnen? Glauben wir nicht, dass es an der Zeit ist, das alte, biblische „Arbeite, um zu leben" durch das unendlich Würdigere und unserer Zeit angemessenere „Arbeite und lebe“ zu ersetzen?

Wir befürworten nicht die durch die Maschine begünstigte Untätigkeit des Menschen. Der Mensch wird weiterarbeiten, erstens, weil er ein dynamisches – zumindest der Homo europeus – und kein statisches Wesen ist; und zweitens, weil es unendlich viel zu tun gibt, sowohl in unserem eigenen Lebensraum als auch in anderen Ländern, wohin uns unser schöpferischer Einfallsreichtum oder der imperiale Instinkt der Idee führen mag. Letztendlich obliegt die Organisation der „Freizeit“, die die Maschine für den Menschen gewonnen hat, nicht mehr dem Verdauungssystem des Organismus – der Wirtschaft –, sondern dem Gehirn des Staates. Was man jedoch voll und ganz begreifen muss, ist, dass es andere Arten von Arbeit gibt als jene, die durch die Angst vor dem Verhungern auferlegt werden. Das bedeutet, dass menschliche Arbeit nicht mehr unverzichtbar wäre, um sich zu ernähren, und nicht mehr der einzige ehrenhafte Weg, um Waren zu erwerben und Dienstleistungen in Anspruch zu nehmen.

Das Schauspiel des Menschen, der sich durch seine Arbeit – wobei die Erfindung der Maschine eine enorme geistige, mentale und körperliche Anstrengung bedeutete – von der Strafe erlöst, die ihm für seine Sünde auferlegt wurde, sich dem Genuss eines sicheren Lebens hingibt und seine dem Gott Kronos abgewonnene Zeit dazu nutzt, seine eigene Persönlichkeit zu entfalten (die, die eine haben) oder dem allgemeinen Wohl beizutragen – ist etwas, das manche Menschen, die sich gewöhnlich damit brüsten, fortschrittlich zu sein, nicht gutheißen wollen. Für sie ist Glück fast unmoralisch. Dennoch sehen diese Götzenanbeter der Vergangenheit, deren Uhr im Jahr 1765 stehen geblieben ist, hilflos dem Triumph der Maschine zu, der heutigen Freiheit des Menschen – trotz des Missbrauchs, den dieser gelegentlich davon gemacht haben mag –, die das Gespenst der Armut für immer vertreibt.

* * *

Wir haben gesagt, dass das Gesetz der menschlichen Zwangsarbeit, verkündet von Jehova und näher ausgeführt von Paulus, täglich verletzt wird. Und es ist nur natürlich, dass es verletzt wird, denn, wie Voltaire sagte: „Wenn wir das Natürliche vertreiben, kehrt es im Galopp zurück.“ Sowohl die Dividenden der Reichen (Wertpapiere, Anleihen usw.) als auch die „Dividenden“ der Armen (Arbeitslosengeld, Sozialversicherung, Geburtenprämien, Familienbeihilfen usw.) sind eklatante Verstöße gegen dieses archaische „Gesetz". Die Vorstellung, dass der Mensch Geld für eine Arbeit erhalten kann, die er nicht persönlich verrichtet hat, mag man so sehr verunglimpfen, wie man will, doch in der Praxis breitet sie sich jeden Tag mehr und überall aus. In bestimmten Ländern (Belgien, Niederlande, Kanada) erhalten Arbeiter, die durch Maschinen – und andere Umstände wie die gegenwärtige „Krise" – arbeitslos geworden sind, achtzig Prozent ihres Reallohns.

Die Tatsachen sind hartnäckig, sagte Pascal. Es ist eine Tatsache, dass das „Gesetz" umgangen wird, gerade weil es nicht mehr funktioniert. Es ist an der Zeit, offen einzuräumen, dass es ebenso logisch und natürlich ist – ja, gerecht –, dass eine menschliche Gemeinschaft von den Errungenschaften ihrer Führungskräfte oder der Mitglieder ihrer Elite profitiert, wie sie manchmal für die Fehler ihrer Führungskräfte bezahlen muss. Wenn Europa für das Handeln der kleinen Männer, die 1939 die westlichen Demokratien führten, bezahlt hat – und weiterhin bezahlt –, warum sollte es dann nicht in vollem Umfang von den Erfindungen Watts und seiner Nachfolger profitieren?

Wir wollen nicht, dass die Wirtschaft des zukünftigen Europas eine tränenreiche, sentimentale und philanthropische Pseudowissenschaft ist, die sich darauf beschränkt, darüber nachzudenken, wie schön es wäre, wenn jeder Millionär wäre. Nichts dergleichen. Unsere Wirtschaft ist zugleich eine Philosophie und eine exakte Wissenschaft. Wir stimmen mit Spengler überein, als er feststellte, dass „jede Vermischung abstrakter Begriffe wie ‚sozial' mit konkreten Realitäten wie Preis, Kosten und Ware zu einer Verschlechterung der Lebensbedingungen der wirtschaftlich schwächeren Klassen führt"[181]. Wir glauben nicht, dass man irgendjemandem etwas schenken muss. Man kann nicht oft genug wiederholen, dass die Maschine kein Manna ist, das ein väterlicher Jehova vom Himmel herabfallen ließ. Die Maschine gehört uns; sie ist ein mehr als legitimes Erbe. Sie ist kein Geschenk; sie ist das Ergebnis der Anstrengung, der Arbeit, der Forschung und der selbstlosen Hartnäckigkeit des europäischen Menschen. Und solange wir Menschen sind und keine anonymen Mitglieder der großen marxistisch-kapitalistischen Termiten ; solange wir aus demselben Stamm stammen wie Thales von Milet und Euklid; Watt und Kopernikus; Edison und Ford, werden wir Teilhaber am

---

[181] Oswald Spengler: „*Entscheidende Jahre*".

kollektiven Wohlstand sein, den die Maschine bieten kann; die Maschine, die uns gehört, die allen gehört. Sagen die Verfechter des „Gesetzes der Zwangsarbeit" nicht, dass wir nichts umsonst bekommen dürfen? Oder, mit anderen Worten, dass wir ihrem veralteten Gesetz folgen müssen? Nun gut. Folgen wir ihrer Argumentation und sagen wir ihnen, dass der Mensch die Vorteile seiner Maschine nicht umsonst genießen würde, aus dem einfachen und guten Grund, dass er sie über Jahrhunderte hinweg erfunden, perfektioniert, ihre Leistung verbessert und dann die von ihr hergestellten Produkte konsumiert hat. Was beabsichtigen die Orthodoxen also? Dass der Mensch nur den „Fluch" Jehovas erbt, aber nicht seine eigenen Erfindungen?

Wenn der Mensch also von seiner Maschine profitieren soll, muss er diese nicht nur von der traurigen Prostitution befreien, die ihm die Finanzwelt auferlegt, sondern auch von der, die ihm das „Gesetz der Zwangsarbeit" auferlegt. Aus diesem Grund ist es selbstverständlich, es ist ein Axiom, dass, wenn die Maschine den Menschen von einem großen Teil seiner Arbeitslast befreit und gleichzeitig die Produktion in fantastischem Ausmaß steigert, zwei Maßnahmen ergriffen werden müssen, die sich gegenseitig ergänzen:

1. Verkürzung der Arbeitszeit.

2. – Ausschüttung einer nationalen Dividende. Betrachten wir diese beiden Maßnahmen.

Die Verkürzung der Arbeitszeit ergibt sich klar und eindeutig aus dem stetigen Fortschritt der Maschine, der das Bevölkerungswachstum um ein Vielfaches übersteigt und der – ohne die derzeitige kombinierte Bremse durch das Gesetz zur Zwangsarbeit und die Finanzzyklen des Systems – dieses Wachstum noch in unvorstellbar größerem Maße übersteigen würde. Da unsere Wirtschaft – die Wirtschaft des zukünftigen Europas – naturgemäß dem übergeordneten politischen Organ untergeordnet ist, dem sie angehört, ist es zudem wahrscheinlich, dass der Staat eine Reihe von Arbeiten von öffentlichem Interesse für notwendig erachtet, die nicht unmittelbar rentabel sind. Dies würde den Zeitrahmen für die Verkürzung der Arbeitszeit verlängern und so das mögliche soziale Trauma vermeiden, das eine zu abrupte Verkürzung unweigerlich mit sich bringen würde. Schließlich müssen wir auch unbedingt berücksichtigen, dass wir, indem wir uns ausschließlich auf Fakten und Realitäten stützen und nicht auf „soziale" Hirngespinste, wie das geltende spanische Arbeitsrecht, das die freie Entlassung unterschiedslos verbietet, würde es gelingen, ein für alle Mal mit den derzeitigen menschenunwürdigen Arbeitsbedingungen Schluss zu machen, insbesondere in den Großstädten, wo so viele Arbeiter in den Werkstätten und Büroangestellte elend ihre Zeit totschlagen, in mystischer Erwartung der Feierabendstunde[182], nur weil die dichte Dummheit der Technokraten unserer heutigen Wirtschaft das Dogma des Achtstundentages durchgesetzt hat. Dabei reicht es in Wirklichkeit aus, wenn nur vier oder fünf wirklich arbeiten. Man hat bereits vergessen, dass es zu Beginn des Jahrhunderts den Zehn- und sogar den Zwölfstundentag gab, und dass, obwohl wir die Arbeitszeit um dreiunddreißig Prozent verkürzt haben, unsere technologische Leistungsfähigkeit um fünftausend Prozent gestiegen ist. Damit wollen wir nicht andeuten, dass man nur ein paar Minuten arbeiten sollte, denn der technische und wirtschaftliche Fortschritt hat auch seine Anforderungen, aber wir glauben, dass man kein Mathematikgenie sein muss, sondern dass einfache Arithmetik ausreicht, um zu verstehen, dass sich die Verkürzung der Arbeitszeit weitgehend und unwiderlegbar aus dem technischen Fortschritt ableiten lässt.

Das wirft natürlich das Problem der Freizeit auf. Eine Anmerkung am Rande: Wir sollten der Semantik manchmal misstrauen. Das Wort „Ocio“ hat im Spanischen sehr abwertende Konnotationen. Das französische Wort „Loisirs“ als Ausdruck für „Freizeit“ ist viel anschaulicher und passender. Im Spanischen haben wir nichts Besseres als „Ocio“, einen Ausdruck, den wir in seiner rein technischen Bedeutung verwenden und der die Freizeit bezeichnet, die die Maschine dem Menschen verschafft.

Es ist klar, dass die Organisation der Freizeit sowohl die Wirtschaft als auch die übrigen staatlichen Organe betrifft. Die Verfechter eines radikalen Pessimismus wenden oft ein, dass Freizeit Faulheit, Laster und Kriminalität hervorruft. Und dennoch stellte Henry Ford fest, dass sich die meisten seiner Arbeiter, nachdem er ihren Arbeitstag von zehn auf nur acht Stunden verkürzt hatte, ihren häuslichen „Hobbys“, dem

---

[182] Laut Maurice Mareuse in „*Le Contrôle de Gestion dans les* Entreprises“ betrug die tatsächliche Arbeitszeit in Frankreich im Jahr 1938 in einer durchschnittlichen Fabrik vier Stunden. Die restlichen vier Stunden gingen durch Leerlaufzeiten verloren. Mareuse betrachtete eine tatsächliche Arbeitszeit von sechseinhalb Stunden als optimale Leistung.

Sport, der Gartenarbeit oder dem Wandern widmeten[183]. Im Jahr 1923 veröffentlichte eine Abteilung des Völkerbundes eine Studie, wonach der Alkoholmissbrauch in den Industriezentren zurückging, in denen die Arbeitszeit verkürzt worden war. Der überaus seriösen Völkerbund kam zu dem Schluss, dass Alkoholmissbrauch und parallel dazu auch Kriminalität häufig eine Folge von Überarbeitung seien, da der Arbeiter, erschöpft von der ständigen Anstrengung, die lange Arbeitszeiten – oder auch nur das Ausharren am Arbeitsplatz – erfordern, gezwungen sei, Erleichterung von dieser Anspannung zu suchen, indem er die Kneipe aufsuche. Der Arbeiter freut sich über die Möglichkeit, sein Zuhause zu verschönern, sich an der frischen Luft zu bewegen und Zeit mit seiner Familie zu verbringen. Wenn die Kleinmütigen behaupten, man dürfe den Arbeitern nicht so viel Freizeit gewähren, weil sie diese Freiheit nicht zu nutzen wüssten, könnte man entgegnen, dass man aus dem gleichen Grund den Menschen das Schwimmen oder die Leichtathletik verbieten müsste, um zu verhindern, dass sie ertrinken oder sich das Schlüsselbein brechen.

Wir haben gesagt und wiederholen es: Die Freizeitgestaltung ist nicht nur Sache der Wirtschaft, sondern auch der übrigen staatlichen Organe. Die Wirtschaft muss sich darauf beschränken, ihre Funktion als Verdauungsorgan der Kultur zu erfüllen. Der Rest geht sie nichts an. Dennoch hat die Wirtschaft als integraler Bestandteil des kulturellen Organismus, zu dem sie gehört, ein Interesse an der Organisation der Freizeit, also der Zeit, die uns die Maschine lässt – und die sie uns immer mehr lassen wird. Es gibt viel, sehr viel zu tun: Man muss die Fabriken und Werkstätten verschönern. Wir haben in Deutschland, in Österreich, in Schweden und in Nordfrankreich Industriebetriebe gesehen, die zwar sicherlich keine architektonischen Denkmäler waren, aber zumindest ansprechend und sauber waren und von schönen Gärten umgeben waren. Man muss die Landschaft säubern und so eine der Hauptursachen für Waldbrände beseitigen. Man muss den Amateursport fördern. Auf einer höheren Ebene muss die Kunst in ihren verschiedenen Ausdrucksformen gefördert werden. Es gibt unzählige Dinge zu tun, so dass die abwertende Bedeutung, die allgemein mit dem Wort „Freizeit“ verbunden ist, von nun an verworfen werden kann. Wir haben bereits gesagt, dass der „Homo Europeus“ ein dynamisches, kein statisches Wesen ist. Er hat eine faustische Lebensauffassung, und die Befreiung von der Zwangsarbeit, deren Ersatz durch nützliche und

---

183 Henry Ford: „*Mein Leben und mein Werk*“.

bildende Arbeit, wird seiner Fantasie und seinem Schaffensdrang neue Flügel verleihen. Wir haben es gesagt und wiederholen es: Die alte Formel „Arbeite, um zu leben“ kann – und muss – heute durch die Formel „Arbeite und lebe“ ersetzt werden.

Die materielle Befreiung des Menschen durch die Maschine erfordert, wie wir bereits gesagt haben, neben der Verkürzung der Arbeitszeit auch die Ausschüttung einer Nationaldividende. Wir alle sind Aktionäre des mächtigen Unternehmens – in seiner wirtschaftlichen Dimension – Europa S. en C. Als Aktionäre haben wir logischerweise das Recht auf eine Dividende, genauso wie wir, wenn es schlecht läuft, wir alle, volens nolens, zur „Kapitalerhöhung“ beitragen müssen, das heißt, unsere derzeitigen Mini-Staaten zu unterstützen, die ebenso pingelig wie unfähig sind, und erschöpfende Steuern zu zahlen, einschließlich der „Blutsteuer“, die meist erhoben wird, ohne dass irgendein Parlament darüber „abstimmt“.

Die Nationale Dividende rechtfertigt sich zudem als notwendige Alternative zum ungerechten derzeitigen Sozialversicherungssystem und vor allem zum Arbeitslosengeld. Dieses Arbeitslosengeld – für eine Arbeitslosigkeit, die zum Teil durch die ständige Perfektionierung der Maschine verursacht wird – ist im Grunde ungerecht. Erstens existiert sie nicht als Folge unseres derzeitigen absurden Wirtschaftssystems, sondern trotz dieses Systems und um dessen Zusammenbruch zu verhindern. Aber auf jeden Fall ist sie einer doppelten Ungerechtigkeit schuldig: erstens, dass sie aus der Tasche derer stammt, die arbeiten; zweitens, dass sie demjenigen, der diese Unterstützung bezieht, die Demütigung nicht ersparen kann, zu wissen, woher sie stammt. Hinzu kommt ein weiterer Nachteil: Sie kann nicht verhindern, dass Parasiten entstehen, die nicht durch die Maschine, sondern durch ihre eigene Faulheit aus dem Arbeitsleben verdrängt wurden. Somit bietet die aktuelle Situation in Wirklichkeit drei Lösungen: Die erste besteht darin, die Arbeitenden weiterhin mit Steuern zu belasten, um diejenigen zu bezahlen, die nicht arbeiten; dabei wird Fleiß zugunsten von Faulheit oder des „Unglücks“ des Fortschritts einer bestimmten Maschine benachteiligt. Die zweite besteht darin, alle Gelehrten, Erfinder, Techniker, Ingenieure und Wissenschaftler – die Watts, Newcomens, Papins, Lavoisiers, Edisons, Faradays, Otto Hahns –, die das Verbrechen begangen haben, mit ihren bahnbrechenden Errungenschaften die Arbeit ihrer Zeitgenossen zu erleichtern, als unerwünschte Elemente, als öffentliche Übeltäter zu betrachten. Und die dritte und letzte besteht darin, offen anzuerkennen, dass diejenigen, denen die Maschine die Arbeit nimmt, ein Recht darauf haben, Geld zu erhalten, um ihren Lebensunterhalt zu bestreiten, und zwar so, dass dies für sie kein Grund zur Scham oder Demütigung ist. Da offensichtlich ist, dass weder die erste noch die zweite Alternative eine zufriedenstellende und würdige Lösung bietet, müssen wir die dritte akzeptieren. Diese dritte Lösung hat den Vorteil, dass sie alle Einwohner des Landes berücksichtigt, ob sie nun arbeiten oder nicht. Sie trägt dem Rechnung, was für uns ein Axiom ist: dass die alte Vorstellung, Arbeit sei das Einzige, was ein Recht auf Geld begründe, durch die Idee ergänzt werden muss, dass das Leben an sich ein grundlegendes Recht auf Geld begründet.

Wir dürfen niemals vergessen, dass in der Wirtschaft der Produzent ebenso wichtig ist wie der Verbraucher, ganz abgesehen davon, dass wir alle in der erwerbstätigen Bevölkerung gleichzeitig Produzenten und Verbraucher sind. Würde, wie es elementar zwingend und notwendig ist, eine nationale volkswirtschaftliche Gesamtrechnung [184] geführt, wäre die Jahresbilanz genau bekannt. Und nach Abzug der Beträge, die im Haushalt des folgenden Geschäftsjahres für Investitionen in langfristig rentable öffentliche Bauvorhaben, Rüstung, öffentliche Bildung usw. vorgesehen sind, wäre der Gewinn bekannt, der unter den Aktionären der Gesellschaft Europa S. en C. aufzuteilen wäre. Natürlich zwingt uns nichts dazu, den gesamten Gewinn unter den Aktionären aufzuteilen. Wirtschaftlich gerecht und ausreichend wäre es, allen Einwohnern ein Existenzminimum zu gewähren. Die auf Schottland beschränkten Studien von Major Douglas[185] haben gezeigt, dass es ausreichen würde, 2 oder 3 Prozent der nationalen Gewinne auszuschütten, um ein Existenzminimum zu sichern, das er als „anständig" bezeichnet. Und was in Schottland als solches bezeichnet wird, würde in weniger begünstigten Regionen Europas wie Sizilien, Irland, Kastilien oder Karelien zumindest als „ziemlich gut" bezeichnet

---

[184] Diese europäische Volkswirtschaftliche Gesamtrechnung sollte natürlich die regionalen Gesamtrechnungen widerspiegeln. Man muss wissen, was jeder Partner geleistet hat, denn obwohl wir alle zum selben Unternehmen gehören und zusammenarbeiten und uns gegenseitig helfen müssen, ist es weder gerecht noch wünschenswert, dass einige praktisch ständig andere mitziehen müssen. Die Verteilung der Nationaldividende sollte zumindest teilweise die Anstrengungen und den Beitrag jeder Region widerspiegeln.

[185] Ch. Douglas: „*Social Credit*".

werden.

Ist das möglich? Rechnerisch ist es nicht nur möglich, sondern sicher. Warum? Weil, wenn wie im Fall der Vereinigten Staaten die Staatsverschuldung weit über dem Gesamtwert des Landes liegt und die Falschwährung, also die Kreditwährung, das achtzehnfache der gesetzlichen Zahlungswährung übersteigt und es gelingt, der nicht erwerbstätigen Bevölkerung, die 9 Prozent ausmacht, falsche Löhne – Arbeitslosengeld – zu zahlen, dann stellen diese 9 Prozent nur ein Elftel dar. Solange also 1/11 größer ist als 1/18, ist dies möglich. Vergessen wir nicht, dass die Arbeitslosenunterstützung mit echtem Geld bezahlt wird, also mit gesetzlichem Zahlungsmittel. Das heißt, 1/18 des vorhandenen Geldes reicht bei weitem aus, um ein Elftel der erzwungenermaßen arbeitslosen Produzenten zu bezahlen. Zwar machen diese arbeitslosen Produzenten nicht elf Prozent der Gesamtbevölkerung des Landes aus, doch bleibt zwangsläufig viel Papiergeld übrig, um die täglichen Ausgaben aller Bürger im ganzen Land zu decken. Mit anderen Worten: Würde man das derzeitige Falschgeld durch echtes, gesetzliches Geld ersetzen, hätten wir eine achtzehnmal größere Geldmenge, während ein Achtzehntel dieses Betrags – wir wiederholen: ein Achtzehntel – bereits ausreicht, um das „falsche“ Gehalt von elf Prozent einer Bevölkerung in Zwangsarbeitslosigkeit zu bezahlen... Und was in den Vereinigten Staaten möglich ist, ist es ebenso in Europa, insbesondere in Spanien, wo die Verbreitung von Banken zu einer Kreditstruktur geführt hat, die in anderen Bruderländern ihresgleichen sucht[186].

Wir haben gesagt, dass in unserer Zeit das Leben selbst bereits ein Recht auf Geld verleiht, ergänzend zur Arbeit als einzigem Recht auf den Erwerb von Geld, gemäß dem alten Konzept, das bis zur Erfindung von Watt gültig war. Jeder Mensch muss vom Moment seiner Geburt an als Aktionär von Europa S. en C. den ihm zustehenden Anteil an der Nationaldividende erhalten. Wir halten es für absurd und ungerecht, dass sich die Gesellschaft nur um Kranke, Behinderte, Alte und Arbeitslose kümmert. Verdienen es gesunde, normale Menschen, die

[186] Der Wahrheit halber muss man feststellen, dass in der spanischen Hochfinanz jüdische Nachnamen nicht gerade zahlreich sind, auch wenn sie an Ehrenplätzen zu finden sind. Es ist jedoch zu berücksichtigen, dass die Finanzwelt per Definition international ist und dass das spezifische Gewicht des spanischen Bankwesens im globalen Kontext unverhältnismäßig gering ist.

noch nicht das Rentenalter erreicht haben und arbeiten, etwa nicht, dass sich jemand um sie kümmert? Sagen wir, dass sie es zumindest genauso verdienen wie die anderen. Deshalb plädieren wir für die Abschaffung all dieser Sozialversicherungen und Renten und deren Ersatz durch die Nationale Dividende als existenzsicherndes Minimum, das für alle gleich ist. Allein die Einführung der Nationaldividende würde praktisch beweisen, dass Europa S. o. H. solvent ist, während die Höhe der Dividende den Wohlstand der Nation Europa widerspiegeln würde. Zudem würde die Nationaldividende verhindern, dass der Staat diejenigen benachteiligt, die er eigentlich belohnen sollte, oder diejenigen belohnt, die er eigentlich bestrafen sollte. Indem er seine Volkswirtschaftliche Gesamtrechnung in Ordnung hält, würde er es schaffen, seine Wirtschaft in Ordnung zu halten.

Natürlich wäre ein gewisses Maß an Umsicht und gesundem Menschenverstand erforderlich, vor allem in den ersten Jahren, sodass die ersten auszuschüttenden Dividenden niedrig, so niedrig wie möglich, ausfallen und lediglich das Existenzminimum decken würden[187].

Wir sind uns bewusst, dass die ewigen Pessimisten allein bei der bloßen Vorstellung einer Nationaldividende – selbst ohne Angabe ihres Umfangs oder ihrer Höhe – unweigerlich zu der Annahme gelangen, dass in dem Land, in dem eine solche Idee akzeptiert würde, die Arbeit ipso facto aufhören und sich alle in eine Hängematte legen würden. Darauf können wir Folgendes antworten:

Erstens: Selbst wenn dies geschehen würde und der Staat es duldete, würde es nur von kurzer Dauer sein, denn die Nationale Dividende würde sinken oder ganz wegfallen, sobald die nächste Staatsbilanz ein negatives Ergebnis, also ein Defizit, ausweisen würde. Und ohne Gewinne gäbe es keine Dividenden.

Zweitens: Die Natur des Menschen selbst widerlegt die Vorhersagen der ewigen Zauderer. Der Verfasser erinnert sich, dass er vor acht Jahren in Frankreich, wo er damals lebte, monatlich 350 Francs an Familienbeihilfen für seine drei Kinder und seine Ehefrau im Haushalt

[187] Die Festlegung dieses Existenzminimums wäre natürlich eine politische Angelegenheit, die vom Staat nach Rücksprache mit den zuständigen Stellen, wie beispielsweise den statistischen Ämtern, usw., zu bestimmen wäre.

bezog. Von diesem Betrag konnte man damals in Frankreich leben; natürlich ohne großen Luxus, aber es reichte für ein Existenzminimum[188]. Dennoch hatte ich nie das Gefühl, ein Faulenzer oder ein Schmarotzer zu sein, weil ich diese monatliche Rente bezog, und ich arbeitete meine acht Stunden oder mehr, genau so, als würde ich sie nicht erhalten, und das, obwohl ich wusste, dass sie meine Bedürfnisse gerade so deckte, und mir bewusst war, dass diese Engpässe zu einer großen Belastung würden, wenn ich aufhören würde zu arbeiten und Arbeitslosenunterstützung beantragen würde. Wenn ich nichts Besonderes zu tun habe – was nicht oft vorkommt –, bemühe ich mich, mir eine Beschäftigung zu suchen, denn Aktivität ist dem Menschen eigen, und besonders dem Europäer. Mit anderen Worten: Ohne ein besonders geldgieriger Mensch zu sein, ganz im Gegenteil, war ich vor acht Jahren genauso begierig darauf, 5.000 Francs im Monat zu verdienen, als hätte ich diese 350 noch nie gesehen, und genauso begierig bin ich weiterhin darauf, sie in Spanien zu verdienen, wo ich in Spanien weder diese 350 Francs noch einen auch nur annähernd vergleichbaren Betrag in Peseten erhalte. Aber ich war damals dankbar und bin auch heute dankbar für diese Rente, denn das Wissen, dass ich und meine Familie vor dem Risiko des Hungers geschützt sind, erspart mir unzählige Sorgen und ermöglicht es mir, besser zu arbeiten. Wenn überhaupt, dann ist das Einzige, was am derzeitigen Sozialrentensystem stören oder kränken könnte, das Wissen, dass meine Rente aus den Taschen aller Beitragszahler kommen muss, mich selbst eingeschlossen.

Kurz gesagt: Der Mensch, dem es als „Idealist" – wie auch immer man ihn bezeichnen mag –[189] – egal ist, ob er 350 oder 5.000 verdient, existiert nicht. Er ist nicht von dieser Welt,, und dieses Buch wurde nicht für ihn geschrieben. Vielleicht ist er ein Marsmensch oder besser gesagt ein Verrückter, aber wir bezweifeln, dass er ein Erdbewohner ist, und wir lehnen entschieden ab, dass er ein Europäer ist. Aber darüber hinaus glauben wir, dass dies bedeutet, die Angelegenheit aus der

---

188 Diese Familienleistungen lagen schon damals weit über diesem Betrag, ganz zu schweigen von den zahlreichen staatlichen Leistungen wie kostenloser Schulbildung, Ermäßigungen bei den öffentlichen Verkehrsmitteln usw.

189 Es ist offensichtlich, dass Mussolini mit seiner korpulenten Menschlichkeit unendlich idealistischer war als der dürre Stalin. Idealismus hat nichts mit der Sparsamkeit der schmächtigen Ethnien zu tun; eine ganz offensichtliche Tatsache, die man bestimmten Dummköpfen ständig wiederholen muss.

menschlichen Perspektive vom Kellerfenster aus zu betrachten, auf Bodenhöhe, denn es bedeutet, etwas sehr Subtiles, aber sehr Reales nicht berücksichtigen zu wollen: den schöpferischen Impuls des europäischen Menschen. Die Propheten der Hängematte vergessen mit ihrem Pessimismus und ihren Brillen, dass der Mensch – der gewiss einen Körper hat – auch eine Seele hat, einen verzweifelten Schöpfertrieb, „darüber hinaus" zu gehen, jenen göttlichen Hauch, den die einen Inspiration nennen, andere Fortschrittsdrang, und den alle unbewusst besitzen, ob mit oder ohne Namen. Es gibt so viel zu tun in der Welt, so viel zu tun in Europa, dass wir die Gefahr der Hängematte ausschließen können, zumindest im kommenden Jahrtausend. Wir haben echte nationale Schandflecken, wie Extremadura mit seiner Trockenheit und Rückständigkeit in Spanien; die Corrèze mit ihrer Verwahrlosung und Isolation in Zentralfrankreich; die Steppen unserer Monegros; die Armut Kalabriens in Süditalien; die jahrhundertelange Vernachlässigung Irlands... Wir haben Projekte, die ebenso alt wie dringlich sind, wie den Ärmelkanaltunnel, der durch die Verbindung Englands mit dem Kontinent zweifellos und ein für alle Mal zu einer Verständigung und einem Verständnis zwischen den Völkern beitragen wird, das niemals hätte zerbrechen dürfen; wie den Rhein-Donau-Rhône-Kanal; wie die dringende Eröffnung neuer Pyrenäenübergänge zwischen Frankreich und Spanien; wie den ökologischen Schutz unseres europäischen Lebensraums... Mit der Auszahlung der Nationaldividende würde diese Arbeit nicht nur so gut wie heute, sondern viel besser erledigt werden, aus dem einfachen Grund, dass eine gut gemachte Arbeit logischerweise eine höhere Dividende zur Folge hätte, und so wären alle persönlich an den Ergebnissen interessiert. Dies würde zudem dazu beitragen, die alte und dumme Feindschaft zwischen Maschine und Arbeit ein für alle Mal zu begraben, denn da die Höhe der Nationaldividende vom Anstieg des realen Wohlstands abhängt, würde die Vorbehalte der Arbeit gegenüber jeder Maschine, die Arbeitskraft einspart, für immer ein Ende finden. Eine höhere Arbeitseffizienz würde zu besseren Ergebnissen führen, und diese würden eine höhere Dividende generieren, die unter allen verteilt würde.

* * *

Zusammenfassend lässt sich also sagen, dass die Lösung der aktuellen „Krise", aus europäischer Perspektive betrachtet, auf die vier oben analysierten Punkte hinausläuft, nämlich:

a) Die private Kontrolle über das Geld durch eine staatliche Kontrolle zu ersetzen.

b) Den Staat zum alleinigen Geldemittenten zu machen, wobei diese Emission auf dem Volumen der von der Gemeinschaft produzierten Güter und Dienstleistungen basiert, die diese Gemeinschaft auch konsumieren muss.

c) Den Goldstandard durch den Arbeitsstandard oder, genauer gesagt, durch den Wohlstandsstandard zu ersetzen.

d) Die Auffassung vertreten, dass Arbeit zwar das Recht auf Geld begründet, um gut zu leben, aber nicht der einzige Grund für das Recht auf Geld ist, da auch das Leben ein grundlegendes Recht auf Geld verleiht, und aus diesem Grund die Nationale Dividende eingeführt werden muss.

Das ist das Wesentliche. Der Rest ist eine Frage der Umstände, reine Details. Wir haben bereits einige praktische Modalitäten für die sinnvolle Umsetzung jedes der genannten Punkte skizziert. Wir haben gesagt, dass die Ersetzung des derzeitigen Kreditgeldes durch echtes Geld, ohne den angeborenen Makel der Verschuldung, schrittweise erfolgen sollte. Dass die Ausgabe des neuen gesunden Geldes sich gleichzeitig auf die Informatik und auf die Daten der Volkswirtschaftlichen Gesamtrechnung stützen würde. Dass die Entthronung des Goldes fast über Nacht erfolgen könnte, ohne dass dies anderen als den internationalen Spekulanten schaden würde. Und dass die Höhe der Nationaldividende ein vom Staat festzulegendes Existenzminimum gewährleisten sollte. Es bleibt uns nur noch hinzuzufügen, dass die Ausgabe von gesundem Geld, die natürlich von der Münzanstalt durchgeführt wird, das Problem seiner Inverkehrbringung auf drei mögliche Arten lösen würde.

a) Durch öffentliche Bauvorhaben und andere Staatsausgaben, wie Rüstungsaufträge, Naturschutz, Ausgaben für das öffentliche Bildungswesen usw.

b) Durch die Gewährung zinsloser Kredite an Unternehmen, die deren Notwendigkeit hinreichend nachweisen.

c) Durch die Einführung der Nationaldividende. Natürlich müsste die Wirtschaft des Neuen Europas alle Überbleibsel der gegenwärtigen kapitalistischen Wirtschaft und ihres falschen Gegenteils, des Marxismus oder Staatskapitalismus, ausmerzen. Die Gewerkschaften, welcher Couleur sie auch sein mögen, müssen in die Versenkung gehen, da sie anachronistisch, ineffizient und ungerecht sind[190]. Im Grunde basieren sie alle auf dem Klassenkampf, der in der Zeit der Anfänge der „ -Maschine", im England von Dickens und in den tendenziösen Übertreibungen des Ururgroßvaters Marx zwar nachvollziehbar, wenn auch nicht entschuldbar ist – ein Lebemann, der sein ganzes Leben lang nicht gearbeitet hat, ein Versager und Verbitterter, der messianischen Hass gegen eine Gesellschaft schürte, die er nicht verstehen konnte. Es sind bereits so viele Bücher geschrieben worden, die die Irrtümer von Marx widerlegen, dass es unserer Meinung nach nicht lohnenswert ist, noch weiter auf diesen Punkt einzugehen. Die abstrusen und verworrenen Theorien von Marx heute zu kritisieren, ist sogar kontraproduktiv, denn damit würde man ihnen eine Bedeutung beimessen, die sie weder haben noch jemals hatten. Der Marxismus wurde durch die Tatsachen und durch die Geschichte widerlegt. Er wurde vom Leben widerlegt, und wenn er sich – mit tausend antimarxistischen Flicken, die ihm das Überleben ermöglichen – in der UdSSR hält, dann dank der kolonialen Ausbeutung seiner unglücklichen Satellitenstaaten in Osteuropa sowie der Hilfe, die ihm die USA, die UNO und andere Institutionen der sogenannten freien Welt täglich leisten. Ohne diese wäre er schon vor vielen Jahren in einen tödlichen Zusammenbruch geraten.

Mit den Gewerkschaften müssen – allerdings schrittweise – die Wohltätigkeitsinstitutionen verschwinden, die erfunden wurden, um das Versagen des Kapitalismus zu mildern, wie Sozialversicherung, Arbeitslosenversicherung, Familienbeihilfen usw. All dies muss vollständig durch die Nationale Dividende ersetzt werden. Und wenn der Staat der Ansicht ist, dass Ausnahmen hinsichtlich Zeit oder Ort erforderlich sind, muss er diese natürlich anwenden, wenn auch nur in Ausnahmefällen und unter klarer Feststellung, dass es sich um eine vorübergehende Ausnahme handelt, die durch diesen oder jenen Grund motiviert ist. Es geht natürlich nicht darum, die Nächstenliebe zu verbieten, eine evangelische Tugend, die unseren ganzen Respekt verdient; eine Nächstenliebe, die immer bestehen wird und immer gerechtfertigt sein wird, weil die Menschen unvollkommen und ungleich sind. Was jedoch nicht getan werden darf, ist, sie zu

[190] „Der Gewerkschaftswesen ist zu allen Zeiten und in jeder Epoche letztlich ein Lakai des Großkapitals, nicht des industriellen, und ein Ausbeuter sowohl des Arbeitgebers als auch des Arbeiters geworden", Oswald Spengler: *„Der Untergang des Abendlandes"*.

institutionalisieren. Zwangsweise Nächstenliebe ähnelt zu sehr dem Bolschewismus. Ihre Ausübung ist jedenfalls nicht Aufgabe des Staates, sondern der Kirche. Hier sei an die Worte Christi erinnert: Gebt Gott, was Gottes ist, und dem Kaiser, was des Kaisers ist. Mit seiner Manie, sich in alles einzumischen und alles zu kontrollieren, ist der moderne demokratische Staat so weit gegangen, sich selbst für Gottvater zu halten. Er! Der doch so agnostisch ist!

* * *

Und das war's auch schon, lieber Leser, der du mir die Ehre erwiesen hast, mir bis zum Schluss zu folgen. Mir ist bewusst, dass das oben Gesagte auch auf hermetischere, esoterischere und kompliziertere Weise hätte dargelegt werden können. Dass ich es einfach und direkt ausgedrückt habe, geschah aus Respekt dir und mir selbst gegenüber, denn wenn es etwas gibt, woran Schriften über Wirtschaft leiden, dann ist es eine Art Wortwut, deren Zweck vielleicht darin besteht, ihre Inhaltslosigkeit zu verschleiern. Ich habe dir keine optative Vision der wirtschaftlichen Zukunft Europas dargelegt. Du und ich sind gemeinsam den Weg des gesunden Menschenverstands gegangen, der – wie im Militär der Mut der Rekruten – von allen vorausgesetzt wird. Ich habe dir keine Option nach dem klassischen Ansatz der liberalen Schule vorgeschlagen: Das ist besser und das ist schlechter, bei allem Respekt für den Andersdenkenden. Ich habe dir gesagt, ich habe dir gezeigt und ich hoffe, ich habe dich davon überzeugt, dass der Arbeitsstandard den Goldstandard ersetzen muss, dass der Staat der einzige Geldemittent sein muss und dass in der Wirtschaft die falsche Nächstenliebe durch Gerechtigkeit ersetzt werden muss. Und es gibt keine Alternative. Entweder eine nationale-europäische Wirtschaft oder der Untergang Europas, und zwar sehr kurzfristig. Natürlich kann die Wirtschaft des gesunden Menschenverstands nur von einem bestimmten politischen Regime eingeführt werden. Die Lösung ist in erster Linie politischer Natur. Aber das, wie Kipling sagen würde, ist eine andere Geschichte.

BIBLIOGRAFIE

-Mario Alberti. *Der Körper und die Seele des Geldes.*

-Jacques Bordiot. *Une main cachée dirige...*

-Hector Brailsford. *Finance.*

-Stuart Chase. *Menschen und Maschinen.*

-Gilbert K. Chesterton. *Englands kleine Geschichte.*

-Maurice Colbourne. *Wirtschaftlicher Nationalismus.*

-Maurice Colbourne. *Die neue Wirtschaft.*

-Cesare Corti. Das Haus Rothschild.

-Henry Coston. *Die Finanziers, die die Welt lenken.*

-Henry Coston. *Die Haute Banque und die Trusts.*

-Gertrude M. Coogan. *Geldschöpfer.*

-A. Dauphin-Meunier. *Das Bankwesen im Wandel der Zeit.*

-A. Dauphin-Meunier. *Geschichte des Bankwesens.*

-Alexander Del Mar. *Die Wissenschaft des Geldes.*

-Raymond D'Ivernois. *Die Auswirkungen der Kontinentalsperre.*

-Charles Douglas. *Die Steuerung und Verteilung der Produktion.*

-Charles Douglas. *Sozialkredit.*

-Edouard Drumont. *Das jüdische Frankreich.*

-Sheldon Emry. *Milliarden für die Banker. Schulden für das Volk.*

-Gottfried Feder. *Kampf gegen die Hochfinanz.*

-Gottfried Feder. *Der Deutsche Staat auf nationaler und sozialer Grundlage.*

-A. N. Field. *Die Wahrheit über die Krise.*

-Henry Ford. *Der internationale Jude.*

-Henry Ford. *Mein Leben und mein Werk.*

-Anatole France. *Die rote Lilie.*

-Felix J. Frazer. *Das ABC des Geldes.*

-Hector Leslie Gannt. *Das Gannt-System.*

-Pierre Gaxotte. *Die Französische Revolution.*

-Vicente Gay. *Die nationalsozialistische Revolution.*

-Hermann Hoffmann. *Fürst Bismarck.*

-C. K. Howe. *Wer regiert Amerika?*

-Arthur Kitson. *Ein betrügerischer Standard.*

-Las Cases. *Memorandum von St. Helena.*

-G. H. Lebesque. *Der Sozialkredit und der Katholizismus.*

-Arnold S. Leese. *Die Torheit der Nichtjuden.*

-Lloyd Lewis. *Mythen nach Lincoln.*

-Charles A. Lindbergh, Sr. *Banking and Currency and the Money Trust.*

-Ferdinand Lundberg. *Amerikas sechzig Familien.*

-Louis Madelin. *Die Revolutionäre.*

-R. Mc Nair Wilson. *„Promise to Pay".*

-R. Mc Nair Wilson. *Gott und die Goldschmiede.*

-R. Mc Nair Wilson. *Die Verschwörung der Bankiers.*

-Jules Michelet, *Histoire de France.*

-Eugène de Mirecourt. *Rothschild.*

-Richard R. Morrisson. *Das Paradoxon des Kapitalismus.*

-Eustace Mullins. *Eine Studie über die Federal Reserve.*

-James C. Oliver. *Eine Abhandlung über Geld.*

-Thomas Porter. *Die Grünen Magier.*

-Angelo S. Rappoport. *Pioniere der Russischen Revolution.*

-R. E. Search. *Lincoln, der Märtyrer des Geldes.*

-G. Bernard Shaw. *Der Apfelwagen.*

-Frederick Soddy. *Zitadelle des Chaos.*

-Wycliffe B. Vennard. *Eroberung oder Zustimmung...?*

-Vincent C. Vickers. *Wirtschaftliche Not.*

-Nesta H. Webster. *Geheimgesellschaften und subversive Bewegungen.*

-Francis Parker Yockey. *Imperium.*

-J. Bochaca. *Finanzen und Macht.*

-J. Bochaca. *Die Geschichte der Besiegten.*

-Juan Beneyto. *Nationalsozialismus.*

-Cornelius Carl Veith. *Zitadelle des Chaos.*

-Maurice Mareuse. *Controlling in Unternehmen.*

-Oswald Spengler. *Entscheidende Jahre.*

-Oswald Spengler. *Der Untergang des Abendlandes.*

-sowie Encyclopædia Britannica, CEDADE-Bulletins usw.

Weitere Bücher

OMNIA VERITAS
OMNIA VERITAS LTD PRÄSENTIERT:
DIE WALL$TREET TRILOGIE
VON ANTONY SUTTON
"Professor Sutton wird für seine Trilogie in Erinnerung bleiben: Wall St. und die bolschewistische Revolution, Wall St. und FDR und Wall St. und der Aufstieg Hitlers."
ANTONY SUTTON
DIE WALL $TREET TRILOGIE
Diese Trilogie beschreibt den Einfluss der Finanzmacht bei drei Schlüsselereignissen der jüngeren Geschichte

OMNIA VERITAS
Omnia Veritas Ltd präsentiert:
Hier ist eine WAHRE Geschichte voller internationaler Intrigen, Romanzen, Korruption, Betrügereien und politischer Morde, wie sie noch nie zuvor geschrieben wurde.
BAUERN AUF DEM SCHACHBRETT
William Guy Carr
BAUERN AUF DEM SCHACHBRETT
Die Geschichte ist sensationell und schockierend, aber sie ist lehrreich

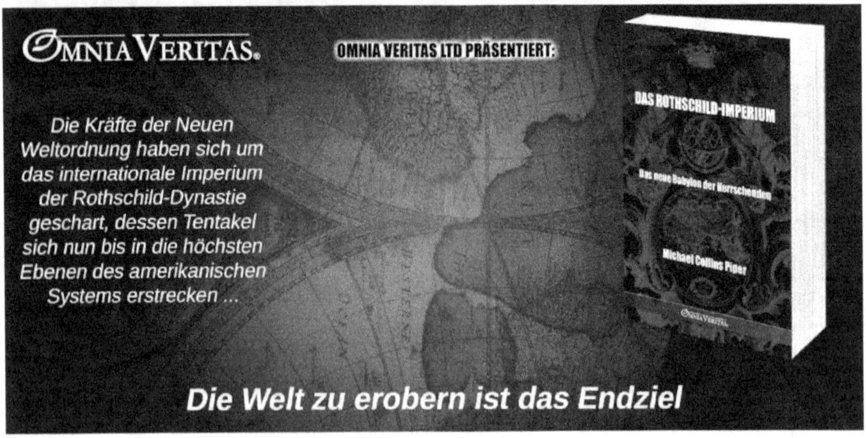
OMNIA VERITAS
OMNIA VERITAS LTD PRÄSENTIERT:
Die Kräfte der Neuen Weltordnung haben sich um das internationale Imperium der Rothschild-Dynastie geschart, dessen Tentakel sich nun bis in die höchsten Ebenen des amerikanischen Systems erstrecken ...
DAS ROTHSCHILD-IMPERIUM
Michael Collins Piper
Die Welt zu erobern ist das Endziel

OMNIA VERITAS
MK ULTRA
Ritueller Missbrauch
und Gedankenkontrolle
Instrumente der Beherrschung
der namenlose Religion
Zum ersten Mal wird in einem Buch versucht, die komplexe Thematik des traumatischen rituellen Missbrauchs und der daraus resultierenden Gedankenkontrolle zu erforschen...
MK ULTRA
Ritueller Missbrauch
und Gedankenkontrolle
Wie ist es möglich, einen Menschen geistig zu programmieren?

OMNIA VERITAS
OMNIA VERITAS LTD PRÄSENTIERT
Wenn es ein Buch gibt, das den Kern all der Umwälzungen in der Welt auf den Punkt bringt, und was wir tun müssen, um sie zu stoppen, dann ist es dieses.
ROTE PANDEMIE
DER GLOBALE MARXISTISCHE KULT
Das entscheidende Thema in der heutigen Welt ist die marxistische Indoktrination

OMNIA VERITAS
OMNIA VERITAS LTD PRÄSENTIERT:
IMPERIUM
PHILOSOPHIE DER GESCHICHTE UND POLITIK
VON
FRANCIS PARKER YOCKEY
Das Wort Europa ändert seine Bedeutung: Von nun an steht es für die westliche Zivilisation, die organische Einheit, die die nationalen Ideen Spaniens, Italiens, Frankreichs, Englands und Deutschlands hervorgebracht hat.
IMPERIUM
Dieses Buch ist anders als alle anderen

OMNIA VERITAS.
OMNIA VERITAS LTD PRÄSENTIERT:
VERBOTENE GESCHICHTE
I
BANKER UND REVOLUTIONEN
VON
VICTORIA FORNER
Revolutionäre Prozesse brauchen Akteure, Organisation und vor allem Finanzierung – Geld...
VERBOTENE GESCHICHTE
I
BANKER UND REVOLUTIONEN
MANCHMAL SIND DIE DINGE NICHT SO, WIE SIE SCHEINEN...

OMNIA VERITAS.
OMNIA VERITAS LTD PRÄSENTIERT:
Noch nie in der Geschichte der Menschheit gab es Umstände wie den, den wir nun untersuchen werden...
GEDANKEN-
KRIMINALITÄT
Wahrheit ist keine Verteidigung
VICTORIA FORNER
EINE HISTORISCHE TATSACHE IST ZU EINEM GLAUBENSDOGMA GEWORDEN...

OMNIA VERITAS.
LICHTTRÄGER
DER FINSTERNIS
Dieses Buch ist ein Versuch, durch dokumentarische Beweise zu zeigen, dass die gegenwärtigen Weltverhältnisse unter dem Einfluss von mystischen und geheimen Gesellschaften stehen, durch die das Unsichtbare Zentrum versucht, die Nationen und die Welt zu lenken und zu beherrschen.
LICHTTRÄGER
DER FINSTERNIS

OMNIA VERITAS
Omnia Veritas Ltd präsentiert:
WILLIAM LUTHER PIERCE
DIE TURNER TAGEBÜCHER
Dieser Roman der Erwartung beschreibt einen Staatsstreich unter der Führung von Weißen in den Vereinigten Staaten, die Schwarze und Juden angreifen, wobei letztere als Kontrolle des amerikanischen Staates beschrieben werden
Die Turner Diaries bieten einen Einblick, der einzigartig wertvoll ist

OMNIA VERITAS
OMNIA VERITAS LTD PRÄSENTIERT:
WILLIAM LUTHER PIERCE
WER WIR SIND
GESCHICHTE DER WEIßEN RASSE
Kein Volk ist moralisch und spirituell gesund, wenn es nicht von einem starken Bewusstsein seiner eigenen Identität durchdrungen ist
Ein fehlendes Identitätsgefühl verwischt die Grenze zwischen Landsmann und Fremdem

OMNIA VERITAS
Omnia Veritas Ltd präsentiert:
ILLUMINATI 4
KRIEG&VÖLKERMORD
„Wir Juden sind die Zerstörer und wir werden die Zerstörer bleiben. Nichts, was ihr tun könnt, wird unseren Forderungen und Bedürfnissen gerecht werden. Wir werden immer zerstören, weil wir eine Welt wollen, die uns gehört." (Maurice Samuels, You Gentiles, 1924)
Henry Makow, Ph.D
Satanisten lösen Kriege aus, um die Gojim zu töten

www.ingramcontent.com/pod-product-compliance
Lightning Source LLC
LaVergne TN
LVHW050812061126
851857LV00012B/772
9781805404446